イスラム巡礼

白雲遊記

田中逸平著

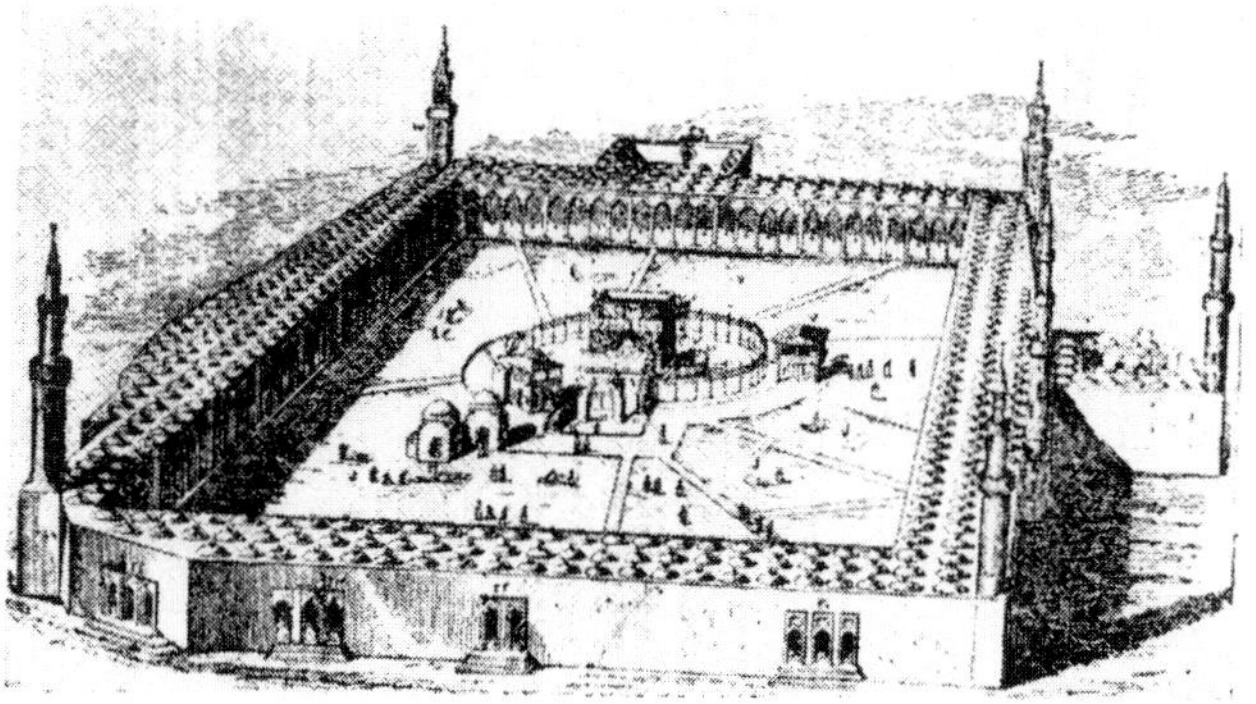

論創社

イスラム巡礼

白雲遊記　目次

イスラム巡礼 白雲遊記

序——蘇峯学人 9
送田中先生帰国序——唐柯三 17
自序 19
白雲遊行日程 23
目次 29
イスラム巡礼 白雲遊記 35
上篇 西へ西へと 35
中篇 メッカ巡礼 173
下篇 白雲遊記 221
後叙 272

大亜細亜主義・即日本主義・即神惟道

序 275
一 何をか大亜細亜主義と云ふ 275

二　何をか日本主義と云ふ　276
三　何をか惟神道と云ふ　279
四　結論　281

解題　田中逸平——万教帰一の生涯　坪内隆彦　283

凡　例

一、漢字の表記については、原則として「常用漢字表」（昭和五六年一〇月一日内閣告示）に従って底本の表記を改め、表外漢字は、底本の表記を尊重した。

一、難読漢字については、現代かなづかいで適宜ルビを付した。底本にあるルビは、ゴチック体で付した。

一、あきらかな誤植は訂正した。

一、底本にある傍点・圏点は、そのままとした。

一、今日の人権意識に照らして不当・不適切と思われる語句や表現がみられる箇所もあるが、時代的背景と作品の価値に鑑み、修正・削除はおこなわなかった。

イスラム巡礼

白雲遊記

歴下書院　一九二五年七月一〇日

الله اكبر

لا اله الا الله محمد رسول الله

× ×

神は偉大なり

神は唯一也マホメッドは

神の予言者也

× ×

序

兎《と》に角《かく》有色人対白色人の勢力が現在の如《ごと》く隔絶してゐては、世界の平和とか全人類の幸福などは、所詮之《しよせんこれ》を求めて獲《う》べからざるのことだ。有色人の代表的地位に在る日本が全球に対しての水平運動……用語は或《あるい》は妥当ならざるべきも……を敢行することこそ真に天命に応じたる人類正義の行動である。然《しか》れども之が実際問題としては、有色人の大多数は実にイスラム教徒に属すれば、苟《いやしく》も此《この》運動の開始に先《さきだ》ちては、イスラム教徒に対する諒解《りようかい》と同情とが、布遍《ふへん》的に我《わが》大和《やまと》民族中にも存在するに非《あら》ずんば、徒《いたず》らに有色人同盟の、亜細亜《アジア》聯盟《れんめい》のとカラ威張をした所が、畢竟《ひつきよう》一個の空念仏に過ぎない。

　事は過去に属したるも、一度東亜の経綸《けいりん》に志せば独逸《ドイツ》のカイゼルにしてもが、非常なる注意を回教問題に払ひ、密《ひそ》かに土耳古《トルコ》と握手して大英帝国を震駭《しんがい》せしめたではないか。又英国自身の植民政策にしてもが、今日にては如何《いか》にして回教徒を懐柔すべきかゞ根本的の問題である。現に倫敦《ロンドン》にモスクを建設し、アングロサクソンの貴族にしてイスラムに帰依《きえ》したる者すらあるのは、従来の対回教圧迫政策より妥協政策へと転化しつゝある風の方向を示す者だ。而《し》かも最近回教国たる土耳古の復興と与《とも》に英国の足許《あしもと》はしどろもどろの観がある。

　予は宗教的にはイスラムに対して全く門外漢ながら、常に充分の注意を此《これ》に払ひつゝある者、前《さ》きに拙著支那《シナ》漫遊記中にも、又国民新聞紙上にも屢々《しばしば》回教に就て記述する所あり、其中には田中君の回教研究にも言及しておいた。而《しか》して更に君に勧むるにその研究の大成せんことを以《もつ》てした。爾来《じらい》君は潜心専意研究の歩を進め、終《つい》に毅然《きぜん》として其教に帰し先《ま》づ支那回教の実状を踏査し、遠くイスラムの本地たる亜剌比亜《アラビア》に到り、熱心なる信仰を以て宗教的修業をも完了した。所謂《いわゆる》志ある者は事畢《つい》に成る者である。

　帰来君は日本に於《お》けるイスラムの先駆者として堂々大亜細亜主義を提げ、有色人の陣頭に立ちて世界的水平運動の雄叫びを挙げたるは、近頃快心の事である。予は拙著国民小訓の一節中に、将来回教を我国に採用する時には、他の四大宗教が、よく日本的に咀嚼《そしやく》されしが如く、斯《こ》の教も亦《また》かくあらねばならぬ事を言明しておいたが、田中君の如き熱烈なる日本精神の体得者にして且《かつ》支那学の真髄を把持せる人に由《よつ》て、我国にイスラム教の闡明伝衍《せんめいでんえん》せらるゝことは、是れ亦頗《すこぶ》る吾人《ごじん》の属望と一致する所にして洵《まこと》に邦家の為《ため》に喜ぶべき事である。

　併《しか》し乍《なが》ら所謂先覚者ほど当世に割の悪い役目に任ずる者はない。予は二十余年来田中君とは熟懇の仲だ。而して我国民新聞の古き読者は、日露戦争当時年少なる君の戦事通信や従軍画報を観《み》た事を記憶する者があらう。君は後に自ら支那に一漢字新聞社を創立して中外に気を吐ける事などあるも、終に君は新聞記者でもなく、支那通でもなく、又所謂漢学者でもない如く、回教に就ても決して単なるイスラム文献の研究者ではない。従来君の生活は多岐多端常に割の悪い役目を甘受し、終始よく只一個の信念に生きつゝある求道者である。左れど其志の酬《むく》ゐらるゝのは蓋《けだ》し尚《なお》数十年後の事であらうが、君がイスラム道行の一端として発表せし此著に対する時は、言々句々惻々として心肝を衝《つ》き、日本及日本人の使命当《まさ》に那辺に在るべきかを観取すべく、多大のインスピレーション無しに之を読過すること能《あた》はざるべし。是れ実に萎靡《いび》弛《し》廃《はい》せる国民精神を作興せしむるに与《あずか》つて力ある好著作である。予は特に現代青年読本として之を世に推薦したい。

若夫《もしそ》れ君が一片の猛志を抱き幾多の艱難《かんなん》と戦ひつゝある尽忠精苦の跡は既にその反響を世界的に及ぼしつゝある。君に勧む更に一段の進境を打開してその信念の達成に直往せんことを。斯《かく》の如きは則《すなわ》ち国家の慶也、人類の福也、聊《いささ》か所思を記して序となす。

大正十四年六月

蘇峯学人

クルバン、ガリエフ君アラビヤ文序文の訳文

日本のイスラム教徒ハッジ、ノル、マホメッド田中先生の高著イスラム巡礼紀行は、日本に於て有名なる大雑誌に連載され、自分は常に之を敬読しつゝありしが、今や一括して出版さるゝに到りしは、我等イスラム教徒が甚大の歓喜にして、是れ正に神《アルラホ》の思召に応ふことと信ず。バシキール民族の代表たる自分は、総てのイスラム教徒と与に、此の賀すべき盛事を神《アルラホ》に向ひて祝福するなり。

بسم الله الر

اما بعد فان الحاج المسلم من قوم يابان تانا

الى الحج الى المكة المكرمة واعلن احوال المسلمين وا

ينشر هذه المقالات بكتاب مخصوص .

مع المسلمين بقلب خالص دائم .

كتبه المقيم فى يابان .

محمد عبد الحى وا

سمى بنور محمد قد كتب مقالات فى حق سفره

م الى قومه بواسطة المجلة اليابانيه والآن هو

ـنه المسئلة ونتمنى ان يترقى احواله ومناسبته

قرد من اقوام التوركى من المسلمين

حوم الشهيد عبيد الله **قربانعلى**

ـه هجريه ١٥ يوم من شوال فى طوقيو

送田中先生帰国序

済南道尹　唐　柯　三

吾教自唐伝入中国、蓋千有余年。経師宿儒守先待後、明経著書者不乏人。用能発揚至道、昌明聖教。国内信奉之徒、多至七八千万衆、可謂盛矣。所惜誦経文者多牽義拘文、而読儒書、又不免忘本遂末、以致微言精義、日見沈晦。際少数経師外、幾至無人能解。嗚呼教中如此、教外可知、国内如此、外国可知。如是而求吾教之発揚昌明難矣。乃有田中逸平先生者、以日本名流、研中国之学術、居華十余載。潜心于各家哲学、而于吾教典籍研究独精、若有黙契。乃毅然帰依壱志信奉復不憚。跋渉数万里、朝観天房。其見道之真、信道之篤、実為吾教所難能。夫世界各国、莫不有吾教之流伝。惟日本則否。彼田中先生者、自幼未聞吾道、非有父兄師友之勧召。与吾教人之朝夕薫陶者不同也。乃以読経、有得一念之真。心悦誠服、毅方熱誠、可以愧吾教中之奉行故事、不解真義者。謂非当代之奇士也哉。他日返国、必能本其己立立人、己達達人之心。以発揚至道、昌明聖道、将見風行三島。其功不在経師宿儒下也。今者行有日矣。同人等惜別贈言、謹珍重一語。以祝曰、吾道東矣。是為序。

自序

余は明治三十五年夏、始めて北京に遊んでから一事成る無しと雖《いへど》も、依然として支那《シナ》にいそしんでゐる。惟《おも》ふに支那は一個の世界である、之《これ》を通じて世界文明の一切を研《きわ》むることが出来やう、此《この》支那を経て我邦が受け入れた文明、夫《それ》は決して儒教や道教に由《よ》る者のみではなかつた。仏教の如《ごと》きすら印度よりせずして支那に縁《よ》りて伝へられた。然《しか》るに基督《キリスト》教国文明の摂取を、直ちに欧米に求めてより、未《いま》だ支那に対して何等旧恩を報ゐざるに之を軽侮したる結果は、東亜の現勢を物質偏重主義の弊に坐し、日本の立場をすら頗《すこぶ》る危殆《きたい》に陥らしめた。

抑々《そもそも》有色人種中唯一の独立国たる日本は、少くとも亜細亜《アジア》諸国の北斗として永遠に光輝ある帝国でなければ、世界民族の向上と平和とを済すことは出来ぬ。今日ではスエズ以東に余りに白人の勢力が跋扈し過ぎてゐる。凡《およ》そ勢力の不平均を調制することが、内治外交の第一義である、日本は内自ら正さねばならぬと与《とも》に外に対して大使命がある。是《こ》れ余が『大亜細亜主義即日本主義即惟神道』を提唱しつゝ、「支那は一個の世界なり」との見地より体得したる回教《イスレアム》之は嘗て日本に入らざりしも、基督教と与にアラビヤに発祥して、支那にも四千万人の信徒あり、世界到る所にその教民の分布あるも、殊に我が全亜細亜を通じて二億五千万衆のムスリマニーを有し、白人は多年如何《いか》に之を耶蘇《やそ》教に改宗せしめんと努力しても、未だ一人も応ずる者が無い。白人中の先覚者は「世界に於《お》ける将来の大問題は有色人対白人、即ち回教徒対耶蘇教の抗争である」と論じてゐる、余はかゝる予見の如何《いかん》に係らず、我が皇国の道は嘗て儒、道、仏、耶の諸教を「摂取不捨」以て大道倶通《ぐつう》の精神を示し、「我道一以貫之の事実を顕現したが、未だ天方末世の聖人モハメッドに依りて明白にされたるイスレアムの貴教は、我が神ながらの道の真髄と同一不二なる真理を知るの機縁が到らなかつた。余の嚢《さき》に主張した「皇国神道の大陸的使命」は、正に『天之御《あめのみ》中主神《なかぬしのかみ》はアルラホなり』との信仰を以《もつ》て世界のイスレアム教徒との精神的結合を謀るにありと知つた。夫は決して政治家の亜細亜聯盟《れんめい》説や、耶蘇教徒の愛の押売ではない。

本著は余をして斯《か》く信じ、斯く行はしむるに到れる経路の記録である、イスレアムとは独一無二の神に対する絶対帰依《きえ》の義だ、巡礼とは一切の私を捨てゝ神に一歩一歩近寄る道行《みちゆき》の事だ。雲山重畳又雲山、任重くして道は遠い、けれども我等はひたすらに進まねばならぬ、鞠躬《きつきゆう》尽力倒れて後已《や》むまでは。即《すなわ》ち此紀行の如きも神の御名に依りて、我が有縁の者に書き残したその日〱の遺言であつて書斎の産物ではない。

余が一片の志を助けて旅行の便宜を与へられし人に、小牧喬定、広田弘毅、保田宗次郎、小村欣一、福田宏一、三宅駿二等の諸君あり、又本著の出版に就ては、政教社同人、徳富猪一郎、青江政太郎、鞍智芳章、中村修二、クルバンガリエフ、小島文八、大宮権平等の諸君がそれぞれ多大の盛情を寄せられしことを謹んで感謝致します。

但遺憾に堪へざるは、恩師塩谷青山先生の霊前に此書を奉呈せねばならなくなつた一事である。

大正十四年五月十日聖上銀婚式の朝

遠州浜松元城なる中村修二氏の書楼緑蔭深き処に於て

天鐘生しるす

白雲遊行日程

大正十二年十二月十一日　東京出発。

二十八日　青島着、青島神社に参詣す。

三十一日　済南着、清真南大寺に入る。

大正十三年一月十一日　金曜　アホン曹鳳麟に就き受戒、イスレアム教徒と為る。満三十日間寒行を修す。

二月十三日　清真小学教師として、余の門生たる支那人周硯坡を伴ひ、済南を出発。北支那回教現勢踏査の途に上る。

同日　直隷滄州着、此地五ケ寺を巡拝す。

十四日　天津着滞在五日、天津市内外十二ケ寺を巡拝し、王静斎以下名僧と交訂し、此地の情形を詳にす。

十九日　北京着滞在五日、城内外二十七ケ寺巡拝、王振益氏以下名士と往来し、又芳沢公使とも会見す。

二十四日　張家口着滞在三日、六ケ寺を巡拝し、口内外の教勢を探聞す。

二十七日　直隷宣化着、北大寺宮澹菴の室に三宿す。

三月一日　南口着、十三陵を過ぎ昌平県官川派清真寺を訪ふ。

二日　湯山着、回民市場に泊し温泉に浴す。

三日　八達嶺、居庸古関に遊び、南口寺に修礼す。

四　日　北京着、二宿。

七　日　奉天着、三ケ寺を巡礼す。

九　日　熊岳城着、一寺を観、温泉に浴す。

十　日　大連着、西崗子清真寺に拝し、満鉄にクルバンガリエフ氏を訪ふ。且満鉄の為したる回教調査と、大連寺院建設案につき、其不注意の点を警告す。

十一日　芝罘着、河東清真寺に詣る。

十二日　煙濰自働車を似て濰県に到る。

十三日　青州着、二ケ寺を訪問す。

十四日　済南精舎に還り、日々修礼勤行す。「神道と国民教育との関係を論ず」と題する、小冊子百五十部を内外識者に頒与す。国民新聞「日本及日本人」に紀行を寄す。

二十九日　服部宇之吉氏来済、之と文化事業に関する意見を交換し、且氏の為に済南を案内す。

三　十　日　済南出発、回民僧俗百数十名の見送あり、青年回僧馬錦章を従ふ。

三十一日　南京着、先賢劉介廉の墓を展す。滞在五日金陵三十ケ寺を巡拝、教門有力者諸子と会見す。

四月

五　日　鎮江着、此日清明節、金山寺を訪ひ、古潤西大寺に詣す。

六　日　蘇州着、此夜回暦九月レメザアネ斎月第一夜に相当す。城内天庫前街清真寺に修礼、爾今一ケ月白日断食を厳行す。

八　日　上海着、斎月の厳行を三ケ寺に交々修す。甘粛、四川等よりメツカ巡礼者来集す。

十四日　杭州着、西湖礼拝寺、鳳凰寺に修礼す。

十六日　上海に還り、斎月の修礼に力む。

二十九日　湖南号デツキ客として上海を出発す。

五月二日　汕頭着、六日開斎、又開纜。

七　日　香港着、摩羅廟に修礼す。

八　日　仏船万古崙デツキ客として香港を出発す。

十三日　新嘉坡着、英国官憲の言語に絶したる乱暴なる検疫を受く。次日ジヤワロード、メツスダイに入り日々修礼す。雲南甘粛等の巡礼者先着六十名皆此寺院に宿す。

二十四日　巡礼船、英国貨物船キーマン号に坐し新喜坡を出発す。同行千余名中余等二人の外は、皆南洋諸島のムスリンなり。

六月一日　紅海の一沙洲カムラーニ検疫所に泊す。

十四日　ゼジラ検疫所に泊す。与に名を検疫に借るも、英国亜細亜統治上の厳関なり。

十五日　ジユツダ上陸。

十八日　駱駝に騎しメツカに向ふ。

二十日　金曜　メツカ聖地に入る。直ちに天房《カルベ》に単朝修礼す。午後支那回教徒来着、総て八十九、（内二十九名の死者を生ず）日々酷熱と戦ひ天房に厳行す。

七月八日　駱駝に騎しメッカを発して、ミナ、アルファテ山谷に至り修礼、来往一週日にして再びメッカに還る。炎天熱沙上の露営と、騎行と修礼、又難業苦行と云ふべきなり、死者続出惨鼻を極む。

十五日　歩してオムレ山谷に至る。

十七日　駱駝に騎してメッカを発す。

十九日　晨ジュッダに入る。

二十二日　ジュッダ発、英船プレフエアース号に乗ず。

八月七日　新嘉坡に着す。滞在十二日、紀行を草し、国民新聞と日本及日本人誌上に寄す。ジョーホルに遊び、軍港予定地を観る。同政庁を訪ふ。

十九日　馬錦章其他支那回教徒ハッヂと分手し、単身マラッカ丸に乗じ蘭貢に至る。

三十一日　印度の甲谷陀に着し、滞在三日。

九月五日　印度シムラに着す。滞在三日、阿富汗斯坦入国の件につき印度政府と交渉せしも許可なし。此地にて上海兵乱の入電を看る。

八日　デリー一瞥。

十日　孟買着、滞在一週日、細さに孟買及印度回教事情を探聞す。日人回教徒公文直太郎を獲て、与に帰東の途に就く。

十六日　長門丸に乗じ孟買を発す。

二十七日　新嘉坡に着、前住の寺院に修礼す、甘粛より来れる八人の巡礼者を見る。

十月　六　日　香港に着、途上暴風に会し船殆んど危し。兵営附属寺院に修礼す。

八　日　香港を発せんとするや、英国一警吏来りて予等の旅嚢を検査し頗る非礼を加ふ。

十　五　日　長崎に入る、途上暴風に苦む。蘆永祥等亦上海より逃れ来る。滞在十日紀行を草し日本及日本人誌上に寄す。

二十六日　上海に航す。滞在三日、兵乱の迹を観る。

十一月　一　日　海路青島に入る、直ちに青島神社に奉告し、同社々務所に三泊、有志の希望に由り講演を試む。

五　日　済南に着す、同地回教徒多数の驩迎あり。眼と歯とを病み、済南医院に入院加療すること十日間。

十　一　日　済南領事吉沢氏の請に由り、居留民の為に講演す。

十　四　日　金曜　退院、再び歴下書院を歴山の西麓に開設し、旧門弟子数人を教養す。「大亜細亜主義即日本主義即惟神道」なる論文を日本及日本人誌上に寄す。南大寺碑上の字、至誠及主静の大字百余枚を自拓して、内外の有縁者に頒与す。

十二月　三　日　馬錦章を従へて兵乱の天津に入る。吉田総領事と会見す。王静斎等津門回教有力者と会談応酬し、滞在四日にして辞す。

九　日　済南に帰る、出廬の計を為す。

十五日　済南回教僧俗代表二十余名、余の帰国を聴き、序を書せる帳を送り来て、留別の盛筵を張る。

十六日　馬錦章を携へて済南を発し、青島に到り同地回教徒と聚礼し、青島神社々務所に寓し、紀行を草す。

二十日　青島発泰山丸に乗じ、二十二日門司着、即日長崎黄檗の古刹福済寺に入り、「イスレアムと大亜細亜主義」を草し、印刷に附し内外要人に寄贈す。

大正十四年

元旦　出発、各地に講演しつゝ、東京に到る、前に印度より携へしマホメッド公文及び馬錦章を兵庫県武庫郡鳴尾草堂に留む。奉天清真寺張徳純、大連に在りしクルバンガリエフ氏等東京に来り与にイスラム教振興を謀り、府下目黒に聚礼す。日本各地支那及英米新聞紙上に余の主張と行動を報道し、その反響の少からざるを認む。

五月　馬錦章を支那に送り、山東済南歴下書院を再開し、月刊雑誌「山東」を発行す。

六月　イスラム巡礼白雲遊記を発行す。

イスラム巡礼

白雲遊記

目次

上篇　西へ西へと

序……35
一、東京出発……37
二、トコタンの青島……39
三、説這個説那個……43
四、嶗山道士……44
五、斉東冬野……48
六、歴下閑遊……52
七、似たやうな話……57
八、見物と遊学……59
九、回教徒と為る……63
一〇、回教入門……67

一一、教門生活……71
一二、その日その日……73
一三、槐蔭余情……80
一四、出廬北向……85
一五、紅塵万丈……88
一六、燕城雑感……92
一七、世界見物……96
一八、爾来廿年……99
一九、燕京余情……101
二〇、蒙古気分……104
二一、宣下雅遊……108
二二、明十三陵……109
二三、居庸古関……113
二四、征馬出関……114
二五、蓬来遊記……119
二六、再入精舎……123
二七、春光融々……125
二八、出廬南行……129

二九、安身在一枝……131
三〇、閑中有忙……133
三一、江南探春……135
三二、劉介廉先生の墓を展す……136
三三、清涼山掃葉桜……140
三四、秦淮雑観……142
三五、江上又無一隻船……145
三六、花を管するの吏……148
三七、滬上小観……150
三八、西湖回回堂……152
三九、一衣帯水……155
四〇、汕頭小観……158
四一、香港一瞥……161
四二、亜細亜人……164
四三、新嘉坡の義憤……167

ジユツダより　星港にて

中篇　メッカ巡礼

序……173
一、船待ち……175
二、巡礼船喜満号……177
三、新嘉坡よりジユッダ迄……180
四、ジユッダよりメッカ迄……189
五、メッカとカルべ……195
六、ミナ、アルファテの道業……205
七、ジユッダより再び新嘉坡に……209
八、巡礼余情……212
九、巡礼船中雑詠……216
一〇、ジユッダ及メッカ雑詠……218

下篇　白雲遊記

序……221

一、樹膠園見物……222
二、星州雑観……228
三、星架坡—蘭貢—甲谷陀……231
四、甲谷陀瞥見……237
五、シムラの阿房宮……244
六、シムラより孟買まで……250
七、アラビヤ海を観ながら……254
八、大正の浦島子……260
九、乱裡の閑遊……266

目次終

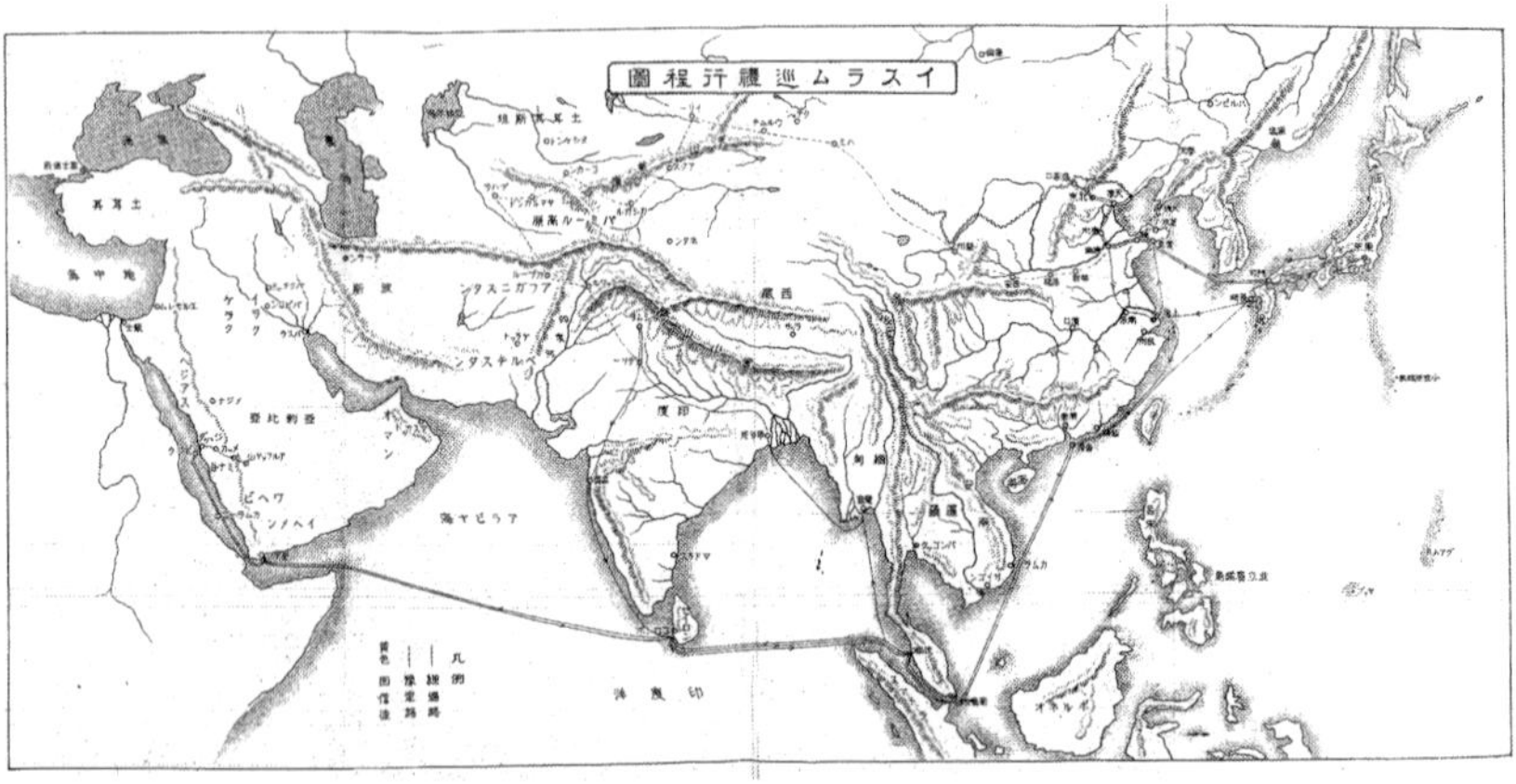
イスラム巡禮行程圖

イスラム巡礼 白雲遊記

田中逸平

上篇 西へ西へと

序

兎《と》に角《かく》西へ西へと行く、復興気分の充ち満ちた東京を後にして、臨時議会の開かれし日を以《もつ》て、孤笻飄然《ひようぜん》西へ西へと行く。

昔斉大夫鮑叔牙《ほうしゆくが》、憂を抱きて宰相管仲《かんちゆう》に問ふ、「桓公《かんこう》の奢侈《しやし》此《かく》の如《ごと》くにして国を亡《ほろ》ぼすことなかるべきか。」管仲答へて曰《いわ》く「吾《わ》れ国政に於《お》て少しく施す所あり未《いま》だ亡には至るまじ」と。余前《さき》に海外に在りて日本の近状頗《すこぶ》る危《き》殆《たい》に陥りつゝあるを憂ひ「管仲と東洋文化の新建設」一篇を、故国の同胞に寄せた。而《しか》る後久々に日本各地を漫遊し其《その》実状を観《み》て、益々《ますます》我が憂心を加へた。か丶る時九月一日の大震災は突如として帝都を見舞ひ、余も亦此《またこの》千歳一遇の大変に会することを得た。『痛快！』人間一生幾度か衷心より痛快を叫び得る秋《とき》があるであらう。余は嘗《かつ》て日露日独両戦役に従うたが、未だ真の痛快事を感ぜなかつた。唯《ただ》此度の震災に会して思はず痛快を連呼した。之《これ》は決して呪咀《じゅそ》の声ではない。残忍なる嘲《ちょう》笑《しょう》でもない。実に我が道未だ亡びず、否、是《これ》よりして神州日本の真の建設が興るであらうとの、直感より発せし歓喜の叫びであつたのである。大正維新の期待のみありて、一管仲の出《い》でざる、政に於て少しも施す所なく、人心荒廃し尽さんとする時、此変の来りしは天《てん》譴《けん》にあらずして寧《むし》ろ天祐《てんゆう》であつた。正に天の少しく道を施した者として省るべきであらう。議会がどうであらうとも、復興院がどうであらうとも、変に会して日本国民の美点は確かに発揮せられてゐる。自力復興の気魄《きはく》は、一切の思想遊戯や私利政治と没交渉に着々として、建設の道程を進みつ丶ある。

　余は「日本は亡びず」との信念を明確にして、東京を後に西へ西へと行く。其《そ》の行くや何処まで行くか自らも見当が充分つかぬ。誰から頼まれて行くのでもない、幾許《いくばく》の旅費を携へ何等《なんら》かの準備をして出かけるのでもない。唯一衣一竿《かん》白雲を友として去る、浮世の外の旅である。

　震災当時、配給米や自警団の世話方を町の衆より頼まれて之に任じてゐた時折の隙《ひま》に、玄奘《げんじょう》法師の大唐西域記を読んだ、長春真人の西遊記を看《み》た。成吉斯汗《ジンギスカン》実録を閲《けみ》した。吾れ山東在住十年、斉魯《せいろ》聖賢の迹《あと》に就いて少しく学ぶ所があつたが、常に「山東の一角は土耳《トル》古《コ》の首都に通ず」と考へてゐる自分は、遊意勃々《ぼつぼつ》として唯々《ただただ》西へ西へと行きたい気が動き出した。兎に角行かう、どうにか為《な》るであらう。「兎に角」と、「どうにか」とは吾等一寒生の生命である。此二標語の中より何物が出るか、そこに打算も無い、計較も無い。毀誉《きよ》も無い。利害も無い。得喪も無い。名聞も無い。但苦痛はある、それも此生をフンワリと白雲の上に乗せて徂徠《そらい》に任ずれば、苦の在る所畢竟《ひつきよう》楽地の存する所であらう。此《かく》の如《ごと》くにして余は西へ西へと行く。

一　東京出発

東京を去る前日、日吉町に国民新聞社のバラックを訪ねて蘇峰《そほう》氏に会つたら、「もう革命は起らぬ、当分政友会の天下だ」と謂うた。銀座街頭を出ると、復興院の方針如何《いかん》に係はらず、ドシ〳〵自立復興をしてゐる。よかれあしかれ此気分が当分日本の津々浦々に漲《みなぎ》つて行く。友人愚庵小島文八君は濁酒一瓶を提げて我が白雲行を送るべく、礫荘蝸廬に来て与《とも》に一宵を静かに語つた。「禅榻夜闌似鉄冷、半窓明月帯梅来」の句を拙画の上に書して愚庵《ぐあん》に留《とど》めた。唯一人の友に送られて、大正十二年臘月《ろうげつ》十一日夜東京駅発の三等車の中に孤影を没した。

大阪福島の旧草盧《そうろ》に投じ、煤窓に兀坐《こつざ》して携帯の書籍を乱読した。一夕福田老杉洞の経営する支那《シナ》料理店百花村に開催せる、名無倶楽部の忘年会に出席した。相会する者五十余名大阪在住各界の知識と趣味との御常連である。生面の人も半ば熟面の士も半ば酒三行にして五分間演説開始、中に小笹正人君貧民の為《ため》に気を吐き、石崎東国中斎を論じ、辛酉《しんゆう》革命を説き、語端雪嶺博士晩節を誤るを歎《たん》ず、当《まさ》に是《こ》れ我雑誌「日本及日本人」同人の為に気を吐く者。相会すれば只《ただ》是れ大阪人士の所謂《いわゆる》「ウダ〳〵」して言義に及ばざる商賈《しょうこ》の地に、二君の如《ごと》きあるは以て力を強うするに足る者がある。又一日貧時の交ある貝島商事大阪支店長安田宗次郎君と、梅月と云ふ旗亭に語つた。他に一人の客もゐない。大阪も地震以来頓《とみ》に不景気だといふ者、事実らしい。草盧の老婆久しくリウマチスで艱難《かんなん》の者、余の小術を施して以来遽かに快癒したとて非常に喜んでゐた。在阪数日支那服姿の老杉洞に送られて梅田駅を発し、広島に着いて青圃生の寓《ぐう》に投じた。

南方熊楠氏から菌苔採集の件につき来信があつた。其《その》手紙の末に近状と心事とを細かに書いてある。言々惰夫を立たしむる文字であつた。余は又携帯の書を此《この》地の客舎にて耽読《たんどく》した。且此頃耳疾に悩み居る者から静養をも試みた。浅野侯の泉庭を逍遥《しょうよう》して、江都《こうと》の灰《かい》塵《じん》と、浪華《なにわ》の煤煙《ばいえん》から脱《のが》れ、頓に仙寰《せんかん》に来た感がした。比治山の上なる陸軍墓地に詣《まい》りて幾多亡友の霊を訪《おとの》うた。一将功成り万骨枯るの歎が今更に深い。その功成た一将も命長くして徒《いたず》らに辱多きを嘆つ者のみであらう。静かに此幽境に眠る人こそ寧《むし》ろ幸であるかも知れぬ。

　春水先生の後、頼彌次郎氏を訪ねた。氏は昼は幼年学校に夜は修道館に教鞭《きょうべん》を執つて多忙に暮してゐる。京都の頼家は嘗《かつ》て貧にして米塩に事欠きしかば、日本外史の板権を彼に与へ今や富者となつてゐるが、詩書を以《もつ》て彼を嗣《つ》げる子弟は無いらしい。春水の後は陋巷《ろうこう》に居ると雖《いえど》も家学亡びず、彌次郎氏の子成一君の如き現に東京諸大学に漢学を講じつゝあるは、慶すべきことである。

広島は柿と牡蠣《かき》との産地であるが今年は与に不作との事、而《し》かも日々食膳《しょくぜん》には牡蠣の上らぬことなく、但柿は余多く之を口にせない。かきを外にして此地の産物は移民出稼《でかせぎ》なるが真の植民的気風と訓練との興らざる限り、国内的にも海外的にも移民出稼本位にては充分なる国家の発展は望まれぬ者であらう。安芸《あき》は大国に似ず人物の典型は小さい嫌ひがある。旧藩主浅野侯の如き東京だけにても一大地主として華族中の富者なれば、大に育英の為に尽す所ありて然《しか》るべき者、昨今其私庭の公開を広島市民に迫られ、尚之《なおこれ》を惜みて決するることが出来ぬ如き、又大藩主の後たるに相応《ふさ》はしく無い、華族存在の理由も実状も次第に平民の論議に上りつゝある。華族たるもの省る所あるべきである。余之より門司に向うて行く。

（十二、十二、二十三日、於広島）

二　トコタンの青島

暮の二十五日、立錐《りっすい》の余地もなき下ノ関行三等車に押しつめられて、夫《それ》でも自分は幸に座席を得て、ウツラ〳〵戸別訪問の漫車にて、午前十時頃には門司駅頭に渡つた。原田汽船会社に走りて、三等切符を求めて税関桟橋にランチを待つた。税関では型ばかりの荷物検査を受けたが、自分は只一包の書籍の外、一着の衣類も携へてゐない。午後一時発の青島行寧静丸を待つのであるが、出帆は少し遅れるとのこと、構内の茶店でパンを噛《かじ》り乍《なが》ら二三子へ、将《まさ》に故山を離れんとするの情を端簡にて通じた。こんな事は吾《わ》が半生、毎年幾回か繰返すことで別に今更らしく記事に挿入することでもないが、何だか日本の国情が気になりつゝある。自分の前途も決して平安であるとは思はれぬ。何となく離愁がいとゞ深い。

三等船室は広くてよい。此春は同じ船の一等船室で帰朝したが、其時の受持ボーイがけゞんな顔をして余を観てゐた。余はボロのハンテイングの上に裏毛の粗野な支那服を着てゐる。夫でも裏の毛皮は猿の腋毛で百四五十円はする代物ださうだ、但し安田君よりの賜物だ。室内には先様既に若干、徐《おも》ろに陣地選定をしたが、終《つい》に円窓の下に六人の出穢支那人がズラリと枕を並べてゐる、其次に一畳の余地あるを発見して、彼等の仲間入をした。隣の支那人は自ら山東鄒平県人李姓だと云ふ。予は歴城の田姓だと答へると李姓の次の張姓が、どうも口音が蓬莱《ほうらい》か黄県か、又は芝罘《しふ》だといふ。他の一同も夫に違ひあるまいと強制するから、自分も実に然《しか》り、余は蓬莱県人なりと答へたが、蓬莱は日本であるとの寓意《ぐうい》などは、余自らの時に取りての洒落《しゃれ》で、彼等は、可憐《かれん》東海の国士をとう〳〵北海の田夫として了うた。支那人に非《あらざ》る隣接者に、日本の大学生がゐたが、当初より侮蔑《ぶべつ》的態度を以て予の来るを迎へた。つまり支那人との間の緩衝地帯を、又厭《いや》な支那人に占領されたので、不快さうにしてゐる者と認められた。

船関門海峡を出るや否や暴風襲来、益々《ますます》烈《はげ》しくなりて遂に壱岐《いき》の島陰に避難した。深山幽谷の性たる吾《われ》は、何年たちても船には親まぬ。とう〳〵ヘト〳〵に暈《よ》うて復《ま》た頭を上げぬ、勿論《もちろん》之は余のみでない、満船の客殆《ほとん》ど一人残すなき為体《ていたらく》ではあつた。次の日の朝、徐々西へ向け南へ向け、満一日遅れて二十八日の午前一時青島港外に着いた。港外仮泊中に頗る奇夢を観た。余は稀《まれ》に夢を観る。而《しか》して常に数年後の事などを看《み》る。独り秘して後日に験しよう。

青島神社

夜は明けた。支那の権力下になりてよりの青島だけに、検疫など小面倒の事はどうでもよいと見えて、来るには来たらしいが、お寒いから止めておきませうとサツ〳〵帰つた。こんな所は日本時代より気持がよい。憲兵や軍医がコテ〳〵、ガチヤ〳〵来て、船の接待を大豪《いば》りで飲んだり喰《く》つたりして、人の面をねめ廻《ま》はして徒らに時間を費したるに比すれば、一体所謂型の如き顔色だけ見物の検疫なる者を思へば、支那流も亦《また》美点があるやうだ。

青島の寒風は寂寥《せきりよう》の碼頭を吹き荒してゐる。乗客は三等室すら五十人は居らぬ、一二等は二三人ゐたゞけだ。出迎の人も宿引の数のみ多く眼について、之はと云ふ知人の面も見受けなかつた。勿論予を出迎へる人のある筈《はず》はない。只一個の風呂敷《ふろしき》包を提げていの一号に青島税関に入りて検査を受けた。大阪より持参のこんぶの煮つけ一個、竹皮包なるが、監吏の目に触れて開けさせられた。阿片でも密蔵してゐると思はれたのであらう。之でとう〱支那人として税関も通過し、多年尽瘁《じんすい》した青島の巷《ちまた》に入つた。前に余を退去せしめんとした日本の軍衙《ぐんが》は、何の名残《なごり》も留《とど》めずして跡を消した。三万の日本人は一万と減じた。泡沫景気に建て並べた家は大路にすら明屋が幾つかある。まして純日本人街は丸あきの廃《はい》墟《きよ》と成り了した。東京の焦土は一時である、今や何というても殺気か元気か、兎に角《かく》此の如《ごと》き活動の都である。青島の現状は嘗て北海道の旧都松前に遊んだ時、所謂アイヌ語のトコタン即廃村の感をうら淋《さび》しく覚えたが、夫《それ》より一層の悲調を感ぜざるを得ない。

支那も度々の会議に大騒ぎして幾分の愚にもつかぬ排日暴動をして、得た処は只「亡び行く青島」のみだ。夫は日本人が亡び行くより以上に、支那の有力なる即墨班とて代表的百余家は破産に陥りつゝある。日本人留民団で、低利資金三百万円を如何にして割当つべきかにつきては毎日群集と悪葛藤《かつとう》を演じてゐる。要するに如何な方法を尽しても三百円か五百円の金を借受けて何《いず》れにか飛んで行かんとする連中である。暮の二十八日、息の根も凍るやうな日、在外日本人の此の様を観て悲哀を覚ゆるだにあるに。

帝都にては何事だ。太子を傷《そこな》はんとする邦人青年の出《い》づるとは、あゝ国威此の如くして失墜して行くのである。一度失墜せる国威の恢復《かいふく》は東京の復興の如きではない、噫《ああ》。青島事情の如き尤《もっと》も細かなる予は最早多くを探聞する必要はない、突然の来訪に驚ける、旧友大塚千十郎君の家に投じて静けき一室を占鎖した。

三　説這個説那個

閑人の業も中々多忙である。一般旅行者の夫《それ》の如くに出門の時刻より飯の菜迄《まで》一々記載してゐる隙《ひま》はない。只故山の知人に一々手紙を出す代りに、とりとめもなく這個《しやこ》を説き那《な》個《こ》を説きて、又明日は西へ西へと魯《ろ》の国を旅しよう。

予嘗《かつ》て青島神社を説きて「皇国神道の大陸的使命」なる一論文を発表するや、特に感激の文章さへ寄せらるゝ士があつた。今回思ひ立つた西遊の行程を実は青島に出発する決心である。其青島は幾多日本の勢力が亡びても、唯一の青島神社は厳然として山東の一角に鎮座ましましつゝあるは、我神社の大陸的使命を表現してゐるものだ。即ち斎戒沐浴《さいかいもくよく》寒風を冒《おか》して、神境に立つた、膠澳の氷れる風物は一眸《いちぼう》の中にある。何たる壮烈森厳の光景であらう。遠山宮司《ぐうじ》に会して日の御子の御安態を禱《いの》らばやと告げ、且つ小生西遊の微志あり一路平安を護《まも》らせ給はらんこと、夫に又今春予の発意にて友人大阪の福田宏一君施主となり、前清の遺老鄭孝胥詠書、乃木将軍忠節碑を境内に建つるの事を、宮司に依願しおきしが既に成りて未《いま》だ奉納式を了しないから、併《あわ》せて心ばかりに此式をも行ひおく事を告げて、宮司の快諾を受け、内殿を開きて静かに厳《おごそ》かに而《し》かも淋しき式を行うた。

我が日の御子西洋に遊ばるゝや、鹿島立の日を此宮にて御平安を禱り、其の還御の時も、特に済南より来て吾が心の喜びを神にさゝげぬ、吾こそは賤《いや》しくとも日本男子なり、只我が国を統《しら》しめす神こそ尊《とうと》くあれ。さればこそ大正十二年十月二十八日、誠心以て此の他国の地に鎮《しずま》れる我が神の前に立ちて禱る所切なる者がある。

宮司と静かに大教宣布の詔勅の多く知らるゝなく、教育勅語の因《よつ》て基く所何れであるかの知られざるを慨して、聊《いささ》か半生の欝結《うつけつ》を叙した。広き座敷に只二人の吾等、語る所青島の不況でもない、人生行路難でもない。禰宜《ねぎ》の桜井君の進むる神酒を大きなかはらけに一杯ぐつと明けた。出でゝ宮司と鄭孝胥の詩碑を見て心からうれしかつた。其向ふ側に又近く之に倣《なら》ひて慈覚大師山東遍路図碑が立てられた。之は知人大宮権平君の美意である。大師の入唐求法《ぐほう》するや山東に遍路して細《つぶ》さに艱苦《かんく》せるは人の知る処、大宮君亦山東地理研究家にして、大師の迹《あと》を偲《しの》び此挙を為《な》す。而して其意を体して、予は設計上の注意を与へたるを以て、二碑皆予に深き因縁ある者、此を見て千里に旧人を訪ねるの心地がした。

（大正十二年十二月二十九日、於青島）

四　嶗山道士

予の山東に回るは、故郷に父母を省するの思ひより、更に一種の懐かし味を覚ゆるのである、旧山河に接するのは本よりの事、人物に於《おい》ても一日千秋の感あるもの一にして止《とど》まらない。而《し》かも不幸にして山東在住十年、未《いま》だ同胞中に一個の親友を発見せずして、却《かえつ》て支那《シナ》人中に之《これ》を見出《みいだ》し得た。或《あるい》は軍政に従事し、或は革命運動に投じ、又漢字報を興して斉魯の文権を握り、或は学校を設けて教育の業などに与《あず》かりし予は未だ決して私心を以《もつ》て事とはせなかつた。然《しか》るに自らの不徳か、時の非なるか、我が軍官憲には退去処分を以て迫られ、外務当局よりは意外の処分を受け、予の公生涯は一先づ葬られた。予としては尤《もつと》も不愉快極まる済南の地に、小庵《しようあん》を結びて歴下書院と号し、少数の華人子弟を養ひ、門を閉《と》ざして読書静修、時ありてか悠々斉魯の野を逍遙《しようよう》し、故聖賢の遺迹《いせき》を訪ね、存養省察の資とした。始めて尚友古人の妙味を知り得た。纔《わず》かに支那の隠逸、高士、処士又は道人の生活に就いて理解する処があつた。而《しか》して予の如《ごと》き俗諦門《ぞくたいもん》に遊ぶ者は、とても聖賢を求むべからず、君子を希《こいねが》ふを欲せず。矢張《やは》り道人本義で好《よ》い。予の屢々《しばしば》山林の人と為《な》り、泰山に上る十二度、労山に入ること幾度なるを知らず、而して山中の一道士を友とし得て茲《ここ》に十年の交を結んだ。

道士俗姓は聞、道号は盛撻、安徽の人、道を海東の嶗に修め、太清宮に居た、後青島に出《い》で、天后宮の住持として独逸《ドイツ》が青島を占領する前より、日本が之を逐《お》ひて軍政を施し、欧戦終局し、悲惨なる外交の失敗と共に、再び之を支那に還附し了《おわ》りし時迄《まで》、彼は悠然として天后宮に澹泊《たんぱく》な、粗野な、超人間的な生活を継続してゐた。予の彼を知たのは大正三年十一月七日の朝、我軍の青島に入りし時よりであつた。時に彼は既に七十余の老道士であつた。予は大正六年以後は済南に暮したので、夫《それ》でも毎月必ず二三回は青島に出て来て、此《こ》の老道士を訪ねた。公孫樹の下で、当時廟の廂《ひさし》を借りてゐた、現興津清見寺住職大航和尚と三人で苦茗を啜《すす》り乍《なが》ら世外の話をした。牡丹《ぼたん》が咲く頃は特にたよりを伝へて相会を楽みとした。公孫樹の実の落ちる時必ず之を贈つて呉《く》れた。胡藤《アカシア》の花咲く頃与《とも》に馬車を駆つて青島の森林道を走るのは、愉快な極であつた。鼻汁と油と垢《あか》とにピカ〳〵光れる旧褞袍を其儘《そのまま》に、予を観るや否《いなや》走り出で、「アイヤ田大人ナー」と抱きつく時、惚《ほ》れ合うた美人と相抱擁するよりも、慕《なつ》かしさを感じた。あはれ聞道士は道士の好典型であつた。虚無恬《てん》淡《たん》の形容は此の道士の如きにして、実在を思はしむるのであつた。彼は少にして武人たり、日清の役は威海衛砲台に、又台湾に我軍と抗戦した、中ろ《なかご》妻子を失ひ、世の無情を感じて嶗山に遁《のが》れた。只《ただ》一人の孫児がある、宝珍と呼びしが、真に宝珍として愛してゐた。

一昨年の夏、金石もとろけんばかりの盛夏に、我が歴下の草蘆《そうろ》に突然老道士がやつて来た。青島より済南迄は十時間余の旅程である。愛孫宝珍を携へて来たのだ。曰《い》く「どうか此子《この》をウント鞭韃《べんたつ》して立派の人間にして下さい」と只一言、而して宝珍には「田老師の教に背《そむ》く時は再び帰ることはならぬぞ」と厳命し、直《す》ぐと夜行の汽車で帰ると云《い》ふ。勿論《もちろん》三等車で来たのだ、而して八十の老人、元気と雖《いえど》も此の熱さにあまりであらうと、特に二等の切符を買ふて与へたら衆客の中で涙を泛《うか》べて喜んだ。その無邪気さ、天心爛漫《らんまん》のそぶり、而《し》かも愛孫を異郷の吾《われ》に托《たく》し、瓢然《ひょうぜん》として去る心事。爾来《じらい》予は宝珍を子とも弟とも思うて愛育した。

然るに去年の正月、道士は病を得て孫に一度会ひたいと云うて来た。予も丁度帰国を考へてゐたから、宝珍を青島に送つて老祖父の看病をせしめた。後に予の行て病を看《み》るや。「天命既に尽きた。老師の再び来る迄は此の世にあるまい、多分嶗山に帰臥《きが》してゐるであらう」と此世の名残《なごり》を惜《おし》んだ。旧の七月十五日、彼は予期の如く永遠に嶗山に帰臥した。今予の青島にて天后宮を訪ふや、趙道士走り出で老道昇天の事を告げた。日本人の数千が青島より亡《ほろ》び行く様の、惨は即ち惨なるも、予に於ては概《おおむ》ね無縁の衆である、当然来るべき運命の将来であると思へば感慨も少ない。然《しか》れども一個の老道士が予の来るに先《さきだ》ちて嶗山に永遠に帰臥し去つたのを聞きし時、空しく亭々たる公孫樹の冬枯の下に立ちて、暮れ行く大正十二年の年の瀬を、如何《いか》に儚《は》かなく感じたのであらう。而して只利是《こ》れ争ひつつある在青日本人の中にて、比

道士と著者

較的支那人に近き者すら此老道の死を知る者はなかつた。日人経営の新聞雑誌五六種ある者にも、遂に一行も報ぜられずに終つた。予は嘗《か》つて日本来遊の名士諸君に屢々此老道士を紹介したから、却て日本に知る者があらう。道士の死を悼《いた》むと与に曾識《そうしき》の人に其《その》死を告げようが為《ため》に、此の一章を書いた。嶗山と道士生活の事などは趣味多き物語なるも、行旅匆忙《そうぼう》又他日の機会に誌《しる》すこともあらう。

五　斉　東　冬　野

大正十二年も今日一日となつた。未明に三日間安居の大塚君宅を出で、文山生と与に膠済鉄路の二等車中に投じた。

予は茲に文山生に就て多少の文字を惜《おし》むことが出来ぬ。文山姓は張氏、山東淄川県の人。嘗《かつ》て予の漢字報を興すや、営業部の発送係として雇用した一青年であつた。僅《わず》かに姓名を書し得る程度の教育しかなかつたが、性質純良の男であつたので信用しておいた。爾来予の一身は幾多の変遷苦境に処しつゝあるが、彼は影の形に添ふが如く予に侍して忠勤してゐる。殊《こと》に此頃殆《ほと》んど一年間、維持困難なる歴下書院の留守番として、何等の酬《むく》いらるゝ所なくして、一切を処断し只管《ひたすら》予の帰来を待てゐて呉れた。青島まで態々《わざわざ》彼の来て迎へて呉れようとは予期せなかつた。久方に彼の健全にして、衷心よりの喜を以て予を迎へて呉れた刹那《せつな》、妻子骨肉に対する情よりも一層深き者があつた。山東十年只此一青年を養ひ得た事にて、予の労は報ぜられたと謂うても好い。而かも此一人に止まらず、青島にも膠澳督弁所諮議兼商品陳列館長に姜歴山あり、同財務部課員に韓子明あり、皆尚《なお》二十余の青年なるが、与に十年前より随身の童生であつた。華人が老師と云ふ言の中には今尚依然として充分に師道が存在してゐる。勿論今日の学校教育にては日本も支那も何の異りはないが家学を以て教養するならば、師道は必ず華民の中に光を放つを信じて疑はぬ。所謂《いわゆる》文化事業の如きを以ては、此の光を放つを得せしむるや否は本より保証の限ではない。予の山東生活は此の二三子の忠実なる使徒あるを以て、常に愉快に起臥《きが》してゐられるのである。人生持つべき者は好門生である。

　韓子明が遽《にわ》かに作り贈つた春服を着て、文山と車中の人と為《な》つた。旭日は海東の嶗より昇つた。車窓兀坐《ごつざ》東天を拝して、黙禱《もくとう》之を久《ひさし》うした。理《ことわ》り知らぬ吾涙はハラ〳〵として膝《ひざ》の上に落ちた。沿道の風物皆是れ十年の親《したし》みである。膠州湾を過ぎては大正四年の昨今、独支境界線調査の為に年月を寒天に踏破し、大珠、小珠、琅邪諸山の風光を喜び、徐福艤《ぎし》舟《ゆう》の迹《あと》を偲《しの》び、斉長城遺址《いし》を討《たず》ね、元の膠莱運河考を明かにし、或は倭冠《わこう》襲来の当時を彷《ほう》彿《ふつ》し、秦始皇《しんのしこう》、漢武帝《かんのぶてい》東巡仙を求むるの事を考へ、汽車城陽を過ぐれば、是れ漢の不其城址。予嘗て此附近に幾多の不其古甎を得て、好古家に頒《わか》ちしことがあつた。田単火牛の功を以て名ある即墨の故地は異るも、今の即墨県城は此の近くにある。大正三年役我軍の策源地亦《また》此処《ここ》、我等事に軍に従ひし者、豈《あに》多少の感なきを得んや。膠州城は今海を距《へだた》る遠きも、尚南船貿易の地である。紙竹、磁器の類概ね此港より輸入せらる。之を過ぎて地勢漸《ようや》く広濶《こうかつ》、黄土層と為《な》る。高密の附近は古《いにし》へ水沢多かりしも、今多く涸《か》る。去歳晏子《あんし》の故里を尋ね、鄭康成の居を訪《おとな》ひ、韓信砂嚢《さのう》奇勝の迹を踏査し、或は東坡密州に知たりし迹を考へて数日を淄水流域の地に逍遙《しょうよう》したるは、最も快心の遊なりしも彼も一時、車中蕪菁《ぶせい》（俗語甜青蘿蔔《テンケンローベ》）一個を吃《きつ》して土味を賞し、山楂の団子に渇を医《いや》し、或は焼餅、或は包子《パオズ》の類、土人用ふる所の者一として好食料でない者はない。日本の紳士旅行者は会々《たまたま》支那に遊ぶも、従て所謂贅沢の支那料理を御馳走《ごちそう》になりて、多数土人の実際生活を研究せんとせぬから、彼等の食物を味ふの親切がない。日本でも御茶漬は寧《むし》ろ真の美味である、支那でも家常飯《チャチャンフヤン》の真味を解せねば、国民生活の真諦《しんたい》には触れまい。予が嘗て与《とも》に旅せる我が紳士の内、坂本彭之助氏ほ生黄瓜と焼餅とを以て午食に供し、其価の廉と、味の美と滋養価値とを賞して、支那人の繁殖しつゝある原理を知つたと謂《い》うてゐた。白沢林学博士は眼に感ずる衛生と、身体に及ばす衛生とは異るとの解釈を、支那人の食物より発明して、支那人の実生活は寧ろ日本人より数等衛生的であると論じてゐた。上田万年氏は同行の若き一文学士が、支那の田舎料理の前に閉口してゐた時、一喝して曰く「苟《いやしく》も支那学を研究する者が、苦力の食物をすら吃《きつ》する能《あた》はずして、何が分るか」と謂うてゐた。諸氏のかゝる見地は予も至極同感である。

予も食堂車の高価にして頗《すこぶ》るまづき洋食を吃するなく、各駅毎《ごと》に土味を求めて之を吃し乍ら斉東の山河に親《したし》んだ。大きくして古い国、大なる流れの滾々《こんこん》として尽きざる国、一個の世界である此国、小さな、コセ〳〵した、一先《ひとま》づ行きづまつた、我国を観て来て、斉東の冬野を無心に過ぎ行く時、明白に日支両国の長処短処、国民性の相異が認識せらるゝ。

　神州日本と、天国支那、予は常にかく観ずる。日本はまことに神の国である。支那は天を以て立つ地境である。神の道と、天の理とを静観する時、二者の真を知り得る事が出来よう。斉東の冬野を大観し乍ら、斉東野語を捻出《ねんしゅつ》しつゝ、西へ西へと行く。吾等が車中には外に只一人の日本人のみであつた。三等の苦力と伍《ご》して日本婦人が一人眼についた。山東鉄道が膠済鉄路と改名して日本の勢力はかくも薄らぎ行くかと思へば、そゞろに悲哀を感ぜざるを得ぬ。沿道の風物悉《ことごと》く吾に可なるも、国家対外経綸の迹は悉く恨事のみだ、景色を叙し来れば、一水一丘皆足跡を印するの地、更《あらた》めて記するの繁を覚ゆるばかりだ。只濰県に鄭板橋の風雅を偲び、青州に麻三斤の趙州和尚を思ひ、牛山を過ぎて、斉王の古塚塁々として山の如《ごと》く、而して桓公《かんこう》と管仲《かんちゅう》の墳を望む時夕陽漸く斜にして、淄水《しすい》凍りて流れず斉都一帯古林寂寥《せきりょう》、鮑山の下を過ぐるも時既に夜、ビーナスの山上に輝々として、我が叔牙の霊に似たるを思ふ。斉東冬野を過ぎて、感深きは依然管鮑《かんぽう》の事、予今天涯の孤客として、西へ西へと行くも、海内尚幾個の知己を存す、又比隣を行くが如きのみだ。況《いわ》んや華人の間亦幾個の好漢吾を待つに忠なる者あり、大正十二年は終に鮑山の下に名残を止めて、即夜歴下の旧地に入つた。門生馬場春吉、車沽に在りて予を待つ、相携へて彼の寓《ぐう》に投じ藤井総領事に入済の意を致さしめておいた。

六　歴下閑遊

予の済南に於《お》ける居を歴下書院と号す。済南は古《いにしえ》の歴下の邑《むら》、つまり歴山（今俗に千仏山と呼ぶ）の下の邑で舜《しゅん》歴下に耕すとあるの地、予は嘗て一漢字新聞社を此地に興し後之を捨て、小廬《しょうろ》を結び、門を閉ぢ客を謝し、一個の念書人として三年を過ぎた。印度《インド》の古聖は「樹下石上と雖も三年は止まるべからず」と訓《おし》へたる如く、予も三年を以て出廬《しゅつろ》を志した。而して日本の近状を仔細《しさい》に視察し、荒廃し行く祖国の為《た》めに布衣の一書生が何事か為《な》さねばならぬことを痛切に感じつゝあつた。大正十二年の一月下旬より、十二月末迄、久々にして祖国に親しむことが出来た。若《も》し九月一日の震災が起らぬならば、予は尚永く日本に留まつて、反祖国主義と戦ひ神道革命を実行せねばならなかつた。然るに震災は浅薄なる文化を焼払うて呉《く》れた。恋愛至上主義とやらの人獣思想も一応片づけて呉れた。而してどこからか日本人らしき情熱が色々なる形にて擡頭《たいとう》して来た。もはや革命的破壊運動の必要はない。此萠蘖を助長し培養することが、吾等の任務であらう。

国内復興の業は国内の人之に任ぜよ。多少なりとも海外に在りて事を為《な》す吾等は、国際的日本の立場を復興せしめねばならぬ。近年日本の国威の失墜しつゝあること、只々慨歎《がいたん》の外はない。吾等は幾分なりとも分に応じて、日本男子の意気を外国人に示さねばならぬ。日本国民の長処美点を外国人に認めしめねばならぬ。而して我が国内に不当なる金力と権力との下に虐たげられたる多数の弱き良民がある如く、此の世界にも、国際的ブルジョアが横暴を極めてゐる。殊に我が亜細亜の大陸に於て吾等の憤慨に堪へぬ者が多い。予はこんなインスピレーションに駆られつゝ、東京を辞し西へ西へと進み来りて、殆んど一年振りに歴下の地に来た。来は来たが我が三年の結廬は既に失はれた。祖国にも我か安居の家とては無い。十年客遊の地にも我が卜居《ぼくきょ》の処《ところ》はない。左《さ》れど忠実なる日支の門生は予をして歴下の閑遊を擅《ほしい》まゝにせしめて、又客情の寂寥を感ぜしめない。

　済南三十余万の人口の内、一千五六百の日本人の生活は、青島の如く一時に荒廃の惨状なきも、亦沈滞の極にある。督軍田中玉は失脚し第五師長張士琦督理となる。総督より将軍、将軍より督軍、而して今又督理の名と改まる。孔子は政を為すには先《ま》づ名を正さんかと謂《い》へるも、民国改革以来の支那は中央も地方も其実

済南歴下亭図

質の進歩は認められない。日英米諸国が支那民族を幸福にせんが為の所謂文化政策の如きは、徒《いたず》らに驕児《きようじ》を作り、学匪《がくひ》を養成しつゝあるやの観を免れぬ。現に此地にも済南医院あり東文中学校あり、其経営も皆我が国費を以て弁ずる者であるが、施療救治の如きは兎《と》に角《かく》、中等教育の如きは無用の業、文化政策と謂《い》はんより寧ろ養匪《ようひ》事業とも称すべきか、吾人の屢々警告する如く排日は尚《な》ほ可なり、徒らに驕慢《きようまん》なる支那人子弟に迎合して、軽日思想を助成する時は其《そ》の害容易に改むることは出来ぬ。

総領事館に藤井君を訪《おとの》うた。好官吏であるが別に支那に就ての意見は多く聞き得なかつた。済南道尹唐柯山君を其の私宅に訪うた。唐君は数年前迄道尹兼交渉使として済南にゐた人で、予の旧識、其後一度福建に転任したが、近頃帰来又済南道尹に重任したのである。回教徒としての有徳なる好紳士である。旧を叙《じよ》し新を談じ、有益なる会見であつた。太明湖の冬枯を観、李鴻章の祠に遊び、静閑の半天を味うた。李氏は嘗て此地の巡撫《じゆんぶ》であつた。前清の時代山東は要省、総督を置かず、北洋大臣の管下にあつた者である。殿に聯あり李門周復の撰書である。

天為斯世生才旋乾転坤勳業邁西平而上

民利於今受賜禦災桿患廟祀与東岱斉休

を仰ぎ観て口吟《こうぎん》した。侍者張文山が西瓜の種を買て来た。日あたりの好《よ》き欄干に腰かけて湖面を眺むると、蓮池に革衣を着た男が頻《しき》りと藕根《れんこん》を掘り出してゐる、勿論湖面は凍てゐる。然《し》かし風も無き冬気澄明、如何《いか》にも平和の天地である。

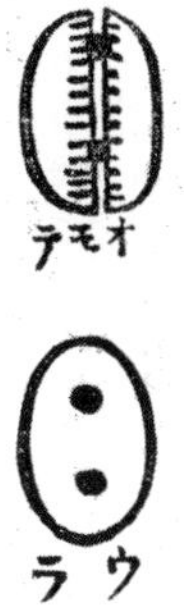

なじみの茹古斎に行て古本を漁《あさ》つたが、買ひたい本もなく、又貧生古玩《こがん》を求むるの資も無い。只観る破れ茶碗の中に古貝銭が五六十粒あるのを発見した。臨淄古墳よりの出土、不値銭《ブチー》と云《い》ひ乍ら主人翁唯《ただ》でも呉れさうであつた、一元を投じて皆買うた。之は刀布以前支那最古の銭である、指頭を以て磨せば、宛然《えんぜん》翡翠《ひすい》の如き緑色、実に三千年の宝貝である。又真古斎拓本店にて無用の字帖数種を求めた。中に濰県玉清宮碑を得て邱処機西遊の壮志を偲び、我が西行の友とした。

或日は趵突泉の茶館に少女の歌を聴いて半日を暮した。分つても分らんでも支那人の声楽は無限の情趣がある。而して西瓜の種をかぢり乍ら、青果（橄欖《オリーブ》の種類）を割て茶中に入れし香の好き者を啜り乍ら、無心に歌を聴く。費用もかゝらず館内の気分は実に平和である。衣物自管、失落不管などの断り書も、凡《すべ》て日本のよりも雅味がある。西関外の青山居と云ふ回回の料理屋で食事をした。清流窓下を流れ、五六の女人衣を洗うてゐる、長閑《のどか》の景色であつた。支那市街の道路も建築も年々著しく立派に成り行くことの一面を観る時は、中央政府の荒廃と反比例の感がする、東京でも復興院や審議会などに没交渉にドシ〳〵自力復興をやつて行く。平民の時代は何れの地も変化しつゝある。

東文中学校の李佩芝先生は音楽の天材である。君の居を訪うて其楽を聴いた、同君には左手に指が六本ある。故を以て弾琴の便が多い。支那は古より礼楽を以て興りし国だ。宋の積弊終《つい》に元曲を生じ、夫子《ふうし》の厭《いと》ひし鄭声《ていせい》の発達となり、又真に君子の楽は求むべからざる世となつたが、総じて之を謂へば支那人は音楽好きの国民である。従て音楽的天才は決して少くない。只教育方針が悪いばかりだ。支那は依然として礼楽を以て本とせねばならぬ。日本の支那学者の如き、宜しく思を茲に致すべきである。

一日旧識劉知安君に会つた。山東海陽の人、挙人貢生である。嘗て予と新聞を経営し、其文は斉魯の間に権威ある者であつた。君が一陋巷《ろうこう》の関帝廟内《びようない》に不遇を喞《かこ》ちてゐたる時、予之を訪ひ意気相投じて出廬を促したのは、七年前の事であつた。こんな事を考へると何となく支那小説の発端を見るやうな感がある。是等旧識と恵元楼に羊鍋を吃した。涮羊肉《シュワンヤンロウ》とて美しき羊の片肉を、熱湯の中につけては吃し、吃してはつけつつ、鍋を囲みて団欒《だんらん》的に会食する回教徒の料理である。

一日少しく健康を害せる者から、日本政府経営文化事業の一たる済南医院に診察を受けた。支那服の予は受付にて支那人と認められたから其儘《そのまま》に、田被雲と名乗り、銀三十銭（日本人は金三十銭）の診察券を受け内科の室に行つた。頗る簡単の診察にて処方箋《しよほうせん》を頂《ちよう》戴《だい》して、院長徐昌道君を訪ねたら、飛んだ皮肉をするとて大笑ひであつた。徐君は和歌山の人蓋《けだ》し徐福の後であらう。昨今は曲阜《きよくふ》孔子様の後裔《こうえい》も一族も、我《わ》が済南医院の御厄介になつてゐるとの事だ。古《いにし》へ蓬莱《ほうらい》に仙薬を求めし事の、今の世に実現してゐると観てよからう。

馬場生の家に宿し、文山を従へて毎日ぶら〳〵歴下の城内外を閑遊しつゝある。天気は日々好日、日本人との接触は稀《ま》れにして、ウルサイ風聞は耳にせない。歴下の正月はかく

の如くして平和に過ぎた。書いて報じたいことは種々あれども、執筆も惰い。元旦駄句あり

『旅なれや古褌のまゝに春』

七　似たやうな話

正月の十日済南本願寺布教所にて、故中西正樹氏の一週忌法会に列席した。中西氏は所謂《いわゆる》支那《シナ》通の元老として人の知る所、而《しか》して同氏と予と与《とも》に済南に一漢字新聞を興したることも、世の凡《およ》そ知る所である。然《しか》るに経営の業漸《ようや》く緒に就くや、突如として中西氏と予とは、絶縁せねばならぬやうな、いまはしき事情が起つた。夫《それ》は丁度政教社同人諸君と雪嶺との間に起つた事件と似たやうな話だ。

中西氏も既《すで》に故人と為《な》つた。予は去年の正月氏が臨終の地たる別府を訪《おとの》うて其《そ》の霊を弔うた。今は又再び済南に弔祭の微意を致すことが出来た。旧臘《きゆうろう》東京を発する前、中西夫人が久々に訪ねて来て、涙語りに老の繰言を語つてゐた。未亡人は謂《い》うた、「全くあの時は魔がさしたのです、どうかさう思うて意に介せんで下さい」と。予は自ら不徳を責むる外今更弁明の必要はない。然《しか》れども予の公生涯は此《こ》の不快なる葛藤《かつとう》を以《もつ》て、中断されたのである。併《し》かし夫が損であつたか得であつたか、敢《あえ》て計較すべきではない。然れどもこんな事件を通じて、外交官だの、陸軍の軍人だの、又は一般人の思想人情などが、誠に明白に

知られ得た事を、自ら多として喜んでゐる。予は嘗《かつ》て内村鑑三氏の身上に起りし此種《この》の事件を通じ、氏の苦節と而して氏の思想、道業の非常なる進歩の迹《あと》を観《み》た。愛国者内村氏が不敬漢と為《なつ》た如《ごと》き、世には往々意外の事がある、人格者雪嶺氏と政教社同人との葛藤の如き事件すら生ずる。人心の旦《あした》に夕を謀るべからざる事、古今常に其《その》実例を観る。而して人若《も》しかゝる悲しき事実に逢着《ほうちゃく》するあらば、そは寧《むし》ろ其人の幸福である。今更クリストの文句を借りて説明する迄《まで》もない。

予は震災後、東京にて井上藁村氏の口から雪嶺と政教社との関係を細《つぶ》さに聴いた。而して自ら経験した似た様な事件を省みて諸君の苦衷に同情せざるを得なかつた。而して政教社諸君のは尚《なお》同志相寄り、同情者乏しからざる中に、一道の光明を以て引続き「日本及日本人」の発行を為《な》し得《う》る希望がある。予の葛藤は同人としては只《ただ》二三の支那人門生のみで、陸軍当局外務当局、乃至《ないし》同文書院関係者等の包囲的攻撃の下に、只独り他郷に苦衷の伸ぶる無しで、天道の是なるべきを唯一の信念とし、纔《わず》かに禿筆《とくひつ》を呵《か》して「日本及日本人」誌上に平生の志を叙した。左《さ》れば「日本及日本人」なる一雑誌は実に予の為《ため》には一個の呼吸器たり、排泄器《はいせつ》であつた。若し此の機関がなかつたならば、予は鬱結《うつけつ》して煩悶《はんもん》を伸ぶる能《あた》はず、或《あるい》は気死したかも知れぬ。

かゝる事情の下に無学短才の予が草した文章は常に多少の反響があつて、本誌を通じて幾多の同志を新に求め得たことは、予をして此世に非常なる希望と光明とを認むるを得せしむるに至つた次第で大に感謝しつゝある。

予は幸か不幸か雪嶺氏には知を得るの機なくて今日に至つた。然れども「日本及日本人」は実に予の知己《ちき》である。殊《こと》に同人諸君と予と似た様な境遇を試錬し来つて、与に倶《とも》に一片の氷心を以て祖国の為に微力を尽さんとするは、又是《こ》れ浅き因縁ではあるまい。正月の九日夜「日本及日本人」の復活せる新年号を手にした時、熱き涙がボタ〳〵と誌上に落ちた。希《こいねがわ》くは健全なる発展をせよかしと遙《はる》かに同人の為に禱《いの》る。

（一月十三日、於済南）

八　見物と遊学

従来は支那に対する志士若《も》しくは知識者として、支那浪人又は支那通なる者があつたが、今は多く故人となり、尚生存せるものも、概《おおむ》ね内地に生活して商売人ともつかず、政治家ともつかぬ様な境遇にゐる者が少くない。而して国民は一概に従来の支那通若くは支那浪人を憎悪或は嘲笑《ちようしよう》してゐる。而して近来は新々支那通などの熟語も出来て横文字知識に由《よ》ることが流行するやうだ。殊に東西各大新聞社と称する所の支那部長などにも此傾向がある。

ましては外務省の如き、今や殆《ほとん》ど支那に関する根本知識を以て任ずる人の居らざること、洵《まこと》に寒心すべき至りだ。一度土匪《どひ》騒ぎが起れば、英米人と与《とも》に之《これ》に驚き、文化熱が起れば又其尻馬に乗てラツチもなき見えすくやうな政策本位の事をする。

吾等《われら》は嘗て梁山泊《りようざんぱく》考を記しては、支那を知るには一部水滸《すいこ》伝《でん》を熟読せよと謂うた。古は猶《なお》今の如《ごと》く今は猶古の如く、殊に近時の支那は宋末の支那と等しき状態である。如何《いか》に上海や天津に自動車が走り、洋館が出来ても、依然たる水滸時代の支那は、支那の大なる、何《いず》れの地にでも現出し得る。否、天津や上海の如き外人勢力の中心点が益々盛なればなるだけ大土匪出現の可能性は増すのみなることは、少しく支那の実状を注意する者には合点《がてん》の行くことである。

張作霖は正札附の土匪の雄なる者、前清の愛親覚羅氏である。呉佩孚は曹琨ともをダシに使うて中原に蟠拠《ばんきょ》し、北京政府を掌中に握つてゐる。其勢力水滸の宋江の比ではない。其他蘆永祥にしても、孫文の輩にしても皆是《みなこれ》水滸伝中の人物と、その行為とを為しつゝあるもの、官匪、学匪、商匪、軍匪、何れか匪に非《あらざ》るべきか。然《し》かも偉大なる支那大陸は依然として農民の世界である。農は本事商工其他は管子の所謂末作の徒である。従つて支那の動脈を流れてゐる血は古文明を基準として千古不変の者がある。大洋の波《は》濤《とう》の大なるが如く、古くして大なる支那には大なる波動がある。若夫《もしそ》れ北京上海等のレポーターのみの情報を以て対支知識の基礎とせばそは常に浅瀬のあだ波を観て水深を謀るの類である。

日本にも東西両大学を始めとして支那学者の大家がゐる。而して中には経綸《けいりん》的眼光を以て支那研究に任ずる学者もある。然かも吾等在野の一書生には大家諸君より多く得る所、学ぶ所なきを遺憾とし、自ら支那に遊び其実際に就いて考察するの必要を益々感知せざるを得ぬ。嘗ての支那浪人志士は実に天下を蹂躙《じゅうりん》す七寸の鞋《わらじ》の気概を以て支那を縦横した。今日汽車汽船便利の時代に於《おい》ては、支那旅行は欧米旅行より贅沢《ぜいたく》にして、且つ邦人の多くは皆玄関と、本通りのみの旅行にて、支那通の三字は一変して支那通りとなり、全く見物本位と成り了した。

見物は決して真面目《まじめ》なる研究とはならぬ。其得る所と失ふ所と何れが多かるべき。邦人の支那見物者益々多くして支那の根本知識は愈々《いよいよ》減じつゝあるなきか。又多数不用意の見物者の為に日本及日本人の悪印象が如何《いか》に多く最近の支那に刻みつけられつゝあるか、一考を煩《わずら》はすべきである。

北京などにも新知識の大新聞記者を外にして、文部の留学生諸君も常々数人は滞在してゐる。是等《これら》の人は果して支那文字の所謂遊学に当るべきか、古へ《いにし》我国より遣唐使《けんとうし》を送り、又は名僧の求法入唐《ぐほうにっとう》せし者の迹などを考ふる時、彼等の旅行は決して只の見物ではなかった。

慈覚《じかく》大師にしても弘法《こうぼう》大師にしても困難なる旅行其者より体得したる精神と、道を求めて師に就きたる真の遊学の効果とは、実に大陸文明を祖国に齎《もたら》らして、島国日本を大ならしむる事が出来た。

支那の政局をのみ観れば頽廃《たいはい》の観がある。而して支那に学ぶべき者なく、吾《われ》より文化政策に由《よっ》て彼を啓発せんとすらしつゝありと思ふ者あらんも、日本は青島を占領して其地の施設を研究して得たるもの幾許《いくばく》ぞ。上海、香港等より学びつゝある者幾許ぞ。謂《い》ふ勿《なか》れ之は西洋文明の産物なりと。此《かく》の如《ごと》く考ふる者は支那が一の世界であることを忘れた為である。吾等は泰山の上に立て支那思想の基本たる天観を学び得る。黄河の岸に佇《たたず》んで支那の古文明を知り得る。而して楊子江に棹《さお》して世界を観察し得る。

支那研究は所謂漢学のみでは勿論《もちろん》なきも、亦《また》所謂最近横文字知識の支那学でもない。支那研究の対称は実に世界其者であらねばならぬ。

夫れ漢学の中心思想は天観の確認にして、発して王道と為る、王道は坦々蕩々不偏不党、天下を対称とする者、古人も五家の国準を以て王道を解してゐる。支那研究の基調は必ず此《ここ》に存せねばならぬ。苟《いやしく》も真面目なる研究には其師がなくてはならぬ。今日多数の支那研究家は支那人に師仕する所がない、是れ遊学にあらずして見物である。吾等は久しく支那に在りて一芸一事に於《お》ける師のみにあらず、求法求道の師として、尚師仕するに足るべき幾多の人物あるを観る。

故宗演老漢は支那を通りて仏教は支那に無しと嘲笑して去つた。而《し》かも日本の仏教界と僧侶の道行と之を支那の夫れと比較し来れ、何れに尚《な》ほ真の仏法の多く存するや否。

一友あり日本漢学大家某博士の漢文と漢詩とを嘗て観ずと云《い》うた。若し文章を云はんか、高等小学の生徒と雖《いえど》も日本の漢文大家位の文は書くであらう。前に章太炎をして我が学者を痛罵《つうば》せしめたが、其言豈《あに》他山の石のみならんやである。君等は神州日本国民として一個の世界である支那と支那人とに学ぶ所頗《すこぶ》る多く、之を学ぶことに由て日本の隆盛を来たすべきを信ずる。支那研究を志す者宜《よろ》しく見物本位に非《あら》ずして、古人精苦求法の信念を以て、各々其欲する所に従ひ師仕する所あり、以て遊学の実績を挙げなば、斯文《しぶん》復興すべく日支の共に振起せんことを疑はない。彼の徒《いたず》らに死物を漁《あさ》りて知識と為し、或は文化屋を開きて親善を考ふる徒の如きは、所詮《しよせん》無用の業、故人那珂通世博士は其著成吉斯汗《ジンギスカン》実録の序に、露西亜《ロシア》は軍《いく》さに負けたれども か、る研究に掛けては我が日本より遙かに勝れる国なり、実に軍さと内政との失敗を除きては東方経略の事に善《よ》く行届きて、大英国と与に亜細亜の諸部落を綏懐《すいかい》すべき資格ある大国なり。

と記してゐる。成吉斯汗実録の研究と、ロシヤの東方経綸とは決して書斎の遊戯ではなかつた。マルコポーロ紀行の研究と欧米人の東亜経略とは、売文著作業者と娯楽読者との関係ではなかつた。余前に堀氏の大唐西域記解説を閲するに、肝心なる地理的研究はしてない。此書を観て既に其地理を明かにせず、玄奘《げんじよう》法師求法の熾《も》ゆるが如き精神を紹介するに於ては空しきを歎ぜざるを得ぬ。

（大正十三年一月十日於済南馬場氏の書斎）

九　回教徒と為る

大正十三年甲子正月十一日、大日本武州小金井村一農夫の子たる余は、支那山東省済南府南大寺に於て、阿衡《アホン》曹鳳麟先生に由り回教徒として入教すること、なつた。余の回教入教は決して一時の道楽でも気まぐれでもない。又政策でも研究でもない、之を語れば因縁は長い。

顧れば明治三十五年夏年少若干《じやつかん》の志を抱き北京に行つた。余の北京行は極めて不快なる歳月を送つた、只時に閑を盗みて近くの回教寺院に遊んだことが、当時の予に一種の慰安と親みとを齎らした。爾来《じらい》二十年道を求めざるにあらず、教を聴かざるにあらず、自ら修めざるにあらず、而かも皆是れ失敗と悔恨との事のみであつた。自己の弱くして、人の頼むべからざるを感じた。かゝる時モハメッドの剣とコロアニとを以て立てる姿を屢々冥想《しばしばめいそう》した。仏教に於て不動尊を予の心の対称とせしが如く、モハメッドを思ふた。余は少時父に導かれて神道禊教の修法を受けた者である。其後海老名弾正氏に由て耶蘇《やそ》教の片鱗《へんりん》を学んだ者である。而して内村鑑三氏の聖書の研究を二十年通読した。しかも我家の宗門は臨済禅である。加之《しかのみならず》、少時の教育は漢学塾に於て施されてゐる。而して又支那殊に山東に久しく遊ぶに於いて道教に就ても亦多少の注意を払ふてゐた。

　然れども予の心の底には常にモハメッドに現はれたる神観を離れなかつた。神の国の児たる吾は、偶然か必然かモハメッドにあこがれつゝ、神州日本の興隆を禱るの志を忘ることが出来なかつた。十二度泰山に登りて孔子を思ふた。併かし孔子よりも、却《かえつ》て先づ管仲《かんちゆう》の学ぶべきを思ふた。支那の古文明の核心たる天観を考へつゝある時、モハメッドの観たる神観と我が国に現はれし神とを結んで考へざるを得なかつた。儒教と禅宗との関係の如く、儒教と回教を思ひ、又回教と我が古神道とを対称せしめられた。

　是れ数年前「支那回教問題の将来と皇国神道」なる一篇を発表して識者の是正を希《こいねが》うた所以《ゆえん》である。此論文に対して徳富蘇峰氏は親切なる注意を公表せられたことは、今尚快心に思ふ所である。次《つい》で「支那回教の発達と劉介廉」なる一論文を発表した。而して介廉の大著天方至聖実録二十巻を訳述した。

　余が時々支那問題に就いて発表し来りし文章は、実は回教の信仰に入らんとする道程に過ぎなかつたのである。余の済南草盧《そうろ》歴下書院は只其為の結盧《けつろ》であつた。結盧三年、余はつくづく思うた。苟も宗教問題に触る、にはナマヤサシキ事ではいけぬ。只夫れ捨身の業だ。換言すれば人格より神格の発露がなくてはならぬと、毀誉《きよ》は他人の事、錬達《れんたつ》は自己の業、余の斉魯十年の生活は人の之を知らざるも天の之を知るあるべし。只是れ回教問題に触る、為の十年であつたのだ。而して偶々東京の大震災に親しく相会して、神と人生とに対する心眼が開けた。

コロアニ経典

　帝都の復興は帝国の興隆を先決問題とせねばならぬ。東京が前日の壮観を呈する迄《まで》に、明治天皇の御一生を通じて考へるが好《よ》い。軽薄なる復興院の計数的企画のみで一国の帝都の完成は出来ぬ。

　明治維新五十年にして国に正教なく、国民に典礼の基準がなかつた。孔子も政を為すは礼を先とした。礼のなき教育の結果は国家の解体のみだ。天柱何に拠《よつ》て以て立つ所があるか地維何に由て以て繋《つな》がる所があるか。而かも尚我が日本人の或者は明治天皇の神格を仰ぎ奉るの誠がある。

変に際して小年子弟も、腰弁諸君も熊公も、義勇奉公の一念を喚起して生慾《せいよく》万能思想、恋愛至上主義を一蹴《いっしゅう》するの概がある。而してか丶る時彼《か》の華族富豪の徒の為《な》せし所を観よ。平民のみが常に平民の身方である。而して又正義の友である、吾等は国内的には平民と悩める者の身方であり、之と共に正しき強き国を造らねばならぬが、又対外的にも国際成金の横暴と罪悪とに対して、虐げられたる多数の小国とその民族との為に反抗せねばならぬ。

顧みよ、つい昨日迄英米と与に世界の三大国と誇りし日本は今や如何《いか》に、前に日清日露戦役は大元帥陛下の下に、吾等平民子弟農村青年の身命を献《ささ》げて、彼の優勝を得しもの。失墜したる国威を恢復《かいふく》し、虐《しいた》げられつ丶ある民族と吾等と与に此の世に強く幸福なる者とならしむるは、又是れ吾等の責任ではないか。吾等の同志の中には身を以て国内的復興に任ずる者があらう。余は同一見地に於て帝国の対外復興の為に微力を致したいと念じてゐる。而して余のいと弱き一身も、微々たる一生も神を信じ、モハメツドの人格を畏敬《いけい》し茲《ここ》に一個の勇者となりて、武蔵野の一土塊たる余が、その使命の幾分なりとも達成せねばならぬ。古人曰《いわ》く鞠躬《きつきゅう》尽力倒れて後已《や》むと。実に半道にして斃《たお》る丶とも、皂櫪《そうれき》の間に死するに勝る。聊《いささ》か志を記して我が同胞に告ぐ。

（大正十三年二月二日、於済南清真寺精舎）

一〇　回教入門

余の回教徒と為《な》りしは、教授博士の智的研究よりせるにあらざること、前項に述べた通りである。若《も》し単なる智的研究ならば書物を読んで一通り見物観察をすれば、今日の世には沢山である。真に道を求めんとせば師に附かなくてはならぬ。余は前に劉介廉の諸著述に因て回教の概念を得た。而《しか》して其《その》質疑を済南、南大寺の曹アホンに就いて問ふた。

曹アホンは直隷滄州の人、滄州と云《い》へば水滸伝《すいこでん》の読者は直ちに林冲配処の地として記憶に存すべく、今津浦鉄路上の一都邑《とゆう》である。年齢未《いま》だ五十に達せず、軀幹《くかん》長大美髯《びぜん》胸に垂れ、堂々たる偉丈夫《いじょうふ》である。其前は勿論《もちろん》西域の人。一見して支那人でない事は分る。其道行の高き余は久しく敬畏《けいい》する所であった。今や機縁熟し、曹先生に由て入教の式を挙ぐることが出来た。余は此《この》紀行に於《お》いて智的に回教研究の結果を未知の人に紹介せんと欲する者ではないが、蓋《けだ》し此紀行は回教に関する旅程を記する者多かるべく、此文の読者に大体の興味的智見を与へおかんことも必要なるべく、回教入門を一通り説明しておくことゝする。

凡《およ》そムスリン（ムスリマアニ、穆民《ぼくみん》、清真教門之人、潔教回回人、イスレアム）たる者の第一義はイーマニの発露乃《すなわ》ち誠信の顕現にして、イーマニ既に発露せば焉《いずく》んぞ神の存在を認識し之《これ》を信仰せざるべき。神は即《すなわ》ちアルラホ（真主、真宰）である。独一無二の絶対神である。既にイーマニを体用しアルラホを信ずる者、聖人を畏《おそ》れざるを得ぬ。聖人の言は則《すなわ》ち天籟《てんらい》神語である。アルラホの独一無二にしてモハメッド聖人の神の僕《しもべ》たり、其《そ》の使徒たることを信ぜば則ちイスラムの徒たるに於《おい》て、充分なる資格である。

正月の十一日、此日は金曜にてイスラム教徒には主馬聖日《チユマー》である。午後一時より遠近の教民聚《あつ》まり来りて所謂《いわゆる》主馬聚礼を行ふのである。余は此朝沐浴斎戒《もくよくさいかい》して只《ただ》一人趙三掌教に従ひ、五百畳もある広き大殿内に入りて聖座《ミヘラアブ》の前に跪座《きざ》した。（回教徒の跪座は吾等日本人と同様である）曹先生は卓上に香を炷《た》き厳然として余に対して座つてゐる。

徐《おもむ》ろに天経《コロアニ》の一節を読み了《おわ》りて天を指し

アシヘド、アンリヤイラヘ、ラインラ、ホ、ワホデホ、リヤセリカラホ、アシヘド、アンラモハメデノ、アブドフワレスルホ。

と念じた。予も亦《また》天を指し従ふて之を頌《しょう》した。即ち清真言である。其意は

『吾は証す、真に万物は主にあらず唯《ただ》アルラホのみ独一無二の真主なり。吾は証す、モハメッドは主の僕なり、主の使徒なることを。』

此外尚《なお》受戒の言あるも要は茲《ここ》に存する。

モハメッド聖人は明白に人であつて主ではない。クリストも聖人の一人であつて主ではない。マホメッドはイエスの後に出《い》で、其志をつぎ其足らざるを補ひて前聖後聖の道を集大成したのである。コロアニ三十篇中如何《いか》にイエスキリストに就いて其聖人たり、予言者たり、奇蹟を行ふの偉人たるかを説ける。モハメッドは実に誤られるキリスト教と、猶太《ユダヤ》

教と偶像崇拝の仏教及び拝火教とに対して戦ふた者である。決して真のクリスト教の敵にあらざることはコロアニの一篇を観ば直ちに了解する所であらう。

既に穆民《モーミン》となる。其道行は如何に。天道五功、人倫五典の八字に尽きてゐる。天道五功とは、一、真主を念ずること、二、真主を礼拝すること、三、斎戒、四、布施、五、カルバ参詣《さんけい》（メッカ天闕《てんけつ》の巡礼）人倫五典とは君臣、父子、夫婦、昆弟、朋友の道である。天道五功、人倫五典を修して道を成すは何等儒教に反する所はない。何等皇国の道に背く所は無い。今や支那も五倫を説くことは出来ぬ。王道を論ずることは出来ぬ。吾等のみは回教徒と与に君臣の大義を語ることが出来る。回教のアホンと雖《いえど》も妻帯して夫婦の道父子の倫を正してゐる。モハメッドの如《ごと》きは最も人情の美に通じた人であつた。是《こ》れ生れ乍《なが》らに孤児たり、其祖父に養はれて又其祖父の不幸に会ひ、叔父に虐げられ、細《つぶ》さに人生の悲惨を嘗《な》めたる彼の、漸《ようや》く頭角を表はしたるは人生不惑の年からである。

而して彼は不義不信の徒に対し、武を以《もつ》て戦争し

メッカ神殿全景

た。彼の前半生は心の内の戦争、彼の後年生は対外武力の戦争であつた。而して夫《それ》は神国建設の大運動であつた。

モハメッド聖人は過去の歴史的人物ではない。彼の訓令諭告行為は厳然として一点一画をも之を改むることを得ずして、イスラム教徒の中に生きてゐる。則ち何等彼の偶像なきも、所在の寺院にはアルラホと与《とも》に彼の不死の姿が認めらる丶。

余は宵礼の際、実に聖人の畏るべきに驚きて一夜を泣き明した。聖人既に然《しか》り、誰か此世に神在《いま》さずと謂《い》ひ、之を証し得る者があるか。

不潔なる身体、正しからざる礼は神の受くる所でない。イスラム教徒の第一修道は勿論真主の礼拝で、其の寺院も単に礼拝寺と称して別に何某寺と云はず、或《あるい》は清真寺と呼ぶのみである。而して礼拝は必ず身体の清浄を要す。則ち我が敬神の道みそゝぎを先とすると一般である。只其清浄法厳密、今一々之を記するを避けんも、其道我が古神道に近きことを一言注意しておく。みそゝぎ（大浄ウースリ小浄アブデス）了《おわ》らば脱靴、堂内に入り西面して聖座に対し、真主を讃念しつゝ、起立、鞠躬叩頭《きつきゆうこうとう》、其時々に従ひ自ら規矩《きく》作法がある。一日を通じて五時ナマーズ乃《すなわ》ち五回の讃礼である。

礼拝（ナマーズ）表

晨礼バムターデ	四拝	アダムの制
晌礼ピエシニ	十拝	イブラヒムの制
哺礼テケレ	八拝	ユナスの制

昏礼シヤーム　五拝　アルサの制
宵礼ホーフタン　九拝　ムサの制
主馬（金躍）聚礼　十六拝

礼拝は又天命（フアリゾ）聖則（スインナタ）の二種に分ち各々其の則を厳守して、一糸乱れざる神聖の礼である。礼は必ず誦経を伴ふことなれば、礼に習ふこと決して容易ではない。礼拝其事の内に、我神道の祓《はらい》も気息の事も、道家の座功道引の事も、耶蘇《ヤソ》の祈禱《きとう》も仏教の座禅念仏も、儒教の主静居敬も皆含有してゐるから、完全に五時の礼拝をすれば、其功徳の大なること筆舌のよく説くべきではない。余は入教以来居を回民部落の内に定め日夕寺に参して専念礼拝祈禱の生活を営んでゐる。実に是れ自己究明の一大事業だ。

一一　教門生活

教門《チヤオメン》と支那語で謂へば、そは直ちに回教徒を意味するのである。元来ムスリンを呼んで回教徒と云ふは、其伝来が唐朝に回鶻《ホイグル》より支那本部に入り来りしが為《ため》に、何時か回鶻の回を取り重音にて回回と謂ふに至り、後に回回二字に大に意義あるが如《ごと》くに解して、回回原来と云ふ書物すら行はるゝも、畢竟《ひつきよう》俗称のみ。

漢字を以て訳せば清真の二字を以てイスレアムに充《あ》つべく、教徒を以て穆民《モーミン》と呼ぶはムスリンの訳音にて、彼《か》の英語にてモハメダンと称し教祖宗教の如く為《な》すは回教本義に違ふもの、穆民はモハメツド教民の謂《いい》にあらずと知るべきである。教門の徒は回教を以て貴教《クイチヤオ》と呼ぶことあるは、儒教の漢人種が自ら大教《ターチヤオ》の人と謂ふに対して呼ぶ者、又其の対称の妙を覚ふ。而して一般異教徒をカフイルと呼ぶ。ムスリンの徒はカフイルと別団隊を為《な》して生活し、自ら中国に客たるを以て任じ。中国人で無いことを言明してゐる。勿論其服装住居等支那人と異るなきも、教門の人間の異人種たることは一見明白なるの少くない。

余は入教以来彼等の歓迎を受けて南大寺のすぐ前の小路の奥に幽居を構へること、なつた。ムスリンは皆親類同胞である。異教徒に対する団結心が強固である支那語では老表《ラピヤチ》を以て教門の家族を意味する語としてゐる。済南の南関より西門にかけて城垣の内外凡そ三万の教徒がゐる。寺は南大寺と北大寺との外四五の小寺がある。三万の教民は皆此寺に参して礼拝する者であるが、勿論一日五時の礼拝を正しくする如き者は多くある筈《はず》はない。彼等は教法を以て国家を為《な》さねばならぬ民族であるから、既に支那の客となり同化力多き廃頽《はいたい》気分の旺溢《おういつ》せる現支那に於て、回教徒も著しく堕落しつゝある。然《し》かも尚多数はモハメツドの聖行遺訓を其儘《そのまま》に厳行し、ムスリン生活の中心は依然として礼拝寺に存し教役者即ちアホンの勢力が彼等を支配してゐる。

彼等の最も忌む所は不浄である。不浄中の不浄は豕《いのこ》と犬である。然《しか》るに漢人種は豕を常食とし其油を一切の調理菓子にも用ふるから、教門生活と漢人生活とは相容《い》れぬ次第である。又酒と煙草とを禁じてゐるから、その生活は簡単である。従つて健康なる体格を有し、人口の増加率も多い。余の如きは日本人として優秀なる体格の所有者であるが、一度礼拝堂に入りてムスリンと相伍《ご》した時、実に彼等の堂々たる体軀《たいく》を羨《うらやま》しく思ふ。

支那一家族を普通五人と西洋人などは計算してゐる。昔は孟子の八口の家管子の十口の家なる数もあるが、近頃は五口を一家として平均数を得べきも、回教徒の一家は六七口を以て考へねばならぬ。守旧的宗教を中心とし、且《かつ》利智に敏なる支那民族の間に客たる教民の団体は、其体格優れ人口多きも、以て幸福なる生活とは云へぬ。支那回教民の多数は頗《すこぶ》る貧困である。若し真に貧民窟研究を念とするならば、回教徒の中に来らば、其研究資料は何程でも得らるゝ。

併《し》かし余の教門生活には智識欲求の徒の研究を学ぶ余暇はない。余の教門生活は道行生活である。而して其道行生活は只一個独自の問題のみではなく、思ふに其関係する所自ら深く且つ広き者があらう、事は必しも支那在住四千万の回教徒のみではない。

一二　その日その日

余は今行旅雲水の過客である。併かし、静かに且つ急速に回教道行の初歩を、多年の因縁深き済南の地に修めて行きたい。嘗《かつ》てK君なる日本最初の回教徒が、余の歴下草廬《そうろ》に突然尋ねて来た。其志を聴き且つ其不幸なる身体を気の毒に思ふて、余の極めて僅《わず》かの天禄《てんろく》の半を割きて、君の済南駐錫《ちゆうしやく》を謀つた。K君は既に回教を卒業して、頻《しき》りと事業を考へてゐる人であつた。君は所謂志を抱いて四百余州を跋渉《ばつしよう》したそうだ。然《しか》れども君の志酬《むく》ゐられず、常に憤懣《ふんまん》を感じてゐる。而して時に杜康《とこう》の遺徳を借りて其不平を慰するの結果とんだ失敗を演じてゐた。全は此人に告ぐるに、人はつまづいた石に摑《つかま》つて立つ外はない。天下は広いやうでも狭い苟《いやしく》も宗教問題に触る丶ならば、決して事業や政策を考へてはいけぬ。神の名に因《よつ》て只一人の心田を開拓し、一人の悪しき者を悔改めさせることこそ大事業であつて、若し日本人にして彼等教民の間に此一事が出来ないなれば、必ずや徳孤ならざるものがあるであらう。君夫《そ》れ自重せよと。爾来《じらい》君と相背きて多く語るの時はないが、独りK君のみでなく、国家の為に或は民族の為に一片耿々《こうこう》の志を抱いて不遇の人生を送つてゐる者を観る時、洵《まこと》に我心を傷ましむる者が多い。余自らも常に駑馬《どば》百鞭を以て志を養ふに力《つと》むると雖も、任重くして道の甚だ遠きを観ては異郷客情の荒《すさ》むこと無きを得ぬ。而してK君の身上と志とを気の毒に思ふ。

然れども古人精苦の迹《あと》を思へば余の生活の如きは大に恵まれたる者として感謝せねばならぬ。試みに余が昨今の日誌を繰りて、その日〳〵の教門関係の生活を記し、同志諸君の参考に供しよう。

済南城内三十万の都会、恐らく日本人は余一人のみであろう。而して現居の周囲は皆教民なれば、済南にゐるもの丶実は西域に生活してゐるのと同じことである。嘗《かつ》て西使記であつたか、西域の国風を記して「街路を行く者皆ソレアム、アレクムを唱す」とありしと記するが、吾等も一日の間何回之を繰返すか寺へ五回の往来だけにても或は沐浴場の出入にても、道路の散歩にても、如何にも親しげにソレアムアレクムを一摋《いつさつ》して過ぐるのは、とても異教徒《カフイル》に見ざる温か味である。

ソレアムアレクムに対してワレカムソレアムと応ずる。意は好問の辞に外ならぬ、余は暫《しば》らくの安居にとて精舎を構へた。礼拝寺街より石畳の小路を入ること数十歩、瀟洒《しようしや》たる門を構へ、門壁には日東田寓と赤い紙に認《したた》めて表札を出してある。門扉の上にはアラビヤ字にて吉慶の意を認めてある。門を入れば一老槐《えんじゆ》、龍の如く蟠屈《ばんくつ》して枝繁り、石磴《せきとう》数階、南面の日当よき中西折衷の客室がある。中庭を過ぎて廂房と臥房とを設く、正堂には自己の礼拝壇を設けてある。中庭には一抱に余る楡樹が亭々として枯幹を天に冲《ちゆう》してゐる。鵲が其上に巣うてゐる。早晩喜々として寂寥《せきりよう》の園に鳴く。別に厨房《ちゆうぼう》あり茅厠あり屋宇《おくう》凡そ十六間、百数十坪の地に煉瓦《れんが》建草屋根、自ら風情がある。且つ庭には清泉さへ湧《わ》き出づ。而して家賃は銀十六元机卓椅子寝台等は家主より貸与する事が此地の例になつてゐる。一度教門の人である以上、外国人でも何でも異義はない。区役所の届けもなければうるさき戸

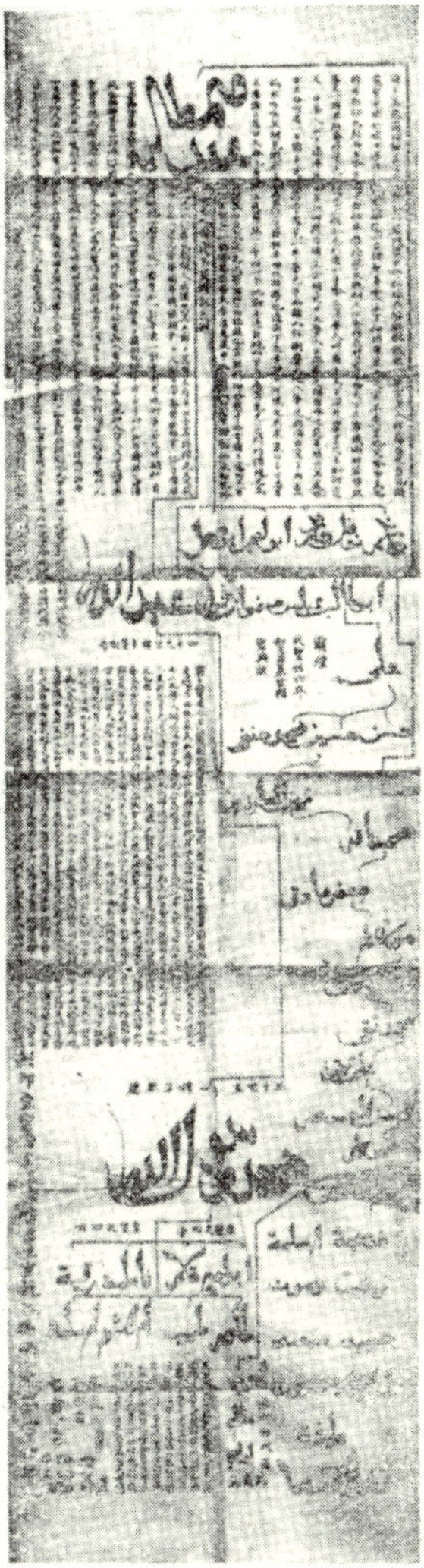

マホメッド系譜図

籍調べの巡査も来ぬ。一体ならば日本人は城外の商埠地《しょうふ》のほかに居住する事は出来ぬのが規定であるが、教民地区は例外である。否余は既に外国人に非してムスリンの徒である。支那に居て、支那人とのみ接しつゝ、ありては、かゝる親しみを如何にして感受し得べきか。

勿論教民とその生活の欠点をさがせば幾許《いくばく》もあらう。然れども余も只其可を観て未だ不可の点を発見せない。余に日夕侍する童生は趙アホンの第二児十九才の青年である。彼はアラビヤ字を知るも漢字を知らない。但《ただ》し余の支那語は充分彼に通ずるを以て御互に不便はない。其弟の十四才なる者性怜悧《れいり》、最もよくコロアニを唱す、又日夕来て余に仕へてゐる。趙アホン亦屢々《またしばしば》来つて教を垂れて去る。

毎朝五時頃鶏鳴と与に、アラビヤ語にて「早く来て身を清めよ」とのふれ声に醒《さ》めて、寺の浴堂に至り、灌水《かんすい》沐浴するのは、多年吾等の習慣と等しければ何の苦痛もなく、実に心地がよい。沐浴了れば又「早く入殿せよ」のアラビヤ語のふれ声にて、石磴を上る。靴の音さへ寒晨に氷るやうだ。趙アホンは殿の厦下に立ちて西面し、バンカナマーズを大声に頌念《しょうねん》してゐる。

アラーホエクペル、アラーホエクペル、アラーホエクペル、アラーホエクペル、ヱシヘドアリイラヘ、インラ、ホ〱。アシユヘドアンナモハナドラ、ソラ、シ〱。ハンヤアランソリヤテ、ハンヤアランソリヤテ、ハイヤアレルソリヤホ、ハイヤアレルソリヤホ、アラーホエクペル、アラーホエリペル、リヤインラヘインラ、ホ。

其意は

アラーホ（神）は至上なり、神の唯一なるを信ず、マホメッドの神の使徒なるを信ず、吾れ禱《いの》らんかな、禱らんかな礼拝せんかな、神は至上なり、吾が神の外又神あることなし。

軈《やが》てイーマム（掌教長）は白布の纒頭《てんとう》を為したるハリフアイ（大学生）を引卒して入殿し礼拝の式を掌《つかさど》る。一の楽器をも用ゐぬ鉦《かね》太鼓も打たないが、アラビヤ音其者が自然の音楽である。大衆の合頌する時洵に天籟の感がする、天漸く明くると与に晨礼（パムプターデ）は終るのである。殿を出づれば又互にソレアム、アレクムを叙して散会する。東天紅を染むるを観ては、独り又祖国を礼拝せざるを得ぬ。

精舎に帰りて寒室に兀坐《こつざ》し経書に対す、一侍童炉を焚《た》き茶を煮る、一童生出来たての棗《なつめ》を餡《あん》とせる饅頭両三個を購《あがな》ひ来りて点心を勧む。吃《きっ》し了りて余は半日静かに読み、静かに念じ、静かに書く、二童生は寺の学校に行く。その後は門番の狗《いぬ》と卓上の錦魚と樹上の鵲とのみ、生ある者は余を外にして。日影昃《かたむ》き午を過ぐる頃、晌礼則ちピエシニの礼拝を為す。又浴を執らねばならぬ。小浴は自家にて之を行ふことにしてゐる。午後からの礼拝は多忙である。晌礼に次《つ》ぐに晡礼（テケレ）昏礼（シヤーム）迄《まで》。其間大学生と教徒との訪問に接して、転《うた》た閑人閑殺の感がある。余の支那語は天分笨《ほん》にして未だに充分なる者ではないが、来訪のムスリン諸君はアラビヤ語交りの宗門談から世間話を次から次へ語り行く。此間多くの読書以上に有益なる教示がある。文は常に意を尽す者ではない。まして教法上の事などはとても書物では駄目の場合が多い。我が静居に集ひ来る張三李四の徒も、皆我が師として是《これ》に対してゐる。

テケレ礼後、余は大学生《ハリファイ》諸君の請に応じて日本語の教習を開始してゐる。学生は遠く蒙《もう》古《こ》より、南京より峡西より、或は山東各地より、曹先生の道行学徳を慕ひて来てゐる者だ。其学ぶ所は勿論コロアニの研究にてアラビヤの学のみである。アラビヤ語と日本語との近似は実に彼等学生の興味をソ、ラずには居れない。余は教授の間に、日本の国教たる神道に就いて彼等に語ることが多い。又震災や、日本君臣の関係や、日本の地理人情を説く。而して英米のアジヤに於ける横暴を論ずる。経典以外に智識に乏しき、而《し》かも敬虔《けいけん》なる青年は、日本の一書生の説話と、其日常生活とに注意せざるを得ぬ。

教民は皇帝の統御する国民たらんことを欲求してゐる。余が皇太子成婚の事を話すや。掌教者諸君は余を通じて賀詞を日本領事に致さんことを乞《こ》ふたので、之を領事に通じた。東都大災に際しても曹先生は我が領事に見えて哀悼の意を致してゐる。

大学生は其食を教民の布施にて足してゐる、或は経を読めば、又銭をも受ける。老師に仕へて幾年かの後、学と業と全きを看ば印可を受ける、俗に之を掛帳《クハチャヌ》と云ふて、緞子《どんす》の帳に賞辞を認《したた》めし者を、老師及び同学より送られ、之を携へて故郷に帰り、其寺にてヒロメを行ふ。其日は主馬聖日（金曜）の衆礼席上で、緑の大袍を穿《うが》ち、当日は掌教者に代りて、執礼説教をもするのである。若し就職の地あれば掌教者として何《いず》れかの寺に赴くも、寺には世襲掌教者が多いから、容易に口を求めることは出来ず。所謂散班アホンとして無任処僧たるを免れぬ。無任処たるも亦寺に属して冠婚葬祭の典礼を掌り多少の収入はある。

一日北郊に会葬した。陳家の老父の柩《ひつぎ》を送りて。教民は土葬（棺材を用ゐざる真の土葬）である。死するや、三日内に之を葬るアホンを請ふて念経、七竅を清め全身を洗ひ、白布を以て全体を掩《おお》ひ緊縛する。天蓋《てんがい》を以て之を覆《おお》ひ、会葬者は皆香を手にし、親族は腰に白帯を結び、喪主は白衣を着す。送つて城門を出《い》づれば親戚《しんせき》友人総代遠送を辞す。辞して還《かえ》る者、送る者、送代の手を握りて挨拶《あいさつ》あり、坑道《ハカ》迄送りし者は墓辺の毯上《だんじょう》に跪坐し各々一土塊を手にし、経を誦《じゅ》す。壙は横壙《よこあな》、壙穴《こうけつ》の門は聖座と同じくアーチ型とし、天井前後土壁には白布に経文のアラビヤ字を書きて天国の宝座を意味す。

死屍は板に載せしまゝ綱にて吊下し穴中に蔵《おさ》む。穴門を石にて閉ざし埋葬する。念経者の手にせる土塊を集めて会者と与に埋葬せしの儀となす、了《おわ》ればソレアム　アレクムと一拶して散ず。但し喪主及び近親は留まり慟哭《どうこく》す。埋葬後四十日、日々アホンを請ひて墓経を読む。四十日百ヶ日一年二年と法養を営む、其都度アホンに誦経を乞ふこと又他宗と異ることはない。但し偶像を信ぜぬから家中に位牌《いはい》も木主もない。只聖座を設け之に拝すれば一家眷族《けんぞく》の冥福《めいふく》をも与に禱《いの》るとするのが此教の本義であるから、式は至極簡単である。かゝる時の供物《くもつ》はモハメツド聖人の常食愛吃《あいきつ》したる香餅とて麦粉をねりて香油にて揚げし餅である。

婚姻の礼も夜間輿入《こしいれ》あり。第三日午前新郎女家を拝し帰り来《きた》りてアホンの前に跪坐し、紅唐紙にイザブを書いて貰ふ。イザブとは結婚誓約書にて経中の文を記すもの、アホン之を読みきかせ誓を為《な》さしむ。新婦は別室にありて静座し、此式筵《しきえん》に出《い》でゝは来ない。誓し了ると乾棗をアホンが新郎に抛《なげう》つ、蓋《けだ》し「多く生めよ殖《ふ》ゑよ」の義である。

主馬聚礼の日は乞食《こじき》が多い。

行好的《シンハヲテ》ニヱタイ多粘《トテヤン》セワーブ

と口にして憫《あわれみ》を乞ふ、ニヱタイは法施、セワーブは恵慈のアラビヤ語なり。我が静居にも時々来りて此の一種の音楽的哀語を唱へる。一文を恵めばベレケタ（謝恩）の一言を残して去る。宵礼（ホーフタン）は寒夜静寂相会する者多からざるも最も感が深い。集皆散じても曹アホンは端座黙禱してゐる。余と近頃余の門に入りし周硯坡なる篤学の一教民とは、膝《ひざ》も足も凍らんばかりの冷たき席上に、アホンの後に従ひ座して赤誠の真心を神に献《ささ》げてゐる。余は時に眸《め》を曹先生の後ろ姿に注ぐ。厳として壮。斯人こそ真に道の人なりと、神と聖人と而して此人とを念じて畏れ且つ敬せざるを得ぬ。殿を出でゝは曹氏の室に三人鼎《てい》座《ざ》して教を談じ道を聴く。

此の好因縁が将来如何の果をか結ぶべき。吾も知らぬ彼も知らぬ。門を出《い》でゝ石磴を下れば老柏道をはさみて暗く、仰げば星斗欄干。

その日その日は如此《かくのごとく》にして過ぎて行く。

一三　槐蔭余情

曹先生は余の入教の日、余の経名をノラー、モハメツドと附《つ》けて呉《く》れた。ノラーは光の義之《これ》を支那《シナ》式に記せば穆栄光《モルンタワス》である。多年モハメッド聖人を仰ぎたる吾《われ》、今其《その》姓を師君に因て与へられた。ノラー、モハメッドとしての吾《わ》れ畢竟《ひつきよう》此《この》世に何事をか為《な》すべき。

モハメッドは礼拝の対象ではない、然《しか》れども拝堂の入口には回文にて其《そ》の聖人の容姿を記してある。拝後門戸を出《い》でんとするとき只一拶《ただいつさつ》を之に対して行ふのが例である。然《しか》り、洵《まこと》に彼は此世に尚《な》ほ生きつゝある。吾等《われら》は幾度曲阜文廟《きよくふぶんびよう》に詣《まい》りても、孔子の霊を観《み》ない。鄒《すう》県に孟子《もうし》の廟を拝しても其魂を彷彿《ほうふつ》せない。所謂《いわゆる》儒教なる者は、只《ただ》四書五経の典籍として後世に残されしか。科挙制度の廃されし今日支那全土各県城文廟の支那人に対する関係は決して従前の如《ごと》き者ではない。独り清真寺内に於《おい》ては、天方至聖の霊は儼乎《げんこ》として認むることが出来る。「奇蹟《きせき》はヤソ之を行ふ、吾は奇蹟を行はず」と謂《い》へるモハメッドは此世に一大奇蹟を残して永遠に亡《ほろ》びずにゐる。恐らく日本天皇の万世一系と与《とも》に、世界の二大奇蹟であらう。

アホンは妻帯肉食（豚犬を除く外）の禁なきこと教民と異ることないが、回教寺院は絶対に女人禁制である、故に其家族は勿論《もちろん》外にありて、乱るゝことはない。女は男の後に生れし者、男よりは劣るもの、妻は夫の耕田なれば汝等《なんじら》妻を自由に耕せと、コロアニは訓《おし》ふ。然れども妻は夫の衣たり、夫は亦《また》妻の衣たりとの一言は如何《いか》にマホメッドの人情に通ぜしかを考ふべきであらう。回教にはレメザネ斎月三十日の把斎の厳しき行事がある。然《しか》るに此時すら「汝等妻に行くは悪しからず」と寛大の人情を説き示してゐる。

彼は実に寛と厳とを兼備へた人格の使徒であつた。教民の女は家庭の拝壇にて礼拝し、又拝壇なき家にては、其設備ある家に相会して礼拝することゝしてゐる。掌教には女アホンありて女人の為《ため》に誦経《ずきよう》し、男女の別を厳にしてゐる。沐浴《もくよく》を以《もつ》て礼拝の先事と為すこと。女子月経時房事産後等を以て穢《けが》れと為すことは勿論である。コロアニは女子月経と精神異状の関係を斟酌《しんしやく》し、女人の犯罪律を定めてある。茲《ここ》にも彼の人情に細《こまや》かなる点が表はれてゐる。只女子と小人とは養ひ難しとのみ謂《い》うてはゐない。

済南、南大寺はスインニ派に属し北大寺はケデイム派に属してゐる。後者は清真古教と云《い》ひ、前者は正統新教とでも謂《い》ふべきか。与にスインニ派で之を区別する理由は両者大差はない。外に西寺と云《い》ふ一小清真寺がある。俗に搖頭教《ヤオタオチヤオ》と云ふ。誦経の際頭をふるを以て称せらる。之は新々の一派なりと云ふも又大差はない。総じて之を謂へば支那の回教は全部ハナフイ系のオルソドツクスである。山東の回教は嘗《かつ》て余の論ぜるが如《ごと》く青州以東に及ばず故に済南の如きもイスレアム東漸の終点に近き者として、一考察を要する。済南回教寺のあるは元以前にして元の初年重修の事は、明白に為《な》つてゐる、今の寺は道廟《どうびよう》を改修した者で、明代の修築である。

何かと色々書いて祖国の人に報じたい事が多い。而《し》かも余は東京出発以来健康を害して、只道念把持の為に纔《わず》かに病床に就かずにゐる。左《さ》らでだに筆を執るのは何よりも苦痛の事、静かに此地にて前路を考へ、為《な》したき事、試みたき事、頗《すこぶ》る多い。半途にして倒るゝを悲しまざるも、願くは彼岸に達したい。之が為には心神を嗇《おし》みて、精力を空《むな》しくせぬに如《し》かない。余は今只自己究明の外に為すべきではない。徒《いたず》らに随聴随記の見物旅行を真似《まね》てはならぬ。又其の余暇もない。近く一先此静居を出でんとす。即《すなわ》ち蕪雑《ぶざつ》の文字を連ねて消息に代ふ。

（大正十三年二月四日）

二月十一日、好晴厳寒、回教パムターデ晨礼凡《およ》そ一時間を、凍る如き大殿内に坐《ざ》して出《い》づれば東天漸《ようや》く紅を潮《さ》す、吾《わ》が紀元節いかんぞ祖国に対して礼拝せざらん。即《すなわ》ち独り静かに大祓《おおはらい》の詞を誦唱《しょうしょう》し、君国の万歳をことほぎて、終日精舎に幽居した。

此夜穆家礼拝堂（穆華《ぼくか》亭とて陸軍少将の建てし者）にては、新たに聘《は》せる馬松亭アホン、前第二師大隊長たりし法鏡軒（馬良将軍の配下）等発企者となり、清真宣教会開催、余にも一場の講演を求む、即ち余も二氏に次《つ》ぎ支那語にて左の趣旨にて講演をした。聴衆堂に溢《あふ》れ頗《すこぶ》る盛会であつた。

『余の回教に就いて漸く智《ち》を得たるは、此地道尹唐柯三君より其《その》祖父の著たる清真釈義一本を贈られしに原因し、次《つい》で劉介廉先生の天方性理、典理、至聖実録等の良著を得るに於《お》いてイスレアムの名教たるを略《ほ》ぼ理解したので、是《こ》れ漢訳回書のありし賜物《たまもの》である。日本の仏教の如きも之を支那に学びしは又漢訳仏典ありし故である。然るに回教の風気未《いま》だ大に改まらず、教育宣教の法頗る仏耶《ぶつや》二教に及ばざるものあるも既に大体の機運は動きつゝある。日本は古くより支那の儒教を学んだ。然るに今日の支那にては儒教は王道の根本たる五典の一角が改変されたので、我《わが》国体と儒教の関係は又幾分の欠隙《けつげき》を生じた次第であるが、回教に於ては依然として天道五功と人倫五典とを教基とし、礼を以て総《すべ》てを律してゐる。我邦文明も急速の進歩は為したが、徒らに範を欧米に取り、明治以来五十余年にして天を畏《おそ》れず、聖人を畏れず又聖人の言を畏れざる者のみ多くなつた。か丶る時東京の大震災が起り余も之に会して、深く自ら省る所もあつた。支那の現状も最近日本と等しき者がある、支那在住の教民諸君は須《すべか》らく三省して此《こ》の貴き教法を振興させねばならぬ。振興の方法は風気の一転にある。一度回教民諸子が自己の天職の存する所に就き覚醒《かくせい》し来るならば、民族の幸福と、世界文化の進歩は期して待つべき者があらう。云々《うんぬん》』

不日済南の地を出発するので此地の藤井総領事から一夕別宴に招れた。酒を用ひず肉を吃《きつ》せず、吾《わ》が簡単生活は愈々《いよいよ》簡単である。相会する者談概《おおむ》ね新聞上の事、昨今全く新聞を手にせざる余には、為《ため》に祖国の近事を知るの便と為《な》つた。

曹、趙二アホンは此頃屢々《しばしば》余の門を訪《おとな》ふ一青年を拉し来り、恭しく門生の礼を執り此青年を改めて余に随身せしめた。姓は周、号は硯坡、回漢の学に一通り通じてゐる。今迄《まで》は田先生（先生とは尚さんと謂ふに過ぎぬ）と呼んだ彼は、門生の礼を執りし以来、老師と謂ひ、態度は一変して余に侍すること丶なつた。入教後満一ケ月、余の道行は決して楽の者ではなかつた。然れどもソハ無益の努力ではなく、万里の行程の準備は此《かく》の如《ごと》くにして、一歩一歩確実に進みつ丶ある。余は吾が一言一行は必ず彼等回教民族の間に、何物をか帰与すべき者あるを信じ、益々《ますます》道念の涵養《かんよう》を力《つと》めつ丶此行を進めんと欲す。明旦《みようたん》発程直隷の南部、水滸《すいこ》伝林冲《でんりんちゆう》の苦を偲《しの》ぶべき滄州附近に向はんとす。

（一三、一二、一二日於歴城精舎追記）

十四　出盧北向

精舎に寒行三十日、甲子二月十三日門生周硯坡を従へて、北向の途に就いた。寒はあけても気は尚厳冬である。黎明《れいめい》未だ城門を開くの時ならで、鶏鳴狗吠《こうはい》の徒が必要であつた。童生趙連徳、性野にして学を好まぬが、先《ま》づ走りて、西関守望の警士に謀り、時ならぬ通関の許可を得た。津浦鉄路済南站に青切符を求めて乱雑なる苦力《クーリー》連中の間に身を没した。青切符は支那では三等である。旧正月をかけて出稼苦力や、小僧さんの、帰省より其の働き先に立帰る者の陸続、汽車の混雑はざつと震災当時の日本のやうな者だ。黄河の鉄橋を過ぐる頃東天紅を潮して、華不柱山が宛然《えんぜん》水中に浮べる如く、其奇峯を岫出《しゅうしゅつ》してゐる。凍た黄河は寂として水禽《すいきん》の声も聞かない。禹城に来た頃は全く夜も明けて、駅の旁《かたわら》に斉魯長城の四大字が石に刻してあるのが興をそゝつた。平原県を過ぎては、顔真卿を偲《しの》ばざるを得ぬ。今の県城は、当時の平原城ではないが、旧城と相離る遠からざるのみならず、其の廟は依然として土民の崇拝する所となつてゐる。徳州は重鎮、青州と与に山東に於ける満洲城の所在地、今尚《なお》旗人の在住するも其生活は悲惨なる者である。前年奉直戦の行はるゝや、此地が攻撃目標と為つてゐる。茲には兵器局もある。之《こ》れを占領すれば出東を制すべく、山東を制し得ば天下を得るは難事ではない。何《いず》れ又近く奉直戦が再開せらるゝ時があらう。泊頭鎮は大運河畔の要港である。河南より来れる衛河と会し山東直隷三省交通の衝に当る。回教民の在住する者多く、其寺は堂々たる者であるとの事だが、立寄らずして直ちに滄州駅に下車し駅前の恩徳店にて漸く食事を済ました。回教徒は旅行中と雖《いえど》も異教徒《カフィル》の飲食を取らない。自炊を為《な》す能《あた》はざる時は、飢餓を忍ばねばならぬ。実に彼等はよく之を忍ぶべく平生から訓練されてゐる。一年中に満一ケ月レメザネ斎月の苦業が夫《それ》である。従者硯坡の如きは教門の子弟、余も亦貧にして屢々食を欠くに慣れたれば、先づ大概の事には閉口はせぬ。

滄州は天津の発達せぬ前の、直隷に於ける要港であつた。大運河の西岸に位し、城民武を好み山東の曹州と与に有名である。此好武精神が一種の職業を生じ、鉄道の通ぜざる前には、鏢局《ピヤオチユイ》と称する運送保険業者の所在に多くあつたが、其の経営者は滄州人を主としたものである。従つて滄州人は支那各地によく散在して、互に気脈を通じてゐる。そんな経済上の関係以外に、余の此地に対する興味は、水滸伝中の聖人的典型と、金聖歎

直隷滄州北大寺図

が称揚する林冲の配処としての滄州を、水滸の記事から彷彿する時、余の如き支那の地方的研究とでも云ふべき所見を以て支那を観察しつゝ、ある野人には、無限の懐づかしさを感ずる。加之《しかのみならず》、此地は余が回教の師たる曹鳳麟先生の故郷にて、其父君と妻子兄弟此城の南関外に住み、余の来訪を待つこと二日、毎日汽車の着くたびに、八十歳の老曹師、自ら恩徳店まで出迎へに来て呉れたと聞いては、気の毒でもあり、うれしくもあつた。恩徳店は曹家一族の経営する宿舎にて、所謂回回店である。総じて回回家経営の店舗には恩字を冠せる者が多い。

吾等二人は轎車《きようしや》に乗つて静かな県道を小半道、滄州の城垣は大破久しく修繕されず、昔の繁盛を思ふて如何にも荒廃の悲哀が深い。然るに南関の一帯は二千戸に近き教民部落にて、其中央に三個の尖塔《せんとう》を有せる一大礼拝寺が儼存《げんぞん》してゐる、此外にも城内外に四座の寺院がある。而《しか》して曹家は此大寺のすぐ近処で瀟洒《しようしや》たる住居であつた。

老曹師は、メツカ巡礼を了《お》へた徳望あるアホンであつたが、今老を此処《ここ》に養ふてゐるのだ。其児の弟子が、而かも日本人たる余が、特に教門の関係を以て此一家を訪ねたのであるから、老人始め一家の喜びは言外に溢れてゐた。曹先生の弟の案内で、五ケ寺を訪問したり、運河の碼頭を見物したり、珍らしくも城外に存する文廟を観《み》たりして、一家の人と食卓を与にした。酒のなき饗筵《きようえん》、礼を以て始まり礼を以て了《おわ》る食卓は吾等旅行者には簡単にして諸事勝手がよろしい。予定より訪問が二日遅延したので、一家の引止むのも聞かず、夕刻の汽車にて滄州を発し天津に向ふた。かく急いだのは丁度明後日が主馬聚礼《しゆうれい》の日で大都会たる天津の教勢を察するの便が多いと期したからである。

十五　紅塵万丈

日本人で天津の西站に下車する者は、夫《それ》が夜でもあれば、飛んだ目に遭ふと聞いてゐた其西站に下りた。紫竹林日租界方面には直接訪問すべき先もなき今回の旅は、天津にても依然回民部落たる、西関大街を中心とする地点へ、安寓を得れば好《よ》いのである。

滄州の恩徳店からの紹介で、西関の恩祥客桟に投じた。店は食事を供するが、桟は概ね食事を賄はないのが普通だ。此《こ》の客桟も其通りで、一宿銀二十五仙、板を並べただけの床が二基、卓一、椅子《いす》二を置いてあるだけの二階の小室だが、新築なので至極綺麗《きれい》であつた。夜の十二時近く、折から吹き荒む蒙古風を冒し野道を辿《たど》りて此宿屋に入れば、宦商《かんしょう》安寓の表看板の有難味《ありがたみ》が分る。滄州で有名の曹先生一家からの紹介ではあり、老表（同教徒）の事故主人の蕭振徳も出て来て、好遇して呉れた。十四日も大風が吹き荒《すさ》んで面をむけることも出来ぬ。紅塵《こうじん》万丈天地闇冥《あんめい》、京津地方の春日の不快なることは依然たる者だ。寓の近くにある天津第一の清真寺を訪ねて高興アホンと語つた。年は七十であるが確かな者だ。旧城壁を取除けし跡に布設した電車で日本租界に走る。下りる時に切符を回収する手数を要せなく。「お下りの方が済んでからお乗り下さい」と懸賞附の長々しい日本電車の用語に代るに、『下完丁上《シャーワヌラシャン》』の一語で便ずる。足駄危く電車に乗る日本人と、其の貴族的冗長な電車用日本語とを想像し、満蒙の野に支那の農民と競争する資格なき日本人は、又上海天津の如き市場にも彼等と伍《ご》することの出来ぬ素質があるかも知れぬ、大に考へねばならぬ事だ。吉田総領事を訪ねた。君は嘗て我が済南に駐し山東問題などに互に意見を交換した旧人だ。爾来《じらい》相会の機を失してゐたが、君今や天津総領事として世間の評判はどうであらうと、国際政局より支那を研究して、たしかな見識を以て支那問題を料理してゐた君の心労を思ふ。知る所に向つて阿《おもね》るのでは無いが、此人は霞ケ関の一人物として、殊《こと》に支那問題の将来に対して此人に期待すべき者があらう。夜は南大寺浴場にて大浄を執り、宵礼《ホーフタン》をその大殿内にて行ふた。今、斎月なるを以て、聖行四拝を増加して厳粛なる礼拝が行はれてゐた。戸外の暴風は益々《ますます》荒れ狂ふてゐる。

天津北郊の穆家荘清真寺と大運河上のソリ

　二月十五日早朝寒風を冒して清真北寺を訪ふてアホン王瑞蘭君を訪ねた。十九人も門生《ハリファへ》を養ふてゐる有徳の君子人である。同君の紹介で目下天津回教会の立役者たる王静斎君と医を業とする其の弟の家に会見した。

王君の著書は嘗て読んだこともある。又此頃は同君が西方巡礼より帰来、回教改革上の論議などを試みてゐるのも、支那新聞上で承知してゐるので、此会見は甚だ有意義の者であつた。端的に云へば君は蓋《けだ》し我国の耶蘇《ヤソ》教界に於《お》ける内村鑑三氏の立場にある。君の意見に由れば現時の礼拝寺なる者は真の宣教の精舎ではないから、寺外独歩の位置に立ち、自由討究を試み、教門の進歩改革を謀りたいと云ふ。彼は幾多回教社会の弊害を指摘して吾人《ごじん》の所見を求めた。余は今青道心としての回教徒であるし、殊に一通り支那回教の実状を踏査すべき第一歩にあるに過ぎぬから、何等《なんら》自説を叙することなくして、只将来の提携を約して分手した。支那回教徒の一人物として王静斎君の未来は必ず属望《しよくぼう》すべき者があるであらう。南大寺にて主馬聚礼に臨んだ。大衆五六百人中には土耳古《トルコ》人や印度人も混つてゐた。高アホン指揮の下に此大衆が一糸乱れず礼拝する様は一偉観である。蓋し天津以外に此盛況は支那にては観ることは出来まい。

天津滞在六日、恩祥客桟の小室に、纔《わず》かに飢を医するに足る教民の粗食を取り乍《なが》ら、或《あるい》は済南にて知つてゐるとて屢々来訪して来る戴三老人に就いて、北支那諸方の教民事情や商業上の実際談を聴いたり、同老人の案内を煩《わずら》はして、北郊十余里なる穆家荘回民部落の二寺院を訪問し、其村落と寺の与に清潔なるが心地よかつた。寺内に北清事件の紀念たる仏文の制札が掛けてあつた。帰路は北運河の上を滑子《ホワツ》（ソリの類）に坐《ざ》して大虹橋迄滑り下るなどは、又北地寒天の興趣である。而して虹橋の小さな清真寺に運河の船頭や、屠夫《とふ》と与に礼拝して、暖かな浴場内に世間話をする時、吾等は全く支那の平民としての真味を喫することが出来る。

戴三老人は北関外の菜市に、一軒の回回料理屋を開いてゐるので、其楼上に坐して、又種々と有益なる実際談を聴き乍ら、戸外の雑沓《ざっとう》を見物してゐると、紅塵万丈の中に展開しつゝある天津気分は、十二分に飽喫することが出来る。此行日本人に接する必要が殆《ほと》んど無いから、其機会を作らぬ様にしてゐたが、旧識上田雅郎君が石原書記生と与に来訪して、是非との案内故、大和ホテルにて贅沢《ぜいたく》の日本料理を馳走《ちそう》に為つた。畳の上で、丸髷《まるまげ》の日本の女の給仕で、何だか急に別の世界に来やうだ。さうかと思ふと綿袍の垢にまみれし支那服の余が、ハイカラな吉田領事と自動車を飛ばして、其公館に、余より立派の服装のボーイの給仕で、仏国式か何かの料理を喫し乍ら、時務を論じてゐるなどは、自ら一種の滑稽《こっけい》味を感ずる。

夜の日租界を上田君と散歩したが、如何にも寂寥《せきりょう》であつた。上田君の御馳走に酬《むく》ふるに天ぷらそば一碗《わん》を以てして別宴と為した。三不管街の夜景、蓋し天津特殊の魔境であらうか。斯《かか》る社界相を見物する余裕も、茶番気もなく、只元宵節前夜の、紅燈を懸け連ねた支那人街にその雅趣を喜びつゝ、天津最後の夜を静かに過ぎた。日々の道行を一々書いたら徒らに煩鎖に堪へまい。且《かつ》又かゝることは要するに自己分内の事、記して世に頒《わか》つべき事柄でもない。但しかゝる巡礼行中にも、俗生を有する吾等は意外の厄介事に逢着《ほうちゃく》することを免れぬ。

恩祥店の主人蕭君が、日人某と協同して生牛を蒙古《もうこ》河南方面から日本へ輸出してゐるが、鑑札が無いから特許業者のみに利益を取られる。先生は領事大人と好朋友らしいから、特許鑑札を下げて呉れるやうに奔走して欲しいとの懇願であつた。之れが為に遂《つい》に一日を蕭君の為に、否回教民生計の一助とも考へて、天津に俗用を弁ぜねばならなかつた。

日本への生牛、或は牛肉、牛皮、牛骨等の元輸出者は概ね回教徒が関係してゐる。又日本より輸入する蜜柑《みかん》、海藻の類も彼等の手に委して販売されてゐる者が多い。かくて回教民族と日本人との実生活は決して無縁の間ではない。遮莫、天津十座の寺院を経《へ》めぐり、北郊十余里の地点の田舎寺を訪ね、アホンや、ハリフアイや、郷老どもと最もらしき宗教談を試みつゝ、余り達者でも無い支那語を以て応接しつゝ、二十五銭の宿に板床の上に寒さに凍乍らの旅行は、決して楽な業ではない。左《さ》れど門生硯坡の忠実なるありて、幾多の無聊《ぶりよう》と不便とを慰めて余りある。

一六　燕城雑感

天津北京間、数時間の汽車中一搗乱《タオロアヌ》が起つた。勿論吾等《もちろんわれら》の三等車中の出来事だ。一頑固の田舎親父《いなかおやじ》が、発車まぎはに例の大きな布団包《ふとんづつみ》を携へ、外にも大きな荷物を脚夫に担がせて、吾等の室に飛び込んだが、非常の混雑にて、脚夫への賃銭を与へる事が出来ぬ、加之《しかのみならず》、此《こ》の混雑の最中に、彼は頻《しき》りと賃銭をまけろと高飛車に為《な》つて押問答を始めた。

脚夫は客人にはさまれて身動きも出来ぬ。汽車は出かけた。脚夫は老頭に対し「好《い》い歳《とし》をして、鬚《ひげ》まで生やして分別顔をし乍《なが》ら、何の事だ」と罵《ののし》り出した。汽車は加速度に動き出した。老頭は怒て脚夫を打ちのめした。「ソーラ搗乱《とうらん》々々」と総立ちと為《なつ》た。巡査が来る兵隊が来る、二人は高声に罵り合うて果てしがつかぬ。脚夫は北京迄《まで》往復の汽車賃に加へて打たれた謝罪料も出せと云《い》ふ。見物人は至極尤《もつと》もだと応接する。時に此の混雑中の客車の一隅に、貂《てん》皮の外套《がいとう》を着て、五六の指にゴテ〳〵と業々しき指輪をはめた魔性のとしま女が若いボーイを連れて乗り込んでゐたが、オペラバックの中から小銀貨一ツカミを取り出して脚夫に与へ、次の駅で下りて帰れと云ふた。脚夫は忽《たちま》ち仏顔と為つて其《その》銀貨を貰《もら》ひ乍ら、老人を嘲笑《ちようしよう》してゐた。衆客は皆黙して女の方を看《み》てゐる。女は得意さうに金口のシガレットをスパ〳〵と吐かしてゐる。脚夫は次の清河駅で下りた。老先生はポカンとして北京迄ヅツなさうな顔をして行つた。

　北京の車站《しやたん》では荷物の検査があつた。外国人は別の口から出て此の難は免れる筈《はず》であるが、余は一支那《シナ》人として此の小関を過ぎた。何もかも真実の支那研究の実際資料だ。前門外の糧食店街万徳店に投ずる予定なりしが、満員で其隣家の万順店に入つた。何《いず》れも回教徒の旅舎である。

　支那は奥行のある国だ。而《しか》して一軒の宿を観《み》ても間口だけ覗《のぞ》いたのでは其《そ》の真相は知れぬ。余の入つた万順店等も室の数九十余ある。中に入れば一寸《ちよつと》勧工場にでも入つた感がある。四坪程の室を半ば座席を設け、半ば板間として椅卓《いたく》を擺《なら》べ、炉を置き、給仕の茶番も都だけに中々気がきいてゐる。出入には布攩《ハタキ》でほこりをはたき、洗面の熱湯を何回でも運ぶ。お茶を出す。門口には分別ある番頭両人が専門に出入を注意してゐる。電話の取次、客の案内、若《も》し客が外出すれば直ちに戸口を鎖《とざ》してカーテンを半分はずしておく。不在の事が一見して分る。小便所は室の近くにある。大便所は大広間で腰仕切をして張三李四互に顔を合せ話し乍ら砲列を布《し》き得る。御用済の後は石灰を撒布《さんぷ》する。「諸君よ中外の文字ある紙を用ふるな、持合せがなければ櫃子《チャウバ》で差上げる」と注意書がある。「敬惜字紙」の注意は所在よく行届いてゐる。

字紙を敬惜する習慣は支那に於《お》ける良俗の一である。殊《こと》に支那本国の文字のみか、外国の字をも敬惜する事は、たのもしき事ではないか。余は嘗《かつ》てさる友人の家の便所に入つて、そこには古手紙を引き裂きて使用に供してあるのを、フト点検する中に、余より送りし、而《し》かも悪筆の吾《われ》はかなり叮嚀《ていねい》に苦心して書きし手紙が、糞拭紙《くそふきがみ》として雪隠《せっちん》の中に葬られてゐるのを観た時、非常に不快の感がした。而《しか》して其裂かれた手紙の残部を持ち帰つた。爾来《じらい》其人と其一家に対して何となく敬愛心が薄らいだ。か丶る感情は蓋《けだ》し余のみではあるまい。

支那の社会観の上に、各地に在る惜字社の如《ごと》き、其の思想根柢《こんてい》が幼稚なる功過格に基《もとづ》くか、或《あるい》は真に聖人崇拝よりするか、何れにせよ、文字を尊重する事は則ち聖人の言を畏れること丶なる。紫色の布袋を携へて、道路の字紙を長箸《ながばし》にて拾ひ歩く人を観る時、嘗て我《わが》都市に多く徘徊《はいかい》した紙屑《くず》捨ひと相対比して、支那の社会に尚奥幽《なおおくゆ》かしき者が存在してゐることを認めざるを得ぬ。か丶る純撲味が依然として、軽薄なる政治家の跳梁《ちようりよう》しつ丶ある北京にても、其の社会構成の一要素を成してゐる。一個の旅舎の経営上にも、此の心懸《こころがけ》から旅客に対する親切なる注意が出発しつ丶ある。吾等は極めて少額な旅費なれども、番頭の言に従うて之《これ》を帳場に一時預けにしておいた。

　前門外は花柳の地たるに係《かかわ》らず、十日余の滞在中宿屋内に粉脂の女性の出入を一度も見受けなかつた。食事は随意に外部から取り寄せても吃《きつ》するが、出かけて行つて食つても簡単に事は済む。風呂《ふろ》はぢき近くに華清池とて実に設備万端行き届いた浴場がある余は散髪と、全身の垢《あか》すりをして、半日近く温き部屋に仰臥《ぎようが》して、茶をす丶り乍ら、熱湯に搾りしタウルを一時間何回とも知らず持ち来らせ乍ら、静かに浴場を通じて北京の社会と人間観を試みて、其の代価は両人にて五十仙を出《い》でぬ。華清池《かせいち》の門外には馬車自動車が十数台連ねてある。其の主人は楼上の特等室に客たる者であらうか、是れとても一人一元も費せば身心を清浄にして燕塵《えんじん》より脱し、のんびりした気分になれる。万順店の宿泊料は一宿銀二十五仙、布団《ふとん》料若干《じやつかん》、茶資若干、茶番の心づけ五日を一算として、二十五仙もやればお客様である。

　日本の旅舎に宿り、天草女の給仕に、不当の茶代を張込んで、一泊十円は兎《と》に角《かく》、何等営養価のなき貧弱の日本料理を吃し、不用心の寒い室に、土手羅《どてら》を着て大あぐらをかき乍ら、北京見物をするよりも、所謂《いわゆる》北京の中心は前門外である以上、安価にして便利にして、居心地よき支那人宿に、殊に比較的清潔を尊重する回民経営の宿に泊るがよい。懐《ふとこ》ろ勘定をしつゝ、成るべく早く切上げんとする不快不便高価な日本人宿屋を中心にしては、恐らく支那見物は充分には行くまい。

宿に着いた夜は、元宵節で前門外大柵欄附近の賑《にぎ》やかさは又格別であつた。終夜爆竹煙火の音、銅羅《どら》太鼓の音、大商店の掛灯籠《とうろう》、前清の時代の如《ごと》く、今は官吏社会までは及ばざる迄も、前門外の元宵節の一夜は、好個の支那社会観である。元宵節の夜、帝城を騒がした水滸伝《すいこでん》中の叙述を彷彿《ほうふつ》しつゝ、ぶらぶら雑沓《ざつとう》の中を歩いてゐたが、日本人らしき者は一人も見出さなかつた。

城内頂字街清真寺に参して大浄を執り、宵礼《ホーフタン》を行うた。アホン王君は山東恩県の人周生の旧師であるので、互に打解けて四方山《よもやま》の話があつた。淋《さび》しき長安街を冲天《ちゆうてん》の月光を浴び乍ら、ぶら〳〵歩して寓に帰り、久々に燕京第一夜の雑感を次から次へと胸に宿した。

一七　世界見物

支那は一国家と謂《い》はんより一個の世界である。而して北京は一個の世界たる支那の縮図である。少くとも予のある一日の北京見物は、之を世界見物と謂ふことが出来よう。早起ゝ鶏蛋糕両三個を吃し、一時間十五銅元（吾《わ》が金八銭）の規定で人力車を雇ひ外城西南の牛街に馳《は》せた。往年余の北京に客たるや、菜市口には時々罪人の首斬《くびきり》が行はれて、吾等も見物に来た。市に斬《き》るとの文句通り、雑沓の菜市の真中で、一朝に十数人も斬首《ざんしゆ》して夫《それ》を市口に晒《さら》しておく。野良犬が群《むら》がり来て血糊《ちのり》を嘗《な》める。又斬首の刹那《せつな》の生血を盤に受け、之を饅頭《まんとう》に塗りし者を鬻《ひさ》ぐ。或《ある》西洋人の婦人が見物に来て気絶した事があつた。牛街に行く途中の菜市口、今はそんな事はない美しい街路となつたが、未《いま》だ年壮なる小生の記憶と実見からの北京を思ふても隔世の感がある。牛街は回民居住地である。東西二清真寺あり、殊に西寺は勅賜の者、北京内外城三十ケ寺中の首たる者である。

天津で王静斎君が、北京での人物は只《ただ》王振益老アホンであらうと推称してゐた。その王氏は今此《この》寺の一隅に隠居してゐるが、之を訪問して意見を交換した。確かに一見識ある。比較宗教論を以て、回教現状の不振を慷慨《こうがい》し、あゝ吾八十の老齢を奈何《いかん》と歎息《たんそく》してゐた。王氏嘗て土耳古《トルコ》帝に謁し三等嘉禾《かか》章を授けられてゐる。王氏の祖先は燕城の開設せらるゝ前、宋南渡の時代、現在の牛街が六合村と呼ばれし時代より、少数の教民と与《とも》に此地に移住した者であると謂ふ。宋元明清而して今民国の世となるまで幾変遷、王氏の一家を中心に、礼拝寺を教民生活の表現として、北京外城の一角に、連綿として今日に至るイスレアムの徒、余は彼等と与にドワー（主に求むる日）聖日の厳粛なる礼拝を此寺にて行ふた。午後一時から四時迄二百人近き教徒が敬虔《けいけん》なる道行。アラビヤ語の念経の声が大殿を震駭《しんがい》する。教徒は勿論西域諸方よりの民族、かゝる集会が北京の一部分である。万全書局に旧識の馬星泉君を訪《おとの》うて新刊回教書を有《あ》るだけ購《あがな》うた。君の小なる出版事業は現在の回教々勢上大なる干係ある者である。且つ君の長子は今土耳古大学に遊学中であるとの事。君の志を多として激励の辞を呈しておいた。

袁世凱《えんせいがい》の帝政運動と回教民の懐柔策、之が為《ため》に生れた全省回教倶進会本部なるものが、今は徒《いたず》らに看板のみ北京西城の小寺に掲げられてゐる。天壇の修理、国子監、文廟《ぶんびょう》、雍和《ようわ》宮の手入など宮皆袁氏が帝王の業の産物であらう。余は二日間俥《くるま》を飛ばして、三十の回教寺院中の主要なるもの十数ケ寺と、天主教堂、耶蘇《ヤソ》教会、喇嘛《ラマ》廟聖廟、而して東交民巷の各国使館の地区を屢次《るじ》往来し、各色人種を瞥見《べつけん》し、而して暫《しば》らく前門外正陽橋上に立ちて、右に京奉京綏鉄路の呑吐《どんと》する人と貨、左に京漢鉄路の運来運去する人と貨、之を中心に展開し行く走馬灯の如《ごと》き光景、小さな石橋上は、駱駝《らくだ》のノソノソ行くあり、自動車の飛ぶあり、轎車《きようしや》のガタ〳〵進むあり、赶驢的が鞭《むち》を空に打ち鳴してアタ〳〵、ユーヘ〳〵を繰返へし、驢馬《ろば》の臀《しり》を追ふあり、洋式馬車が駆けると思へば、一輪車がキーキーと軋《きし》り行くあり、弁子の満人も行けば海老茶色の蒙古《もうこ》服姿も行く、元の偉力で出来た燕城、明も之に住めば、清も亦《また》来つて宿借り生活、今の正陽門は西太后《せいたいごう》の建立、而して其《そ》の側らに無線電信の高柱が天を摩して突立つてゐる。北城の雍和宮内には満蒙、蔵、漢、四国文字の四面大碑《ひ》があるが、之に倣つて交民巷畔に団匪《だんぴ》事件の始末でも勒《ろく》して世界各国干係の巨碑を建設し、正陽門の雄大崇高な者と偉を競ふたら、北京に相応した紀念物であらう。

如何に列強が威張て見ても、結局その高大な城墻の中に跼蹐してゐるのみだ。病院を造たり、学校を建てたり、無抵当で数千万円の金を貸したりして、此の偉大なる城廓内の主人公に媚を呈し、阿辞を寄せて、其の寵を得んとするのが、北京外交団の第一義だ。昔は蛮夷戎狄を懐柔するのが支那の帝王の得意とする所であつた。今日の世界列強と称するものも実は北京城内の一元首の前には、古の四夷を以て遇せられてゐる者である。支那人が三歳の児も帝王の業を夢みてゐるのも尤もの事だ。燕城の主人は正に世界の主人公である。日本の詩人は日本橋下の水は倫敦橋下に通ずと歌へるが北京正陽橋上に立つこと暫くにして世界を知ることが出来るであらう。

一八　爾来廿年

北京にて相会した日本人は極めて少数であつた。旧識橋川時雄君は予の寓を訪問して呉《く》れた唯《ただ》一人である。同君の案内で芳沢公使を訪うたり、根津通訳官と会して、根津一氏が京都若王子に日清戦役特別任務にて国難に殉じたる遺孤七人を養へる当時、余亦其近くにありて遺孤諸君と相喜戯した当年を語り、東城貢院の辺に、中江兆民居士の遺子丑吉氏を訪うて半日を語つたのは、感興ある会合であつた。一年有半の口絵でなじみの、居士《こじ》の肖像が壁間にかけてある。其の脇《わき》に向日葵の淡彩画幅が懸けてあつた。余は向日葵《ひまわり》が非常に好きだ。書斎号を独山々房と称したり、或は白草原頭の独牛を以《もつ》て任じたり、頂天立地、学歴も無い、家門の栄もない、先輩先師の靠《よ》るべき者も有せない。本是武蔵野《これむさしの》土塊の産たる吾は梅が香も追はず、桜の艶《えん》も求めない。花と云へば只時々向日葵を思ふ。嘗て駄首あり、

日まはりの大きな花よ只一つ

一つにあれど雄々し此花

今兆民居士の肖像を仰ぎ、其遺孤と相対し、而して向日葵の画幅を観るとき、静寂なる北京の東城の一隅に、我《わ》れ自らを明白に認識して、客情の転《うた》た切なる者があつた。丑吉《うしきち》氏は法科大学を出て、直ちに此処《ここ》に来り爾来十年、門を閉ぢて支那政治思想史を専念研究中であるのださうな。世に好学の士程尊い者は無い。幸にして今の北京には君を外にしても文部留学生として内野台嶺君や吉田懐徳堂教授や、橋川君や、松浦学士など算《かぞ》へ来れば錚々《そうそう》たる士が多い。経済的利害干係のみの接触や、軍閥同士の握手より学術的精神結合時代の一楔子《せつし》が、既に現出してゐる限り、東洋に於ける日支干係は結局西洋人の職業的宗教家や、外交官の企及する事の出来ぬ未来を有することであらう。在燕諸君の奮励を冀望《きぼう》せざるを得ぬ。

中江丑吉君は爾来十年だと謂うた。君の家を辞して、折から降り来れる淡雪の中を観象台の下を過ぎて、北清事件に独逸《ドイツ》が分捕行ける観象儀が、欧洲《おうしゅう》戦の終局と与に、再び此上

北京呂公堂畔天鐘道人回顧之図

に按置《あんち》されてゐるのに感興を惹《ひ》き、呂公堂詞畔の老柳を撫《ぶ》し、泡子河辺に、棄灰の中より若干の石炭を漁《あさ》る旗人の母子の姿を憐《あわ》れと観《み》、独り石橋の上に腰打かけて巍然《ぎせん》として聳《そび》ゆる角楼を仰ぎ、前清時代城墻《じょうしょう》の上を、秋天の静夜に衛士の喚《さけ》ぶ満洲語《まんしゅうご》の警声が当時年少の吾を、時ありては愁殺せしむの感ありしを追懐して、爾来此に二十年と独り喞たしめた。

呂公堂畔の石橋の上に腰打ちかけて観た北京は、其風物依然として二十年前の旧だ。宣武門より西城北城を一巡し来れば、二十年前より更に荒廃してゐる。民国の北京は前門内外と東城の一部だけだ。嘗て頭品車坐して、盔甲廠呂公堂の辺より後門馬神廟に毎日通はれた、前京師大学堂総教習文学博士服部宇之吉先生が、例の文化事業の交換教授にて、四月中には北京に来るとの事だ。定めし得意の事であり、日支文化の上に貢献のあることであらう。博士の一書生として二十年前余も亦呂公堂辺に博士邸の居候であつた。人生、生ある間不思議に因縁はまつはる者だ。当年の吾が一足前に博士の旧邸附近に佇《たたず》みて、二十年前の追懐を擅《ほしい》まゝにしてゐるとは。而かも夫《それ》は概《おおむ》ね不快なる追懐のみだ。

一九　燕京余情

北京から南方に赴く予定はした者の、急に張家口に行て見たくなつた。本是《もとこれ》白雲行であるからどう予定が変るか其《その》時々の風次第である。而《し》かも我が物見遊山業は事仲々多端で、干係ある国民の外、同胞名士を訪《おとな》ふ時もなく、読書子の必遊すべき琉璃廠すら行かなかつた。行けば買ひたくなる。買ふには銭がない。如《し》かず行かざるには。只《ただ》一日順天時報社に牛鍋《ぎゅうなべ》をかこみ、水を飲んで多少の風流韻事を語つた。坐《ざ》に橋川君、松浦文学士、前田君、辻潮花老大人などありて、依然たる順天時報社の古ぼけた家屋内に、純書生の会合は燕京第一快心の事であつた。

　邂逅酔軒処。慇懃憶故人。樽前春韮美。談笑払征塵。

潮花氏が余に送る五言、故人を憶《おも》ふとは節山博士を謂《い》ふと註《ちゅう》があつた。余をして更に註せしめば樽前と云《い》ふもガラス瓶の一升徳利のみ、而かも余は飲を為《な》さず。酔軒は橋川君の号、酔軒亦《また》詩ありき。

　詩は是《こ》れ杜康氏の余業、不飲の余には詩無くして二君の好音を収め、思出多き化石橋を、月に歩して旧人を偲《しの》んだ。殊《こと》に脇光三、沖禎介、横川省三君、堀部直人等の豪傑を彷彿《ほうふつ》して、感懐転《うた》た深い。

就中《なかんずく》堀部君は親交ありし人、君が日露開戦の当初、時事に慨して自裁するの前、余亦心平《たいら》かならずして燕京を辞し君と分れて東京に帰つて来た。時に君は裏毛の外套《がいとう》を余に托《たく》して東京在住の弟に届けた。余が之《これ》を根岸の里に、君の妻子と父君と弟との棲《す》める一家に届けた時には、君は既に黄泉《よみ》の客と為《な》つてゐた。外套のかくしには遺書があつた。堀部安兵衛の後なる直人君は熊本の士、当時八旗学堂の教官であつた。

　直人君が何故自殺したか。恐らく君の死に就いて正解する者は余輩であらう。君の遺族は今どうしてゐるか其後の消息を詳《つまび》らかにせぬのは残念だ。遮莫《さもあらばあれ》北清事件後、日露戦役前後の北京は、実に日本人の天下の観があつた。中島裁之氏の東文学舎は豪傑の巣窟《そうくつ》、城南に拠《よつ》て気を吐いた。川島浪速氏は北城の主人公で、洵《まこと》に威風堂々たる者であつた。服部博士の大学堂に対し、巌谷博士の法政学堂があつた。公使館にも島川毅三郎氏の如《ごと》き快男子がゐた。新聞記者連中も昨今のレポーター専門家とは自《おのずか》ら色彩を異にし、牧放浪、内藤湖南、亀井陸郎の連中がゐた商賈《しようこ》の地たる天津にすら、川崎、松岡等の覇気漫々たる連中が嵎《ぐう》を負うてゐた。少しく西すれば保定には渡辺龍聖氏の一派が蟠居《ばんきよ》して、京師大学の向ふを張つてゐる形勢であつた。東単牌楼附近は常に血腥《ちなまぐさ》き閑葛藤《かつとう》が起つてゐた。何かなしに当時の北京を回想すれば日本勃興の気魄が燕城に漲りて、傲然たる露国の使館や兵営を威圧してゐた。

　時代は本より一転回してゐる。けれども対支経綸《けいりん》が軍閥本位から町人主義と為《な》り了したり、或《あるい》は文化事業を外務省の表看板にしてゐるだけではどんな者であらうか。支那の舞台も何れ遠からぬ内に一騒動起るであらう。支那《シナ》の良民は民国政治を可としてゐるや否や、日本永遠の大計よりして、支那の現状を其儘《そのまま》にして東亜の大局を支持し得るや否や、問題は根本的に考へて、之を解決するが為《た》めには国力を賭《と》しても尽さねばならぬ。是等《これら》の問題の研究は、真に支那学研究を以《もつ》て任ずる書生の任である。今や燕城同胞中好学の風起るや可。而かも白屋の書生が朱門に居して徒《いたず》らに蔵書万巻を誇つたり、支那語教師を通じての支那知識だけで見物本意の留学生諸君が多かつたり、文字の学、骨董《こつとう》の学、遊戯の学のみが盛んになつたとて、夫《それ》は決して喜ぶべき事ではない。願くば北京好学の風を以て、帝国興隆の源泉とならしめたいものだ。

二〇　蒙古気分

二月念四日、北京前門外より環城鉄道でぐるりと城の東廓外《とうかくがい》を経めぐり西直門駅にて乗り換へ、貨車代用の三等車中にギウ〳〵つめ込まれつゝも、北に向ふて走れば西山の近くを過ぎて山河の風物漸《ようや》く観《み》るべき者があるので忍耐も出来る。八達嶺を過ぎ康荘駅に来ると、一人の美人が吾等《われら》の車中に飛込み来《きた》りて、小冊子を手にし、日本の震災を説き日本人の無信仰を論じ、震災は其《そ》の罰なりと云《い》ひ、「諸君も天帝を信じて恐るべき罰から免れ給《たま》へ。夫《それ》には此《この》書物を読まれよ、代価は僅《わず》か銅元四文です」と頗《すこぶ》る流暢《りゅうちょう》なる土語で弁じ立てゝ居た。

支那人の所謂《いわゆる》美人はアメリカ人の事。余もおしつけられて買つた小冊子は詩篇の官話訳に過ぎなかつた。兎に角美人の活動は此処《ここ》迄及んでゐる。どこに日本の坊主が支那語を話して、支那人中に布教をしてゐる者があるか。又日本の耶蘇《ヤソ》教牧師にした処《ところ》が、皆寄生虫的生活だ。外人の支那伝道が必《かならず》しも支那を幸福にする者ではないが、彼等の本国の勢力は、実に着着彼等の手に由《よっ》て支那に侵入してゐることは確実である。日本の対支文化事業が早くも支那学閥の反目を起してゐるが、さて三等列車の苦力客を相手にして、日本文化の余沢に浴せしむる迄には、大分距離のあることであらう。午前十時発張家口着午後八時、二百数十哩《り》にしては漫々的の速力である。迎賓楼と呼ぶ小ザッパリした支那宿に投じた。地既に北にして三千余呎《せき》の標高にあるだけに夜分は仲々に冷える。而《し》かし採暖設備完全にして難渋はせぬ。ボーイも北京種で流暢の支那語を語すので北京客舎に居る心持がする。張家口は三面山を以て囲み、永定河中央を貫通し、北は西溝東溝の隘路《あいろ》を以て、直ちに蒙古《もうこ》に通ずる、人口七八万、回教徒一万二三千、支那人は山西、甘粛、直隷、山東広東等の順であらう。県城は即《すなわ》ち万全県極《きわめ》て小城であるが、城牆《じょうしょう》の上、玉皇閣に立ちて盆地一面に建てられし民家と、北方一帯の長城防禦《ぼうぎょ》と無線電信柱と、商埠《しょうふ》地の繁栄とし、察哈爾都統公署諸官庁の一地区とを一《いち》眸《ぼう》の裡《うち》に収めて観たるだけでは、古《いにし》へは兎《と》に角《かく》今の張家口は、全く支那の繁華な一都城である。

然《し》かも一度大境門外に出《い》づれば光景は一変する。蒙古人相手の商売は其のれんに蒙、漢、蔵、満の四種の字を表識してゐる。

張家口大鏡門外外館

海老《えび》茶や黄色の蒙古服姿が沢山眼につく。駱駝《らくだ》が峡中の残雪に踏んで相往来してゐる。之を指揮する蒙古人の号令厳として木玉に響く。所謂外館附近は蒙古気分が十二分である。粗末なバラック内に蒙古人向きな雑貨を並べて計数の鈍き彼等を瞞着《まんちゃく》してボロ儲《もう》けをする漢人と、算盤代用の数珠《じゅず》つまぐりて、一瓶の酒と数枚の貴き毛皮とを交換する喇嘛《ラマ》僧もあらう。雑穀や毛皮を積んで来た駱駝隊は、磚茶《せんちゃ》を積んで帰り去るのが主である。一度外館の地を離るれば長峡四十里、更に之を出づれば浩々《こうこう》たる平野を越えて砂漠の地、月夜残雪を踏んで駱駝隊が静かに、北へ西へと二月も三月も無人の野を進む有様が、如何《いか》にも詩的である。雄壮に想像される。

胡子来、胡子来、如何に漢族を恐怖せしめたであらう。蒙古来、蒙古来、如何に日本を脅威したであらう。タタールの征西に如何に欧洲《おうしゅう》人を驚愕《きょうがく》せしめたであらう。之は古の事だ。蒙古独立、庫倫《クーロン》政府の樹立、活仏に赤色露西亜《ロシア》、最近種々の問題はある。而かも平野はドシ〳〵漢人種の殖民地と成り、喇嘛に心酔した蒙古族は昔年の元気全く消耗し尽して、蓋《けだ》し再び世界の優勝民族として蹶起《けつき》する時はあるべしとも思はれぬ。結局柔は剛を制し、文は野を服する者か。大境門外に立ちて多少の蒙古気分を味ひ乍《なが》らも、当年の元を思ふて今の蒙古を憐《あわれ》まざるを得ぬ。

張家口の回教徒は数よりしても、質よりしても北支那に於《おい》ては天津に亜《つ》ぎて優勢なる地である。夫《それ》は張家口の貿易が、回教徒に適する皮革類を主としてゐるから、彼等の職業が自然多い。従つて現在六個の寺院も、内一は民国八年の新築（洋式）一は今普請中の者がある。余は万全県治東門外の下堡清真寺に礼拝を行ひ、他の五寺を訪問した。此地のアホン諸君は中々確かな者だ。上堡寺院に岡田正之博士の名刺があつた。内野台嶺君や、中目某君と同行、此寺を訪問したことを後に聞き得た。同博士が楊アホンに就き、何か参考資料を呉《く》れと注文したが応じなかつたとの事だ。博士にして一日の間、静かに彼等の道行を観察するならば、資料は相当に得られたであらう。河東兎児溝の寺の、李アホンの子供十三ばかりなるが何とも云へぬ愛らしさに、手を取りて丘を散策した。

丘上に日本国旗を高く掲げた士民家がある。蓋し盛島君の家なるべしと猜《さい》して、之を訪《おとの》うたら果《はた》してさうであつたが、主人は留守で、其妻女と父翁とがゐた。盛島君は知る人ぞ知る蒙古通である。其妻女は此附近の農家の支那婦人である。君は真面目《まじめ》に、此婦人と恋に落ちて正式に之を娶《めと》つたのであると云ふ。張家口の高丘上に、異邦の女と与《とも》に、帝国国旗を高く竿頭《かんとう》に翻へして、遙《はる》かに蒙古の天地を望み乍ら、北方の経綸を思ふなどは、之を想像するだけでも日本男子の面目躍如たる者がある。余は一夕荒井領事の招宴にて盛島君と相会食し、神往の快談雄語を聴くを得て、張家口の印象が無限にうれしい。領事荒井金造君も亦快男子である、外務省の役人が君の様な典型であつたら大《おおい》に国権は伸びることであらう。此地には何時《いつ》迄も居たい気がする。或は綏遠まで出かけようかとも思ふたが、吾《わ》が研究の事項は大体要領を得たので在口四日、察哈爾都統府の王副官と留別の宴を西域楼に張つて再び北京に引返すことにした。

二一 宣化雅遊

宣化府は北方の雄鎮、往時は国家の安危の係《かかわ》る処であつた。今は張家口に其経済的使命を奪はれ、漢族の北方発展と与に、国防上の価値も消失し、徒らに城垣の宏大《こうだい》なるに昔を偲ぶのみにて、寂寥《せきりよう》なる地となつた。而かも道尹、鎮守使等の公署あり、又牛奶葡萄《ぶどう》の産地を以ても宣化の名は京兆に高い。此地北城清真寺に宮アホンを訪ねた歴城の人旧識である。想《おも》ひがけぬ珍客に喜ぶまい事か、先《ま》づ門弟をして予が僅かの旅装を匿《か》くして帰路を厄した。古人の所謂投轄の交《まじわり》とでも評すべきか。詮方《せんかた》なくして二泊を宮アホンの書斎に余儀なくした。左《さ》れどこは決して不快な二泊ではなかつた。宮アホンは回教僧に稀《まれ》な酒脱《しやだつ》の老《ろう》爺《や》だ。字を好《よ》くし、画を巧《たくみ》にす。一日は与に逍遥《しようよう》し、一日は互《たがい》に画を書き字を作り、相頒《わか》ちて記念とした。三掌教の李アホンは又別宴を張りて歓待して呉れた。宣化の南北二寺は、天津の南大寺を除きて、恐らく北支那に於ける宏壮《こうそう》なる回教の建築物であらう。宣化府其者の荒廃に伴ひ、他の道、仏二教の大伽藍《がらん》は見る影もなく亡《ほろ》びつゝあるに、教勢振はずと雖《いえど》も此二大寺は一点の破損もなくして、今尚宮君の如き人物を有して礼拝が行はれてゐる。殆《ほと》んど奇蹟《きせき》に類することだ。

北門楼上より山を望み、河を眺め、遥かに張家口辺を観る、洵に天地の大観だ。但《ただ》汽車一過、今は駱駝隊も行かず、春日曠野征人稀にして、只山河を看《み》るのみだ。牆上《しょうじょう》の残雪を噬んで渇を治しつゝスケツチを試みた。

二三　明　十　三　陵

宣化より南口迄《まで》の車中に一日本人を発見して好き道づれと為《なっ》た。天津の人中本朋蔵君と云《い》ふ。大同附近より出《い》づる煨炭《わいたん》と名づくる天然木炭の日本輸出を業としてゐるが、又是《これ》四方の志を抱いた書生的商売人であるだけ、語る所聞くべきの言が多くあつた。余は南口駅で下車し、一教民の小舎に宿り、次日驢《ろば》を雇うて明《みん》の十三陵に出かけた。硯坡生はカバンを肩から下げ小驢《しょうろ》に騎して従ふ、一老頭は二驢を御して後《うし》へに在り。春寒非常、手足凍えんとす。

　春寒や驢馬《ろぼ》に信《まか》せて行く曠野《こうや》
　乱石の相間相間や山羊《やぎ》の糞《くそ》

驢背の上は駄句製作に便に又スケツチに都合よし。険峻《けんしゅん》なる八達嶺の東麓《とうろく》を過ぎ、柿林《かきばやし》の間を縫うて行く。氷《こお》れる熟柿《じゅくし》を担ひ来る男があつたから、四五顆《つぶ》を求めてかぢり乍《なが》ら進む。既にして朱廟《しゅびょう》一、緑松の間に看《み》ゆ。老頭曰《いわ》く、是《こ》れ東陵なりと、明朝の末帝崇禎の廟墓、その遺言に「朕を山西河南に葬れ」と、二省地皆甚《はなはだ》遠くして帝の意を疑ひしが、実は此《この》地の地形に就いて相せる者であつたのだ。是れ驢《ろ》馬《ば》追の老人の語る所、さあれ北京景山

明陵並に王承恩墓碑

に縊《くび》れし、祭禎帝と、明の滅亡の哀史、之《これ》に殉ぜし王承恩の忠烈、余は爾余《じよ》の大陵は之を遠望に止めて此二者の為《ため》に其《その》塚を展し、一滴の涙を灑《そそ》がざるを得なんだ。前清《しん》順治帝は特に此帝陵を修し、此忠臣の為に碑を立て、ゐる。其他乾隆帝にしても十三陵を哀《あわれ》むの百韻詩碑の宏大《こうだい》な者を建て、ゐる。よし夫《それ》は政策にしても、清朝の政治は歴代の治国中の出色の者であつた事は、史家に定論もあらう。明陵漸《ようや》く荒廃し来ると雖《いえど》も尚《なお》旧体依然として観《み》るを得るは、実に結構の事だ。春浅き御陵道を石人石馬に思《おもい》を留《とど》めて逆に表門の方に出で昌平県城へと急いだ。

明陵見物の如《ごと》きは此行の本義では勿論《もちろん》無いが、昌平県城内にある清真寺と明陵とは関係の有る者だ。万暦年間明陵を修するや、其《そ》の余材を回民に賜うて昌平《しょうへい》のジユマラタイを作らしめた。就いて此寺を観るに流石《さすが》に御料材にて成るだけ見事な建築で、古柏鬱蒼《こはくうつそう》たるの間、紅の頂子高く聳《そび》え、昌平県治の誇るべき建物である。住持アホン夏君嘗《かつ》て歴城にありし人、今甘粛に赴きて不在、李、馬両アホン出《い》でて応接す。此寺は俗の所謂《いわゆる》揺頭教派（即《すなわ》ち官川派）に属し、新信教中の新派にしてアホン諸君の思想も自《おのず》ら一特色がある。余は茲《ここ》に哺礼《テケレ》を修して鼓楼の下、六合店に飯した。実に心持のよい宿屋で、二三日滞在したい位の感があつた。昌平県は別に経済上重要なる地にてもなく決して繁昌な市街ではないが、知事公の施政宜敷《よろしき》を得て、如何《いか》にも規律ある生潔《せいけつ》なる小県城だ。道廟にしても、学校にしても、古名士の墳域にしても、良く修理されてあるのが、他県に比して著しく眼につく。尤《もつと》も此辺は地味肥え山地は果樹に富み、従つて民も豊かであるからでもあらう。宿屋一軒を観察しても昌平の気に充《み》ちた感を起《おこ》さしむ。六合店の一室に、白雲観収租処の黄紙が貼《は》つてあつた。北京の北方道教本山は此附近に田地を有してゐる者と見える。

日既に傾きしを驢馬を走らして、東方三十支里湯山に至り致美軒なる小さな回教徒宿屋に投じた、大枚一元を支払うて温泉ホテル経営の浴場を独占して恣《ほしい》まゝに凝脂を浣《あら》ふことが出来た。

春寒の時こそ温泉の効能多きに此《こ》の大旅館には一人の浴客もない。概《おおむ》ね夏時北京使館の外人どもが避暑に来るのが主であらう。南口よりは自動車路が此地点を通じてゐる。湯山の一角に、回民が新たに新市場を開設してゐる。致美軒も其市場の中にある。宿屋の牆壁《しょうへき》未《いま》だ全《まつた》からず、驢馬《ろば》追《おい》の老頭はしきりと胡子《ホーブ》（泥棒）を恐れて、終夜驢馬の番をしてゐた。吾等《われら》は盗まるゝ程の者も無ければ、温土爐《おんどる》の上に、湯上りの心地よき安き夢を結んで、翌朝は村の共同風呂にて一浴したが、湯のぬるいのと少量のとで、昨夜の一元の価の高からざるを思ふた。温泉ホテルの入口には湯山別業と徐世昌氏の題額が掲げられてゐる。五角（五十銭）を投じて、嘗《か》つて離宮であつた園池を観たが、池は凍り、木は枯れて、多くの風情もなかつた。湯山附近は水田多く、温泉のある位ゐ故、水亦《また》ぬるみ春意少からずであつた。

水ぬるむ流れに漱《すす》ぐ乞食《こじき》かな

乞食の漱ぎし下流に、若き女の五六人衣を浣うてゐる。此辺一帯の農家でも商人でも其妻女たると姑娘《クーニャン》たるを問はず濃厚に粉脂を施してゐる。而《しか》して美人が多い。水土の然《しか》らしむる所であらう。

昌平東門外の関岳廟に詣《けい》し、新修の舞台の丹青鮮かなる前に、美事な古柏森々たる下に、小羊のミウ〱と鳴いてゐるのが、好個の小品画中の景であつた。再び六合店に飯し、再び清真寺を訪ひて、該寺新修の由来を記せる碑を拓し、晌《シャヤム》礼を修して南口の寓《ぐう》に帰つた。今宵はミルラージとて穆聖登霄、一夜にして古今東西の世界を観た聖夜とされて、特に礼拝を行ふ定めである。帰寓直ちに南口の本村迄、乱石の道を辿《たど》り鉄道線路をつたひ、闇を衝《つ》いて六里の山路を八達嶺山麓の一小清真寺に赴きて行礼した。門を出《い》づれば嶺上《れいじょう》には北斗七星が呼べば応ぜんばかり近く輝いてゐる。何《いず》れの民家からか、念経の声がかすかに漏れる。身は支那《シナ》の一角にあるよりも西域に遊ぶの感が深い。数刻語りし寺僧の李君も、余を以《もつ》て日本人であると知らずに分れた。南口ミルラージの一夜、我が回教道行には印象深き一夜であつた。

二三　居庸古関

居庸関も鉄路一たび通じて今や古蹟《こせき》となつた。南口より八達嶺を越えて康荘に至る七十里の嶮路《けんろ》、従来は駝轎《だきよう》とて二疋《ひき》の騾《らば》の中間に輿《こし》を按《あん》じて、人々之に坐《ざ》しユラリ〳〵と山道を往来した者だ。而して此業を営むものは回教民であつた。夫は丁度泰山の山轎を擡うて南天門を上下する人夫が回教徒であるやうに。支那の旧式交通機関は多くムスリンの手に依《よつ》て経営された。大運河々畔に教民の多きも、其の舟楫《しゆうしゆう》に従ふ者がムスリンの徒であるからだ。昨夜登霄の礼を行ふた山麓の清真寺は、実に駝轎業を主とした南口本村教民の礼拝場である。今や其職を失ひ、山道荒廃して殆《ほと》んど通ずべからざるに至つたにも係《かかわ》らず、居庸関の近くにある孔子廟、関帝廟の如き全く破壊されたるに係らず回教のジユマラタイは、此間尚儼然《げんぜん》として旧態を存してゐるのは面

居庸関図

白き現象だ。

居庸関の石刻は漢、蒙《もう》、満、蔵の文字と仏像、与《とも》に未だ大破損は無い。元帝の治国には回回国もありしに、アラビヤ文なりペルシヤ文なり居庸関に刻してあつたらば更に吾人《ごじん》の感興を深からしむる者があつたであらう。

恐らく無用の長物は今の万里の長城であらう。而《し》かも之が無用の長物と為た事は漢人種文明の勝利である。今の世にすら数千万円の軍艦を毀《こぼ》ちて平和の犠牲を作る事あるに、世界の一切の軍備国防が、長城の如《ごと》く無用の物として後人の見物に任ぜしむる時代が軈《やが》ては来る者であらうか。石径を歩む驢馬の足音カチ〳〵として春寒故道転《うた》た寂寥《せきりよう》を覚える。三四種の拓字とスケツチを了し柴を負へる驢馬隊に伍《ご》して南口の宿に帰り、直ちに北京行の汽車に搭じた。再び前の万順店に投じてぶらりと二日間を燕塵《えんじん》の内に暮した。

二四　征馬出関

前に居庸関を出《い》で、蒙古《もうこ》の気分を味《あじわ》ひたる吾《われ》は、南行の旅程を変更して山海関を出で、満洲《まんしゆう》の野を見舞うた。楡城の風物依然として荘厳、駅頭に日本国旗の翻るのも快心の事だ。関外は積雪満地、所在苦力《クーリー》の帰還行列、又満洲ならでは無き光景、車中は張作霖氏招募の兵隊にて一杯、胸に所属隊の名を記したゞけで、苦力先生たることは今更注を要せぬ。其の一に就いて聞けば山東鉅野の産と、又一は嘉祥県人なりと、皆是れ余が曾遊《そうゆう》の地の老哥《ろうか》なれば、何となくなつかしさを覚ゆ。洛陽の呉佩孚君も、江南の盧永祥君も目下切りと招兵の最中である。苦力の本場なる山東の地は又兵丁の本場である。此頃も既に万余の山東子弟が緑林将軍の旗下に招かれてゐる。天下将に事あらんとするか。奉天小西関内の清真三ケ寺を巡拝し満洲回教事情は大体明白と為《な》つた。寺門に「土人の崇拝する霊場につき不敬の事ある可《べか》らず、奉天軍政署」と制札があつた。日露戦役の遺物である。折から天空には飛行機がウナツてゐる、蓋《けだ》し張氏亦仰ぎ之を観て、髀肉《ひにく》の歎《たん》に堪へぬ事であらう。船津領事を訪ねて不在、貴志少将を問うて又不見、満鉄病院に壱岐医師を訪ねて旧情を叙した。君は近く安東県に開業するので医院の名命をして呉《く》れとの事、人生五福以寿為先の句に因《ちなん》で、先寿堂医院とせんと告げておいた。在藩一夜次日直らに南下熊岳城にて下車した。

時は是れ三日八日、二十年前の今日奉天戦争の最中である。余、年少剣を携へて征蹄《せいてい》を趁《お》ふ、南山より奉天戦に至る、常に第一線部隊に加はり砲煙の中に往来したる者感慨何ぞ浅からざらん。今日満洲に事を為《な》す者概ね当年戦争の苦を嘗《な》めし人ではない。熊岳城は温泉沙洲《さす》に湧《わ》き山水明媚《めいび》の地、旅塵《りよじん》を洗ひ、当年を追憶するに可、況《いわ》んや此地に果樹園を経営する鷹野鷲雄君あり。君の果園を観、与に驢馬鉄道に乗じて温泉ホテルに走る。先《ま》づ原始的河原の砂風呂を試み、次《つい》で村の共同風呂に入り、後にホテルの新設の浴場に入りて二十年間の温泉の発達史を体験した。今日の設備を有する迄にホテル主人故形野氏の苦辛大《おおい》に可称者《たたえるべきもの》がある。その御蔭《おかげ》を以て、半日の清遊を旧人と相会して擅《ほしい》まゝにする事が出来た次第だ。先年は湯崗子の温泉に春寒の一夜を浴したが、俗悪なる建築物に不快を感じた。

周囲の風景なり湯の温度なり、宿の接待なり、彼に勝ること数等。鷹野農園の果実を吃《きっ》しつゝ園芸談を聴く。此行日々好日なるも、熊岳城の一日は、二十年を一日に圧搾《あっさく》して、一《ひと》呑《の》みにした様な気分がした。

夜半日人専用（?）の汽車に搭じてひどく叱《しか》られた。支那服旅行をしてゐると、つくづく日本人の傲慢と不親切さが癪にさはる。吾を叱責《しっせき》した連中はバッスの御客さんだ。吾は三等車賃も急行料をも支払うてゐる御客さんだ。夫《それ》がよし、ほんとの支那人であつても夜半席なくして困つてゐる時は、余席を分つだけの雅量がなくては、大日本人としての発展も出来まいではないか、満鉄当局者もチト実情に注意するがよい。南するに従つて日本の色彩が濃厚になるだけ、又不快の一面が現出して来る。

大連では監部通の裕泰桟に投じて食事は西域楼に赴き吃した。奉天にも大連にも回教民の旅館がない。日本人が日本の宿屋なき支那の地方を歩く様な不便さを、奉天の如き大連の如き日本の勢力ある地に来て感ずるも、苦痛乍ら一興趣である。大連には教民四十戸ばかり、西崗子の一隅に型ばかりの礼拝場がある。余は茲にて晌礼を行うた。会々行路の露人回徒、病に倒れたる者を引取りて葬式を営まんとする由にて混雑してゐた。若干の香典を供へ、且つ小なる礼拝場の為に貧嚢《ひんのう》を割きてニエタイ（喜捨）を為《な》した。世評に由《よ》れば満鉄にて一寺を建立する計画ださうだ。果《はた》して然《しか》るや否、教徒は皆之を当《あて》にしてゐる。其噂《うわさ》が支那各地の教民に伝へられてゐる。而かも就いて実況を正せば頗《すこぶ》る不純な内容を発見し、吾人をして遺憾に感ぜしむる事が多い。

アホン穆成林君の案内で老虎灘にクルバン、ガリエフ君を訪《おとの》うた。幾多の文化村を過ぎ山端の小屋に君の居を見舞ひしに、満鉄本社にありと留守居の鬚《ひげ》男がさゝやきぬ。従者の周硯坡は生来始めて海を観たとて感興深き様である。秦王東海を観た感も同様であらう。

再び本社にクルバン君を訪ひ、花房君の通訳で、回教問題につき簡単の談話を試みた。君と与に北部支那及び満洲の回教研究を試みた太宰君の近著を請ひ受け同君にも会合したが、本是《もとこれ》自発的の研究でもなく又宗教的見地からでもないとの事であつた。併《し》かし好研究として吾人の参考となる点が多い。但し満鉄は此の調査を一先づ打切るとの事だ。さうありて可然《しかるべき》こと、佐田《さだ》調査課長にも、卑見《ひけん》を述べておいた。神田大連図書館長を訪うた時にも出た話だが、満鉄経営の根本要素として経綸《けいりん》上の思想的学問に基礎を置くことを満鉄当局は忘れてゐる。初代総裁後藤子の如き此《これ》には注意する所あり、権威ある学者を招致して経綸の根幹を培養するに力《つと》めたが如きも、今は纔《わず》かに単なる経済的直接営利に必要なる方面の調査以外、多くの観るべき者が無い。早川氏は稍々《やや》為す所あらんとしたるかなれど、而して短時日の間に自己のポケットマネー五十万万円をも消費しゐたりと伝へらるゝも、支那人を中華民国人と呼ばせ、苦力を華工と云《い》へなど謂《い》ふ如き些事《さじ》にのみ気を用ゐるやうにては、今日存在しゐたりとも果して吾人の期待に添ふを得たるかどうか。要するに真の政治を解せざる事務家の仕事は、無用の用の妙味と呼吸を欠いてゐるから、凡《すべ》ての事知るべきのみと思はしむる。満洲の一瞥《いちべつ》、即ち一瞥に過ぎずとも、本是吾等が生命を賭《と》して占領した処《ところ》だ。吾等の所見は単に偶感触目一時の旅行者とは自《おのず》から異る者がある。

三月十日、陸軍記念日である。大連市中には国旗が所々出てゐたが、満鉄会社は休業してはゐなかつた。所謂陸軍記念日で部外の会社に関係は無いからでもあらう。而かも事に不敏なる吾は、同社は休業して祝意を表してゐるのだらうと思ふて、其日遠く老虎灘迄クルバン氏を訪ねたのは、氏の勤務せる会社は休業と思ふたからであつた。茲に問題が起《おこ》る。情から云へば、満鉄の如き国家忠義の鬼の余徳を以て成立せる会社である以上、此日此時英霊を慰むるに躊躇《ちゆうちよ》する所はあるまい。然《しか》れども海軍に亦海軍記念日あり、而して平和克復迄には外務当局者の悪戦苦闘は幾許《いかばかり》であつたか、小村男が一躍侯爵と為《な》りしにても知るべく、左《さ》れば外務記念日も存在せねばならぬ。余は会々《たまたま》奉天会戦の日に、満洲の野を過ぎて陸軍記念日を迎へ、自らは大に意味深く思ふ者なれども、戦捷《せんしよう》の反対は戦敗である。敵国と其国人を苦《くるし》めたことの記念とも為《な》る。神社境内に分捕《ぶんどり》兵器を飾るのが、既に識者の喜ばざる如く、今日部分的に陸海軍記念日を記念する形式よりも、一層進んで平和克復の日を記念することこそ如何《いか》にあるべきか。依然として日露国交の険悪を視《み》る毎《ごと》に、事小に似たれどもかゝる感を起《おこ》さゞるを得ぬ。

　遮莫《さもあらばあれ》、三月十日、大連に在りし吾は旅順白玉山上に立ちて戦友の霊を弔ひ、乃木将軍の風をも偲《しの》びたかつたが、満鉄社楼上に空《むな》しく過ぎた。白玉山上の表忠塔記は実に吾《わ》が青山翁苦辛の作、而して其字亦翁の書く所、余嘗て両次塔上に立寄り此字を撫《ぶ》して感慨深くあつた。今や将軍在らず翁は老来病を得て淋《さび》しく礫荘に薬石に親《したし》んでゐる。翁の此文を作り此字を書くや、心血を吐露した者、工成るや。慨然として曰く、「文人亦今日聊《いささ》か君国の為に奉ずる所あり」と云はれた。翁又近頃《ちかごろ》東宮御成婚を祝せん為に、宕陰先生作大統歌の足らざるを補ひ、謹書して之を献納し、其余を一族知人に分与した。即ち病を養ふの昨今と雖も、其志や常に君国に存する者だ。嘗て天台道士の称好塾と翁の菁莪書院とは相近くに在り、道士と翁と其門生とは互《たがい》に往来してゐた。寿を同《おなじ》うする天台道士今や天台に上《のぼ》り去る。翁や心淋しく在《いま》すことであらう。冀《こいねがわ》くば長《とこしな》へに健在なれかし。（翁も亦終《つい》に逝く噫《ああ》）

夜、芥川光蔵君来りて余を其新居に迎へた。室には嘗て余の贈れる山東徂徠石渓の自拓せる大字がある。独秀峯の奇字がある。大連文化村の一角は又是れ徂徠山中の感がした。君今満洲起業会社の重役、満洲経済界の近状を語ること詳しく、而して日本人の将来の好望ならざる事を悲《かな》しんだ。何れの地も皆行《ゆき》づまりである。是に反して支那民族北方発展の勢は荒《すさ》まじき者だ。島国日本人はどうして支那人と競争するか、満蒙経営の将来も決して楽観を許すまい。

二五　蓬来遊記

大連を午後の六時に出て三百噸《トン》ばかりの永利丸は、翌日の午前六時に煙台に着いた。三等切符で五十仙をボーイに与へると、チヤンと二等室を供して呉《く》れる。之《これ》は裕泰桟の掌櫃的が慣れた取計いで、か丶る事が支那《シナ》式で、融通のきく人間である。此《この》呼吸が一事より万事享通の霊妙なる作用である。船会社の章程でも、批准を経た外交条約でも支那人自体に取りては、吾等《われら》の考へる程大した拘束力を有する者ではない。法に三日の禁なしとは、此国民の昔からの信条である。

煙台東山の麓《ふもと》、小礼拝寺に補礼を修して、時々の欠礼を補うた。由来登莱の地は回教徒の分布せざる処《ところ》である。嘗《かつ》て余が山東青州を以《もっ》て極東清真寺と為《な》すと説ける如《ごと》く青州以東には敷衍《ふえん》することがなかつたのだ。昨今此地に十数戸の教民と軍隊内に若干の回教徒あるが為《ため》に、民国三年以来アホン張明元君来て小庵《しょうあん》を結んでゐるのみで、依然として登莱はムスリンの居《お》らざる地帯である。之に対する余の疑問は久しかりしが此行烟台より蓬莱県を過ぎ、濰県に出《い》で青州に到り多年の疑問を氷釈することが出来て、頗《すこぶ》る快心を感じた。

煙台の各国領事館は、丸で別荘のやうだ。海清く山美にして、蓬莱《ほうらい》の仙境だ。一夕別府領事の招宴に参じて大連や奉天と異り、のんびりした日本人の長閑《のどか》なつどひを味うたのはうれしかつた。此地鎮守使張懐斌君は参謀総長張懐芝氏の弟で、旧交あるが此行に益もなく敢《あえ》て問はなかつた。前道尹呉清川君は学徳高き人であつたが今あらず、又芝罘日報の桑名君も二十年の地を捨て去つた。若《も》し此人等《ら》が茲《ここ》に居たらばと思ひ出が多かつた。

大連、青島、天津の間に介在する煙台は今や日本人から多く忘れられんとしてゐる。満鉄の如《ごと》きにしても此地に何等の特設機関を有してゐない。日人の数も二百四五十人、三井の柞蚕製糸を除き、著しき事業も無いが、外国人殊《こと》に天主教や耶蘇《ヤソ》教が伝道の一方便として髪網《ハーネット》、花辺児《レースタイグ》、葡萄《ぶどう》酒、乾《ほし》葡萄の類を教徒の職業として授産し、今や彼等自らが富を為すと与《とも》に、教民の生活も大に向上しつゝある。其《その》結果は済南に於《お》ける工業をも勃興《ぼつこう》せしめてゐる。煙台即《すなわ》ち芝罘と外国宣教師との関係は最も密にして、芝罘の経済的価値を忘れても彼等の根柢深き勢力を観過してはならぬ。古《いにし》へ徐福は芝罘より我が熊ノ浦に上陸して、そこに子孫繁殖し、支那文化の搖籃《ようらん》となつたと伝へるが、日本よりも浦島太郎が来て此地に根拠を作らねばならぬ。芝罘の如きは永久的の施設を以て、吾邦《わが》人も何事をか此一角より試みねばならぬ重要なる地点であらう。満洲と朝鮮は本是登莱の附属地に過ぎなかつた。事に満鮮経営に任ずる者少しく考ふべきである。観《み》よ、英国は依然として威海衛すらも放抛せぬではないか。日清《につしん》日独両役、兵を山東に動かしたる日本は、余りに事に淡泊すぎはせぬか。少しく学問の素地ある者が海外に永住的生活を営む風潮が、国民発展の唯一の根柢と為る者だ。

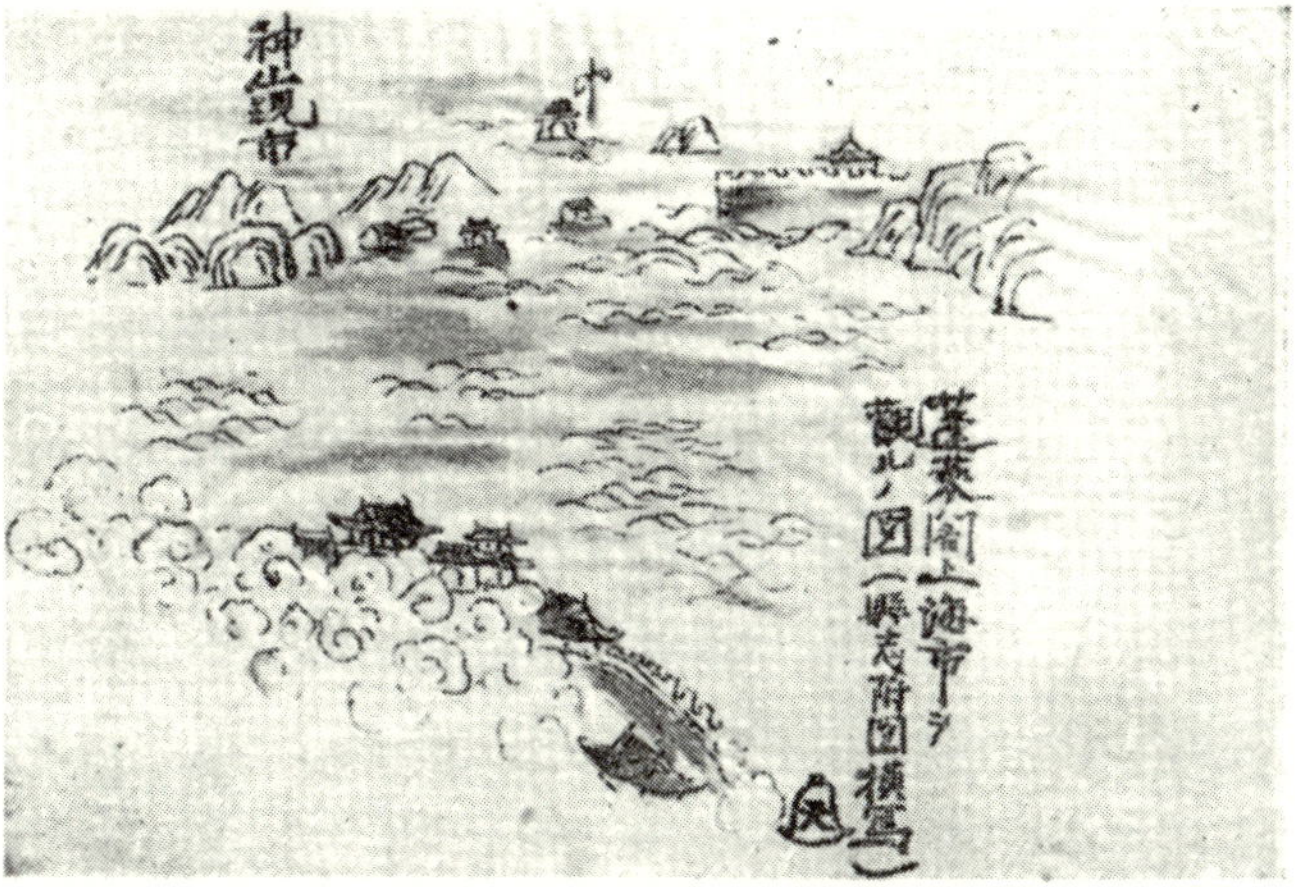

嘗て水野、小幡氏等を領事とし、日清講和条約の批准を為《な》した領事館楼上に牛鍋《ぎゆうなべ》を囲みつゝ我が煙台感は夫れから夫《そ》れへと果つべくもない。

殊に之は公表を敢てすべきではないが、第三革命の一幕と、吾が門生姜歴山が、膠東司令として煙台を水陸より攻撃すべき策戦に就いて、その謀議に与《あず》かり、多少の計を為したる事の如き小説的背景を以て此地を観たる時、彼も一時此《これ》も一時と雖《いえど》も人生亦《また》快夢多きを喜ばずんば非《あら》ずだ。

西域楼に一宿、黎明俥《れいめいくるま》を交通部直営煙濰路汽車站《たん》に馳《は》せて、待つこと二時間、十三元二角の賃を払うて赤塗の八人乗自動車に搭じた。支那では自動車を汽車と云《い》ふ。（汽車は火車と云ふ）黄、黒、緑など色々な汽車が、専用汽車路を全速力で、同時に前後して走り出す。丸で活動写真の光景だ。海岸に沿ふた直路初春の山野は視線を妨ぐべき何物もない。登州蓬莱閣の下迄《まで》一走り。始皇は其昔東巡の為に長安より芝罘迄、金堤を作りしことを伝へてゐるが、始皇にしても漢武帝にしても、余が今日の遊の如きは夢想もせぬことであらう。汽車の運転手君の如きは、当時の羨門《せんもん》、李少君の輩よりも一層の巧者であらう。登州の海城は、高麗、遼東、日本に対する軍港であつた。今港湾の価値乏しきも、蓬莱閣の結構旧時に異ならず、更に一月を経ば海市《かいし》（蜃気楼）出現するであらう。東坡此地に官たること五日にして去る、海市を見ざるを恨み、海神広徳王に禱《いの》り、明日之を見て七律を賦したが、吾れ自動車の如き文明の悪器に乗り、前路を急ぐの故を以て、海神にも禱らず、遙《はる》かに蓬莱閣を望み、駱賓王《らくひんのう》が

「旅客春心断、辺城夜望高、野楼疑海気、白鷺似江濤、結綬疲三入、衣冠泣二毛、将飛連羽、欲済泛軽舫、頼有陽春曲、窮愁且代労。」

蓬莱鎮を詠ぜる詩懐に客情を動かし、匆忙《そうぼう》として龍口に走る。是《こ》れ大正三年夏、我《わが》青島攻囲軍上陸の地、西比利亜《シベリア》出兵と云ひ、青島戦と謂《い》ひ今より之を観れば頗る割の悪い事業であつた。静かな龍口の汽車站で当年の様を回想して、そゞろに日本政治家の無定見を思ふ。交通部自動車路の裏面にすら某国の力が潜在し、軈《やが》ては更に表面的に其力が動くことを考へて見ると、対外的に吾《わ》が官民の一層協力して努力せねばならぬことを感ぜしむる。

車上隣席の一人覆面頭巾《ずきん》をかぶり胸に紅木綿の切を下げ、いやにそつぽうを向ひてゐると思ひしが、龍口にて此男が天然痘患者なることに気がつきし時は、一寸《ちよつと》気味悪《わ》るく感じた。而《し》かし白雲行にこんな事は何でも無い。とう〳〵掖県迄スレ〳〵になつて同座した。「出了花、不要緊」にて互《たがい》に念とはせない。大国民の襟度なる者は夫れ此《かく》の如きか。

二六　再入精舎

汽車を濰県の北門内に下りた、煙濰間殆《ほと》んど六百支里九時間を要した。轎車《きようしや》を雇ひて玉清宮の参詣《さんけい》を試みたが、宮は例の如く兵隊の営所に化した。有名の道廟《どうびよう》仏寺概《おおむ》ね巡警兵士の屯する所となるは遺憾の事だ。此地玉清宮は邱真人の修する所、其碑に見たき者があつた。煙台に到りて遊意は切《しき》りと栖霞県に動き、懸子《シエンツ》とて前に説明せし駝轎《だきよう》に類して而《し》かも簡単なる乗物に坐《ざ》し、ノソリ〳〵と邱真人の故郷に一遊したらんにはと思ふたが、眼前の蓬莱閣さへ割愛するほどの此行故、再考に値しなかつた。煙濰間従来なら轎車にて五六日行程だ。汽車一日で走るは好《よ》いが、何等の途上見物は出来ぬ。早く文明の悪器のない方面の支那に出懸けたい者だ。恰《あたか》も好し済南行の火車が来た。直ちに之を捕へて青州に到りて下りた。膠済鉄路の三等は満鉄式客車にて、支那の他路の二等より美しいが、旅具を沢山持込む支那人旅行者には、決して便利の構造ではない。濰県は轎車、青州は一輪車、済南は人力車の都である。硯坡と一輪車に合乗《あいのり》にて薄月夜を、我が小一里程急いで、東門外の丁家店に投じた。一宿十文（吾が五銭）の定めなれば勿論《もちろん》安寓とはいかぬ。終夜春寒にふるへつゝ三月十三日の朝を迎へた。去月草廬《そうろ》を出《いで》てより満一ケ月、書き来り書き去れば何の奇事も怪事も苦痛事も無いが、道行本義の此行程、言外筆外の困難も無いではなかつた。今や西の方亜刺比亜のメッカに起りし我がイスレアム教の極東の地たる青州に来て、元の盛時に重修された東清真寺に、此小旅行の感謝の礼拝と次で試むべき行旅の希望と熱禱とを献げぬ。流石《さすが》は古都青州なれ、寺内に林立せる古碑多く、之を漁《あさ》りて字を拓し、更に此《こ》の古寺より分派したる城内スイニ派の寺に到りて、其の幽境を喜び、住持アホンと書を論じ、画を賞し、附設小学校を参観し、学童の為に若干のニエタイを施し、又一輪車に坐して、僅《わず》かに色づける老柳と、白楊《はくよう》の木立の中を、元の故城の残塁を横切りつゝ、曾遊《そうゆう》の雲門山を望みつゝ、亡《ほろ》び行く満洲《まんしゆう》城に一片の憐《あわ》れを止《とど》めつゝ、一輪車を火車に乗り代へ済南に還り来つた。少しく健康を害したので、一夜を鶴屋旅館の奥座敷に安臥《あんが》した。昨は十文の宿賃、今日は六元の宿泊費、洵に以て馬鹿々々しき贅沢な生活だ。官吏や商人は皆此高い宿賃を毎日支払ひ乍ら、支那に来て支那の社会に触れずにかけ足で東去西来するのである、余は一人の門生を従へて満一ケ月、一切の経費二百円を出《い》でなかつた。浜松の鞍智芳章君から「神道と国民教育の関係を論ず」と題する拙稿の印刷物百五十冊到着してゐたので、帰来草々之を知人に分配するに忙しかつた。再び礼拝寺前の精舎に入り、曹先生を中心に吾等の旅行談が日々教民の間に賑《にぎ》やかに伝へられつゝある。

此行門生周硯坡を従へたと云ふ、其実余が若旦那周君の御伴をし歩いた様な者だ。硯坡生齢三十と雖も嘗て済南以外を知らず、武秀才の一人息子にて、世間を見た事のない、坊ちやんである。日本人の吾《わ》れが支那人の若旦那《わかだんな》の案内をして支那の地を旅行したので、時々硯坡難を歎《たん》ぜしめた。然《しか》れども彼は稀《まれ》に見る純真の学徒である。行旅の間日夕《につせき》彼を訓《おし》へて我が道行の福田《ふくでん》とした。帰来彼も亦旧人では無い。

（大正十三年三月十八日於済南精舎）

二七　春光融々

寒時寒殺し熱時熱殺底の心事こそ、却《かえつ》て寒暑に対する好手段たるべきである。左《さ》れば予も寒業三十日を寒殿に坐し、然《しか》る後口外満洲の寒天を旅行し、再び歴下精舎に帰り来れば、軈《やが》て立春の節と為《な》り、どこからか春光の融々として到るを覚ゆ。上古義和をして暦日を観測せしめたるの地は山東なるべきか、支那の太陰暦を以て気節を考ふれば、洵《まこと》に的確に暦法の示す如く、四季の交代を事実の上に明白に観る事が出来る。即ち冬至より九九八十一日の寒さを過ぐれば、氷も溶け、天上ウラに生き残つてゐた蠅《はえ》もポツ〳〵動き出す。蛇穴を出《い》づべき時も来る。春寒俄《にわ》かに皮襖を脱し難きも暖炉を擁するに至らず。今や小院の高楡既に陰花を蕾《つぼ》み、啄木鳥《きつつき》早晩来りて啄《ついば》み漁るの音、戞々《かつかつ》として声あり。然れども吾等が回教暦よりすれば今正に八月（捨爾帮《ショルバネ》）で、貴聖人モハメツトの為の斎月としてある。

月を看《み》てから後十五日目は擺拉台《ベラータエ》の晩として、換文巻の期とせられてゐる。謂《い》はゞ一年中の善悪行為の総勘定を決算する者、道家にて陰暦十二月二十三日竈神《そうしん》を祀《まつ》り、司命の神への報告を善く取次いで貰《もら》ふの儀と、大同小異にて、此のベラータエの晩を迎へんが為に、回教民は一週間前より戸々別々にアホンを招じて経を念じ、罪業の消滅を禱るのである。漸《ようや》く春心地せる月明の夜に、遠く近くベラータエ念経の、アラビヤ音の一種の声楽を聴くのも亦一興を感ずる。余も亦一日曹老師と趙アホンと三人の大学生とを招き、念経をして貰うた。次日即ち旧暦十七日、陽暦にては三月二十一日、我が春季皇霊祭の当日にして、仏教の彼岸の中日、此日昼間は午後一時頃《ころ》より金曜日の聖日主馬聚礼にも相当り、大衆の礼拝が行はれ、夜は宵礼《ホーフタン》の時刻にベラータエの礼が修せられた。何《いず》れの国も何れの教門にても春分の節に礼し、祝福を求むるは似たやうな者だ。大衆相会して平生の宵礼に更に十四拝を加へ、二十三拝の厳粛なる礼法を修するのである。然る後一同ベラータエ経を念じ、天神に善悪決算の寛大、誠信の堅固、身体の健康を禱求《とうきゅう》するのである。此一週間掌教者アホン諸子の多忙なる、又仏僧の孟蘭盆会《うらぼんえ》に、忙しく棚経を誦《じゅ》し廻《まわ》ると一般である。而《しか》して勿論此時こそアホン等の書き入れ時である。平生礼拝もせず、一切の戒律も為《な》さゞる不届者も、その裕福なる者は、多くのアホンを招きて遽《にわ》か信心をするから、数十の散班アホン（寺外僧）も亦本より布施に有りつく事が多い。貧乏人は数家協同して少数のアホンを招き、纔《わず》かに冥福《めいふく》を禱るなど何れも其心事憐むべきである。

憐れと云へば一夜上海方面から二人の土耳古《トルコ》人が来て、吾等の寺の沐浴《もくよく》場に一夜の宿を求めた。一人は四十五六の鬚《ひげ》男一人は二十五六の青年で、与に英国に強要されて欧洲《おうしゅう》戦に出《い》で、青年なるは銃創を受けたとて、太き腕に傷のあるを、破れた服をまくり突き出して人毎《ごと》に見せる。上海交渉公署の護照（旅券）も所持してゐる。哈爾賓《ハルビン》を経て土耳古に帰りたいが一文もないから、ニエタイを請ひたいとの事だ。勿論二人ともムスリマーニである。吾等は他の郷老共と相談して兎《と》に角《かく》天津迄行ける工夫をしてやつた。天津には印度の回徒もゐるし、又支那人の多数の教徒もゐるから彼等の同情に訴へて奉天に至ることは容易である。奉天から以北は益々《ますます》便が多い。かくて教民の間を辿《たど》り行けば、又幾多の同情者に靠《よつ》て、容易に其本国に達することが出来るであらう。同教徒たる名の下に、殊に行旅の困難なる者を恵むの情の、回教民族間に篤《あつ》きことは実に美点として称揚すべきである。

我が精舎の近くに、近頃有名なる世界紅卍字会の済南道院がある。近処に居乍ら閑業却《かえつ》て身上事多くして之を訪問する機会がなかつたが、一日文山生を従へて之を訪ねた。文山の知人が道院の執事を為《し》てゐるので、参観の便宜が多くあつた。道院一覧表の百九番目の最後欄に日本神戸甲子二月初一日開設、統掌者出口尋仁の名が出てゐる。尋仁は仁三郎君の事であらう。山東済南に発起した道院と大本《おおもと》教の提携、事稍々《やや》滑稽《こっけい》に類するかなれども、諸大家総出の日支文化事業よりも、一足お先きに所謂《いわゆる》日支の精神的結合が、彼等の手に由《よっ》て行はれてゐるのは、一種の皮肉ではなからうか。夫《それ》は兎に角済南道院とは何者なるか。

曰《いわ》く、内修は静坐《せいざ》、外修は慈善事業を行ふ。此内外二修を講ずる所が道院だ。而して静坐の工夫は乩《けい》壇上にて神の感応を受ける。乩は支那の俗称扶乱《フルアン》で即ち大本教の鎮魂帰神、五大宗教の教祖は皆此乩に因《よっ》て神と霊交した者だと説く、其の神とは何かと云へば先天老祖及び基、回、儒、釈、道五教主を並称し、先天老祖は万有の始祖、大道の根原とし、乩法に因《よっ》て一々皆写真に其像を映して是《これ》を礼拝の対称にしてゐる。此外孔子、慧真人、孚聖、昌佐神（諸葛武侯）正陽真人、関羽、都巡使（楊忠愍公）、南海大士、達摩、普静菩薩、尚真人岳飛、文殊、普賢、済仏、緑真人等をも祀《まつ》ること丶してゐる。其の祀日《しじつ》に於《お》いて其霊位の前に乩法を行ひ二尺四方程の砂箱の中に、三尺程の木杆《きばち》の中央に木鉤ある者を執りて沙面《さめん》に文様を画《えが》かしむ。此の文様に由つて吉凶禍福其他一切の予言を知る仕組である。耶蘇壇の前にて乩法を修せば其人は耶蘇と為《な》り、耶蘇の御託宣を沙面に書く。或《あるい》は同様にして筆を鉤《かぎ》に附し、紙上に文字絵画をも現はす。道院内には乩法の書画の頗る奇怪の者、中には老子もあれば釈迦もあり、文天祥から李白達摩など、あらゆる神人各種各体の文字と絵画とが描げられてある。要するに此乩法が道院繁昌の根本だ。

其開山は杜賓谷とて去年七十二歳で坐化《ざか》した。今は徐素一氏が嗣《つ》いでゐる。民国八年三月始めて済南に開院して、今は其の宣教事業として世界紅卍字会を組織し、大々的活動を為してゐる、其参謀には前清《しん》の進士侯雪舫が采配を振つてゐる。天授の経典として太乙北極真経なる者がある。即ちお筆先の類だ。支那の内務部は道院の信条と事業とを公認して其の布教を保護してゐる。道院自体も一切を公開して秘密の場所は無い。余は道院山を一巡し、其の一切を参観し、其説明を聴取し、比較的進歩したる経営法に由る此の道院が、今日の如き支那には尚相当の発展を為すべき、可能性が充分あることを信ずる。而して日本の或《あ》る方面にも一種の支那的知識と色彩とを以てする此の宣教が、受け入れらるべき余地がある者と認めらるゝ、何れにせよ日本から対支文化を宣伝する時に、支那から対日道化を実行し始めたなどは、面白い現象として注意を要すべき事だ。而して余輩の如きも一通り各種宗教の香を嗅《か》ぎ尽して今や回教道行を試みつゝある者、謂《い》はゞ一人にて道院標榜の世界紅卍字会各宗教帰一の小体験を実行してゐる者と謂ふべきか。されば道院の連中と大に共鳴する所があつて、再訪三訪する間に第二の出口尋仁と為《な》るの恐れがある。つかまらぬ内に愈々《いよいよ》済南の草蘆を撤して、白雲行を忙がねばならぬ呵々《かか》。

（十三、三月二十五日於歴城精舎）

二八　出廬南行

三月念八日四時起床沐浴《もくよく》。晨礼《バムターダ》を行ふ、衆人既に礼を了《おわ》り去るも余一人大殿の内に坐《ざ》す。天纔《わず》かに明けんとして、簷端《のきば》の群鴿《ぐんこう》クゝとして声あり、此日《この》金曜にして主馬聖日。即《すなわ》ち出廬南行を決してゐる。北遊より帰来半月の間、静かに書き、敬《つつし》んで礼し、春光の渡るを待つた。此心悠然又融然。

張文山、趙連徳、馬錦章等《ら》の諸生、慇懃《いんぎん》に出廬《しゆつろ》の備《そなえ》を為《な》す。午後は即ち主馬聚礼、此日特に掌教長《イイマム》金福堂、諭台に立ちてホトベ経を誦《じゆ》す、音吐《おんと》朗々大殿を震駭《しんがい》せしめた。福堂翁実に高寿八十二歳、日々五回の礼拝を厳修し尚《なお》弟子を教へて倦《う》まず、老の来るを知らざる者の如《ごと》くである。その誦経の間余は忽然として心会する所の者があつて、思はず熱涙膝頭を湿ほした。次《つい》で曹老師立ちて一場の説教《ウオルツ》を試み、且つ「日本田中先生今日出発、アラビヤ聖地朝覲《ちようきん》に行かるゝ。大衆此《こ》の行を盛んにし見送りをせられよ」と告げた。一同はベレケタ（甚好）を唱へ、余は寓《ぐう》に帰れば東洋大学々生二十余名北支那《シナ》遊歴の途次来訪待つこと既に数刻であると。教授神崎、林氏之《これ》が引率者である。其《その》請ふ所に従ひ、山東に関する雑談及《および》回教に就いて少しく説き、且つ学生に対して祖国の為《ため》に忠ならんことを要求して分れた。余の言は蓋《けだ》し真言と苦言とであつたらう。而《し》かも今出廬に際して、日本の学生而かも宗教家志願の学生と相会して、平生の所見を多少なりとも伝へ得たるは、因縁浅からざることである。遊歴青年の中に余の言を聞き一人にても道の為に奮起する者があらば、吾《わ》が今回の道行は決して徒爾《とじ》ではない。

南大寺の僧俗郷老の大衆に、北大寺、西寺所属の諸子を挙げ二百余名、日本の一書生を送つて歴城西関外遠く迄《まで》来た。「津浦鎖鑰」の四大字を掲げし西郊の坊門がある。其《そ》の傍らに近頃《ちかごろ》霊官殿を買収し改築して小清真寺と為《な》せるが、茲《ここ》に茶菓を供へて別筵《べつえん》を張つた。一同とソレアム、アレクムを交換して大衆の盛情を謝し、門生二三子のみを従へて商埠地《しようふち》へ俥《くるま》を馳《は》せた。而《しか》して大衆の中に一人の日本人も余の万里遠征を送る者はなかつた。けれども支那人のかくも大衆が心から日本の一書生の為に情誼《じょうぎ》を尽して呉《く》れることは、何たる美しき事であらうか。

吾等《われら》は支那に対して、文化事業を試みんと欲するが如《ごと》き、僭越《せんえつ》なる心事の所有者では無い。今は只《ただ》厳粛なる回教儀礼の中に在りて、敬虔《けいけん》なる回教僧に師事し、モハメット聖人の人格と信仰とを体験して、アルラホ神の道を求めんとするのみである。余は此日既に道の光を観た。我が今回の小業は天恵裕かに達成せらるゝことを信じて疑はない。只此の身命を白雲に托し、東風の吹くに任かせて飛ばんのみだ。

二九　安身在一枝

出盧の前数刻、独り小院の槐樹《えんじゅ》に対す、数羽の喜雀《カササギ》未《いま》だ葉を著けざる枝上に嘻々《きき》として散ぜず。古人云《い》ふ、「寄語鶺鴒鳥、安身在一枝」今喜雀の春光を浴び快く啼《な》き遊ぶ様を観《み》て、我が安居の処も常に一枝にして可なるを思ふ。前に歴下書院を閉ざし、今又城内の精舎を捨てゝ、一夜を商埠地日人経営の鶴屋旅館の一室に宿つた。西域と日本とは只一俥一刻の間のみの感がある。

半月目に、日本の女を観、沢庵《たくわん》をバリ〳〵かじり、味噌汁《みそしる》の碗《わん》を重ね、米のめしを快吃《かいきつ》した。而して畳の上に胡坐《あぐら》をかいて和文を作る。依然として日本人たる余が、吾《われ》に由《よっ》て我を発見する時、独り会心の笑みを机上の鏡面に浮かべた。

　今朝枕頭《ちんとう》の大毎紙を観て渡辺巳之次郎氏の死を知つた。余は一昨年の秋、香爐園に氏と其楼上に相会して、回教問題及亜細亜《アジア》の将来などに就きて語つた。強い秋の日が満室に差込んで、白磁の盤に盛《もつ》た林檎《りんご》の色が燃ゆるやうであつた。妻女が一つを取て皮をむかんとするのを制して、真紅の林檎を観《み》乍《なが》ら閑談数刻にして分れた。氏は支那問題を論じつゝ、常に亜細亜民族に心を注いでゐた点に於《お》いて、吾等の共鳴する一人であつた。余が今回の旅行を企つるや、氏は大毎社に説きて若干の援助を為《な》さしめんと試みて呉れたさうである。けれども前に大毎社は余に充分の相談を為《な》さずして、其紙上に同社主催にて余の講演会を開く旨を公表した事がある。余は其無礼を咎《とが》めて是《これ》に応じなかつた如き事情ある人に対して、氏の好意は無駄であつた。身を安んずる一枝の宿に在つて、氏の死を知りてこんな小印象を呼起《よびおこ》し、静かに其の霊を弔ふ。営業本位の大阪毎日に無用の人と為《な》りし緑岡先生の晩年は、淋《さび》しき生活であつたが清き生活であつた、而かも生きて名あり死して文あり、又瞑《めい》すべきである。

　去年吾《わ》れ帝京を辞してより、先《ま》づ天台道士の死を哭《こく》し、又行旅の間知人の語るに由て、其不幸を聞知したる者、黒木欽堂、三島復、神保小虎君の死の如き、皆意外の感に打たれし者である。殊《こと》に神保博士に於いては余の少時を、全く其家庭の人として過ぎしを想《おも》ひ、単に其純乎《じゅんこ》たる学者としての尊敬よりも、日夕《にちせき》尋常茶飯時の事を追懐し並《ならび》に数学の大家として令名ありし、其父君長致翁教養の恩を想ひ、客情惆然《ちゅうぜん》たる者がある。欽堂氏の日本書道に貢献せる、今贅《ぜい》するに及ばず、先年上田万年博士と共に泰山頂上に立ち、旭日《きよくじつ》と望月と双《なら》び懸かりし絶景を観、天下第一奇観として四絶を賦したる当時の快遊は、蓋し欽堂最も得意の境であつたらう。三島復氏に到つては年尚《なお》壮中洲翁の子として寧《むし》ろ風格其上に出《い》づるを思はしむ。此の人の死や二松学舎の為に悲しみ、漢学界の為に惜しむ。かく諸人過世急忽なるを想うては、吾れ白雲遊行を事として徒《いたず》らに歳月を費すの至愚なるを思はざるに非《あら》ず。而かも適処是人生、日々是好日所詮《しよせん》は身を安んずるは一枝に在るのみ、但鳥すら春に会すれば幾許《いくばく》の好音を発す、吾人《ごじん》徒らに文を綴りて善言を人に寄与する能はざるを歎ずるばかりだ。

（三月念九日於済南つるや）

三〇　閑中有忙

既に歴城精舎を出《い》で南下の途に就きたる余は、随軒博士が南京より済南に来るとの報に由《よ》り、前《さ》きに北京にて相会の縁乏しきを氏に通じたるを想ひ、今回は我が行を一日緩うして久濶《きゆうかつ》を叙せんと欲し、三月三十日午前二時、博士を津浦站に迎へた。領事館から片桐氏が自動車で迎へに来てゐたから与《とも》に鶴屋旅館に博士を案内して、数年の別情を語り夜もやがて明けんとした。随軒博士とは服部宇之吉氏の事である。博士は既に上海南京等にて支那学界の為に講演し、相当に功績を挙げて今亦《また》済南に来たのである。吾等は外務省担当の文化事業なる者が、一転して真に彼我学者、書生の自発的に衷心よりの提携的事業と為《な》るべきことを望んでゐる。此見地よりして博士の此行に期待する所がある。斯文会《しぶんかい》だの大東文化協会だの、東洋協会乃至《ないし》同文会など、、同一目的の重複せる新旧の対支文化事業は、当然之を合同整理して、外務省の事業を之に移し、一切の情実と政策を離れた、純乎たる東亜文明の大アッソシエーションの出現を希望する者である。是《これ》が具体的実行案は各々意見もあらう。然《しか》れども其基調は是非とも此《ここ》に置かねばならぬことは、吾等多年之を提唱してゐる所だ。余は明敏なる博士と相会して之を力説しておいた。

博士は南京を経て、領事林出君より道院の事を聴き、多少感ずる所があつた。林出領事の南京道院に於《お》ける信認は大した者ださうで、道院と大本教《おおもときょう》との提携の如きも亦同君と無縁では無い。道院に就ての短評と略解は前項之を説きし通りで、吾等は其の長処を認識する者、此種の機関に就ても支那学者は真面目《まじめ》に、一応の観察を下すべきであると信ずるが故に、博士を済南道院に案内して学術的見地より攷究《こうきゅう》を求めておいた。余は道院信者にあらざるも、反対者では無い。現在の支那には此《かく》の如き精神団体が発達すべき可能性充分にして、此種の機関を通じて始めて支那の社会や其個性を了解し得べき者で、決して従来の狭義の儒教のみが支那学の本体でも孔孟《こうもう》の信条でも無い。吾等は博士が済南を過ぎて其第一日を、道院視察に費したることを、多少の意味を以《もつ》て迎ふる者である。余れる時間を以て省立図書館の蔵書室や金石室を観、趵突泉を見物して博士と分手した。

余が句読や算術を授けた博士の長女は、馬場知事の夫人となつてゐる。次子は今湘南の郡長様だそうだ。博士は好《よ》く人の世話をする。而して一種の服部閥が出来てゐると世からは認められてゐる。少にして博士の門をくゞりし吾は、その二子のお守役たりし吾は、依然たる江湖子で、多く博士に背いてゐる。乃《すなわ》ち背いてゐると雖《いえど》も、斯文の興隆を冀《き》望《ぼう》し、之が為に其分を尽すに於いて甲乙は無い。久々に支那の一地で博士と相会して、所謂《いわゆる》親戚《しんせき》の情話を楽《たの》しむ底の一日は、忙中の閑日月か、閑中の忙事か、遮莫《さもあらばあれ》吾人は博士等が更に一歩、高処大処に立ちて東洋文化の新建設の上に、努力せられんことを希《こいねが》はざるを得ぬ。

三一　江南探春

随軒博士は南京より特別快車の一等寝台で済南に来た。天鐘道人はガラス窓さへ無き、三等列車の漫車で、苦力《クーリー》華工諸君の間に小さくなつて、南京に来た。三十日午後七時四十分済南発の火車は、時に遅る、こと二時間半にして出発した。青年アホン馬錦章随身し、我が板床の下には南直隷の大名府の一少年をだに潜伏せしめてある。但し是《これ》は窮鳥であつて、余の相関知する所では無い。支那《シナ》の火車の三等旅行は却々《なかなか》興味が深い。こんな薩摩守《さつまのかみ》は常に沢山ある。殊《こと》に甚だしいのは当兵的《タンピンデ》である。「好鉄不打釘、好人不当兵」と俗語に申す通りの兵士であるから、夫《それ》はズルイ者だ。一車の中には上官の私用、その又妻君の御用などにて往来する兵士が夥《おびただ》しき数である。彼等《かれら》の横暴振《ぶり》は非常の者だ。故に交通部告示が幾枚も停車場に掲げられて、当兵的のサツマノ守《かみ》を禁じてゐるが、却々其《そ》の功能が無い。

併《し》かし大哥《アニィ》と肩でもタ、イて、彼等未来の上将諸君と話し乍《なが》ら、三等旅行をしてゐれば、又存外の好朋友《ハオホンユー》にて、軍人官吏の内幕などが仔細《しさい》に知れる。

臨城駅にて夜が明けた。而《しか》してそこに北行の特別快車がゐた。去年の土匪《どひ》事件を思ひ出して、車中の毛唐を観《み》たとき、一寸匪君の出現を夢想して観た。あの事件を東京で聞知した時、余は陽明学会の講演で、梁山泊《りようざんぱく》論をした。欧米の対支事業と臨城事件とを聯想《れんそう》する時、痛快か、滑稽《こつけい》か、皮肉か、兎《と》に角《かく》実物的好教訓が、世界の文明国の前に提供された訳だ。特別列車の贅沢《ぜいたく》な車後に、機関砲が備へ附けられて、二十人程の兵隊が乗り組んでゐる。その兵隊が一寸変心して機関砲を客に向ける秋などを考へさせられる。旧黄河の淤床、淮水の春帆、安徽平野の麦隴、済南を発して二十四時間目で暗中の大混雑裡《り》に長江を渡り、下関より馬車を駆つて秦淮文徳橋下大方老店の静かな一室に投じた。几上《きじよう》の蘭花既に春色十分折からの小雨に南京第一風流巷たる我が寓辺は、何《いず》れからか絃歌《げんか》の声さへ漏れ聞こゆる。従生馬錦章は本是《もとこれ》南京の産、直ちに父を省みるべく辞して去つた。秦淮水畔唯一の日本人たる余は、春を几上の花に探りて江南第一夜の旅夢を結んだ。

三二　劉介廉先生の墓を展す

嘗て「支那回教の発達と劉介廉」なる一文を公にしたことのある余は、南京を訪《おとの》うて先《ま》づ第一に為《な》すべきことは先賢劉介廉先生の展墓である。則《すなわ》ち東城灯籠巷清真寺に詣《けい》し沐浴《もくよく》晌礼《ビエシエン》を修し、アホン甘粛の人冶金明氏と、安徽の人李再俊氏とを請《しよう》じ、馬車を駆つて南関を出《い》づ。雨花台麓を西へ、丘陵の石径を十余支里にして乱松林立の一幽境に達した。石坊あり「吾道枢紐」の四字が刻してある。之《これ》を入れば数歩にして墓がある。回教式に塚を方形にし其《その》上に凍青樹が植えてある。墓表には先賢介廉劉公の墓と題して、浄覚寺後学劉徳坤の立つる所、同治九年と、光緒三十三年との重修の外、民国四年桂林の白潤蒼が、「学貫天人」の四大字を題して其傍らに

　劉公之於学也出乎天、天入乎人、人会通諸家、而折衷於天方之学、苦心孤詣著述等身、其有功於世也至鉅、潤蒼読公之書慨然想見其為人、一再謁墓、輙低徊不忍去、爰砌数言以誌欽仰、文字之工拙不暇計也。

と附記した石を塚の左に立てゝある。右側には光緒二十九年馬元章が石を立て、「道学先覚」の字を刻してある。又宣統二年には上元の金鼎氏が重修墓碑を立て、先生の業を伝へてゐる、此《この》文は新板の天方典礼にも附記してある筈《はず》である。此外民国十二年八月、綏遠《すいえん》都統として回教徒中の傑物馬福祥氏が、自書自撰《せん》になる堂々たる新碑を立てた。其碑の裏面には介廉先生の五更月偈をも併せ刻してある。墓域大ならざるも周囲は松林菜圃、而して遥《はる》かに金陵城を望み、長江を襟帯としてゐる。洵《まこと》に偉人永眠の幽境である。

吾等《われら》は一同恭しく先賢の墓に詣《も》うで、冶、李、馬の三アホンは石上に坐《ざ》して念経を献《ささ》げた。春風嫋々《じようじよう》幽松に吹き、一揚一抑アラビヤ音にてのコロアニの一段を念じ来り念じ去る時、日東の遊子独り之を聴きつゝ感慨無量。式を了し馬生と与《とも》に碑を拓し、歩して長江の

劉介廉先生墓

大観を擅《ほしい》まゝにし乍ら雨花台第二泉に憩ひて茶を喫した。此《こ》の茶館《さかん》も亦《また》教門の徒の開く所である。近くに方孝孺の墳がある。今荒廃して劉介廉の墓のみ重修依然たるに比して一世の鴻儒《こうじゅ》、気節の士も、人之を弔ふ者なきかの有様《ありさま》を見ては、多少の悲哀を感ぜざるを得ぬ。李鴻章書明方正学の墓と刻せる一石のみ淋《さび》しく荒塚の前に埋まり立ちてある。附近は小童の遊戯場、折からの東風に風箏《タコ》を放ちて競うてゐる。美しき彩紋ある雨花石を、此墓辺に拾ひて漁《あさ》る者三四者吾《わ》れ何ぞ偉人の霊に関せんやと謂《い》はぬばかりに、ソコヽ掘り散らしてゐる。方正学祠は雨花台上にあるも、是《こ》れ亦荒圮《こうい》観るに堪へない。方孝孺は死に臨んで、

阿兄何必涙潸々。
取義為仁在此間。
華表柱頭千歳後。

夢魂依旧到家山。

と叫べるも、数百年にして墓辺一基の華表すら存してゐない。雨花台下に清真義学を訪ひ教門好学の徒の、依然として存するを観、マホメッドの道光依然たるを思ひ、介廉先生精苦の迹《あと》を偲《しの》び、我が志を策励せざるを得ぬ。

劉介廉先生墓碑銘　綏遠都統馬福祥撰並書（民国十二年八月立）

天方学説自隋唐流入中国、迄明末清初而日益昌明、発其凡者金陵王先生岱輿、大其伝者則劉先生介廉也。先生以聴慧之性、抱宏毅之志、天方之学靡所不窺、中国之書無所不読。凡世界所有宗教学説無不窮其原。而竟其委一折衷天方之学、訳述経典百数十種、今雖有伝有不伝、要其熱心教務以道自任、為真主演妙理、為穆聖紹絶学、為世人示正軌。其用心之深且専、較之王岱輿先生、有過之無不及、而其訳述之繁賾亦数倍於岱輿先生。如儒家者流孟荀之後有程朱焉、敻乎弗可及。福祥既広印先生訳書、分餉学者、略述先生衛道心、勒諸先生之墓銜、俚研究宗教学説者、知吾教中有如許偉大人物、流連慨慕由希賢而希聖而希天、帰順真主。或不謬先生衛道之心歟。銘曰、釈曰頓漸、道曰定慧言人々殊、各落辺際、吾教清真理世妙世、吸至於根、呼至蒂、無古無今。胡天胡帝懿歟、先生自衛性理典礼、発明真諦育年、来後先一系、吾教昌明千秋万歳。

三三　清涼山掃葉楼

江寧西城の牆垣《しょうえん》に接して一阜丘《ふきゅう》が蜒蜿《えんえん》として起伏してゐる。其一峪《よく》に清涼禅寺がある。寺は今尼姑の管する所、丘上に一楼あり、掃葉楼と名く。南京の勝地として既に馳名《ちめい》の境であるが、是れ劉介廉先生十年苦学の地として、支那清真教史上伝ふべきの処《ところ》である。余は南郊に先生の墓を展せし翌日、車を馳《は》せて此の地に遊んだ。介廉の遺趾《いし》たることなくとも、好山水の本より一遊を惜《おし》むべきではない。此日途上杏花満開鳥声幽篁《ゆうこう》に聴こふるも、春寒他に遊人を見ず、掃葉楼上に坐して故人を偲ぶに都合がよかつた。近く莫愁湖を前にして南京城を一望し、遠くに長江の流るゝを観る。余今求道の一念存するのみにて、此心清涼又愁莫《うれいな》きも、今日此風物に対して往時を懐《おも》へばそゞろに愁然たる者がある。

過ぎぬる民国五年の晩春、袁世凱の帝制を宣言するや、雲南挙兵と与に所在反対の運動起る。余も亦知友の依頼止《や》む能《あた》はずして海兵を率ゐ、船を長江に泛《う》かべて南北を両断し、先づ南京を扼《やく》するの企てに参した。項城忽然《こつぜん》として死し、事亦未発の裡《うちや》に休んだ。而かも我が身辺は種々の迫害と危険とに満ちてゐた。一日馬車を莫愁湖畔に駆り、独り湖水に対して千慮万感、今にして之を思へば、彼も一時此れ亦一時、湖面旧に依《よっ》て静かに、長江日夜洋々流れて息《や》むことなきを観るのみだ。遮莫《さもあらばあれ》当年半千の建児今何処にかある。人生洵に一局の棋のやうな者だ。

此午、此地教門郷老馬文錦の招筵《しょうてい》に臨んで、南京人家庭生活の様《さま》など、多く見聞する所があつた。金陵城内外三十六座の回教寺院の重《おも》なる者を一巡して、修礼をも為《な》し得た。此地は明《みん》の帝城金鑾殿《きんらんでん》の聳《そび》へし所、民家官廨《かんかい》与に其房屋の制、高きを許されなかつた。従つて清真寺も皆平屋で回教寺院特有の、頂子式高楼を観ることが出来ぬのは頗《すこぶ》る物足らぬ心《ここ》地《ち》がする。而かも亦寺制幽雅壁間の一書片画と雖《いえど》も、流石《さすが》に故都の面目を存して自《おのずか》らなる情趣がないでもない。然《しか》れども前に王岱輿劉介廉の如《ごと》き人物を出したる南京回教界には、目今殆《ほと》んど一個の学僧すら出してゐないとの事だ。之は気候和平生活の安楽な此地を捨て、他郷に難業苦行をする学徒乏しく、又一面には同治の回匪乱が累を為して、此地回教徒の集団生活を禁じられたので、各処に分散して小寺を多数建てねばならなくなつた。此事情は北京の三十ケ寺分在と同一であらう。従つて南京の回教徒は雑駁となり、純潔を欠くやの観を免れぬ。勅建寺たる浄覚寺さへ頗《すこぶ》る荒廃の様である。現に三十六ケ寺のアホンは、概《おおむ》ね他省の者のみとの事、一般寺内の風気より察するも、北支那の厳粛味を見出しかねる。吾人《ごじん》はかゝる回教界の一事象を通じて支那を観る時、天下の権を握る者は依然として北方の強者に存すべき所以を了解することが出来る。宋の南渡と明の北遷の史実を考へ、而して北京が依然として大なる支那の国郡として、存在すべき理由を発見することが出来る。江南の春色は穏和で洵に好い。而かも吾人の山東秋天の高壮を思うて、長江の浜に佇むよりも、泰山の上に立つて、巍々蕩々たる気分を味ふのを以て、吾人快心の遊とする。

三四　秦淮雑観

南京回教民の、主として居住する地区は西城である。余の安寓《あんぐう》も亦《また》常に教民所在の地に近く選ばねばならぬ。南京名所たる秦淮を殊《こと》に選定したのではない。秦淮に画舫《がぼう》を泛《うか》べ美妓《びぎ》を載せて、春夜を遊楽するなどは、決して見物旅行としては悪くはあるまい。併《し》かし余の遊歴には身秦淮の繁華巷に在りて、他処《よそ》の糸竹の声を聴き、独房兀坐《こつざ》一句の日本語を用ふる能《あた》はず。只僅《ただわず》かに筆を把《と》て文を作るだけが旅情を遣《や》るの一方便である。

馬生早朝、其《その》家より通ひ来るに促されて毎日夫子廟《びょう》畔の茶館《さかん》に至りて点心を吃《きっ》す。市隠園だの、六朝居だの、奎光閣などの、数百人を一堂に会し得る大茶館は、皆清真教門の徒の開く所である。此《ここ》には勿論《もちろん》カフィルの徒も自由出入するのであるが、回教徒は回教民経営の飲食店以外には行かぬ。臨淮の楼亭に卓を囲んで大衆が茶を啜《すす》り、肉饅頭《まんとう》や、餡入《あんいり》の包子《ぱおず》や、乾豆腐の刻んだのに滙醤油をかけたのや、うどんなどを注文して、のんびりと静《しずか》に春の朝を過ごす。新聞売子も卓間を呼び歩けば、煙草売《たばこうり》、水瓜の種売、小説雑誌売から、紅万字会の彩票売などが徘徊《はいかい》する。熱いタオルは廿《にじゅう》分間毎《ごと》位に供給される。小鳥籠《かご》を卓上に据えて、独坐《どくざ》するの客もある。目白、青地、百鴿などが高音を張つて囀《さえず》つてゐる。壁間の書画も相当の者が沢山かけてある。家族的に一家を挙げて来てゐるのから、商取引、結婚の相談より人事一切の現象は、此《この》茶館内にて弁ぜられもすれば、見物も出来る。午後からは土地の名妓《めいぎ》も来て唱戯を演ずる、一人あたり飲食して二十銭も費せば、悠悠として茶館気分に親《した》しむことが出来る。「自重衛生勿用紙煙」とか、「本社清真不人葷菜」などの断書《ことわりがき》も、日本の料理屋に比して新しき感じが動く。

孔子廟の碑亭の中に納まりかへつた算命先生「未《いま》だ生を知らず焉《いずく》んぞ死を知らんや」とは謂《い》ふまい。蘭《らん》を売る者、野花をならべてゐる者、雨花台石を水盤に入れて鬻《ひさ》ぐ者、わらんじ屋、のぞき眼鏡《めがね》、軍談師、法帖《ほうじょう》売、歯抜き、ガラクタ道具やなぞが、孔子廟正門前にずらりと並んでゐる。小便池の側らに露天囲棋会を商売とする者などは、如何にも閑雅の極だ。雑多の飲食店は本より数限なく出てゐる所謂《いわゆる》秦淮の画舫も、孔廟前に数十隻繋《つな》がれてゐる。

少しく離るれば数十家の書画、古玩《こがん》舗もある。孔子様を中心とした秦淮の見物は道学先生には不相応であるかも知れぬが、吾等《われら》にはいと興味が深い。支那《シナ》のどこの県でも近頃《ちかごろ》は設けられてゐる、済良所も亦此処《ここ》にある、「妓《ぎ》の虐遇されて娼《しょう》たるを願はない者は本処に投入すれば配を定めて幸福にしてやる」との告示は日本にも無くてはならぬ者だと思ふ。其《その》他日本なら、仁丹《じんたん》の道しるべの広告に、格言を記してある如《ごと》くに、大路小路の辻《つじ》の壁に、八言の聯句《れんく》を以《もつ》て、古今の名句を記してあるのは、官署の為《な》す所にしては却々《なかなか》気がきいてゐる。

一夜林出領事の招待を受けて、其公館に晩めしを御馳走《ごちそう》になつた。日本料理を喫しつゝ、日本語を語るのは愉快である。殊に同氏は嘗《かつ》て久しく新疆に在りて、純支那式生活を試みた人、恐らく今日支那の領事中で最も支那通の一人であらう。其岳父日野大佐とは嘗て青島にて同一家屋の二階と下とに棲《す》んだ因縁などもある。夫《それ》よりもつい前日迄《まで》、服部博士は氏の公館に寓《ぐう》して、道院の談などを同領事から聴いて来たとの事で此夜も道院談が、他に二人の書記生を交へて賑《にぎや》かな話題となつた。大本教と林出君、林出君と道院といふ三角関係は、近頃の好話柄である。外務省に此《かく》の如《ごと》き人が一人でもあることは、洵《まこと》に国家の幸福だ。君と与《とも》に数時間を春の夜に語り合うて、頗《すこぶ》る客情の暢陽《ちようよう》を覚へた。鼓楼畔の我が領事館は、芝罘領事館と与に最も好風景の地位にある。こんな処《ところ》で豊富な月給と手当を受けて、官吏をしてゐるのも、人生至楽の一であらう。今宵は南京領事の御馳走に長々と談じた余は、六七年前は同一領事館から、刑事や巡査を我が宿に張番されて、時々警部閣下の厭《いや》な来訪を受け、癪《しやく》にさはつて時の領事を訪問すると、何時も留守で拝顔を得なかつた事などを思ひ出すと、自ら苦笑を禁じ得ない。神武天皇祭の日の数刻を独り鼓楼の上に立ちて、金陵の大観を擅《ほしい》ま丶にした。眼下の金陵大学、東南大学、或《あるい》は遠く近く諸廟寺祠《じし》城楼等の宏壮《こうそう》なる建築と、山嶺江流水沢の布置、陶然として遊子を酔はしむる者がある。而かも柳煙疎々たるの間、帝国領事館に高く掲げられし旭旗の春風に翻々たるを観ることの、如何に海外遊歴の徒に快心の事であらう。而して之に対して崇敬の誠意を致して人知れず礼拝せざるを得ぬ。

　四月四日は金曜にて主馬聚礼、随身の馬アホンと与に小王府礼拝寺に修礼した。大衆は吾等の為《ため》に一路平安を禱求して送別の筵《えん》を設けた。在寧五日既にレメザネ斎月に入つた。

秦淮の卜居《ぼくきょ》を出《い》で、ボツ〳〵と志す方向へ行かう。南京在留二百余名の日本人中林出領事と会談した外に、近藤朝比余二書記生が我が寓に訪ねて来て春の夜を晩《おそ》く迄静かに語つた。領事は督軍に紹介しようと謂ふてくれたが、督軍見物は今の余には一個の遊戯となる感がするから之を辞した。

四月五日清明の節、城民老若男女皆郊外に展墓し、青を踏み或は樹を植ゆ。蓋《けだ》し一年中の盛時此一日にあるの感がする。其《そ》の朝吾等は鎮江に向うて秦淮の居を去つた。

（大正十三年四月五日未明於南京文徳橋畔）

三五　江上又無一隻船

清明佳節の旦、馬錦章と与に南京を辞した。獅子山砲台より紫金山に到る風景の美、唯《ただ》金陵春遊の短かきを思はしむるのみだ。棲霞山を過ぎて巍然《ぎぜん》たる山頂の丹壁を仰観し、雲谷禅師を思ひ袁了凡を想《おも》ふ（拙著「袁了凡と支那の社会及個性」参照）了凡の如《ごと》きは実に錬達の士、現代人の師と為すに足るべき人物であらう。此山に今尚《いまなお》雲谷の如き知識ありや否やを知らざるも朝山の人夥《おびただ》しく棲霞駅にて下りた。鬱金木綿《うつこんもめん》の袋に線香の束ねたるを容《い》れ、「進香有求、回香得福」などの文句を袋の表裏に書きしを肩にして、善男善女が水田の間の道を連り行く。富家の男女は美々しく装ひ、籐《とう》製の轎子《きょうし》に坐《ざ》して揚々と行く。畦上の牧童は水牛の背に或は跨《また》がり或は仰臥《ぎょうが》して、高天の雲雀《ひばり》を聴く。而《しか》して吾等は三等車中に、江南の春に酔ひつゝ、鎮江に着き、碼頭に近き大方桟の楼上に客となつた。

　日は尚午《なおひる》を過ぎたばかり、教門の小店を求めて点心を吃し轎《かご》を雇うて金山寺に詣る。轎は前後に長き轅《ながえ》ある者、両人にて之《これ》を担ぐ。道格は凡《すべ》て幅一間余の小路、且つ坂路多き此地は、人力よりも轎を便とする。金山は江岸の小丘、全丘を埋《うず》むるばかりに層々畳々として殿宇を築き、頂上に七層の宝塔を立つ。塔上に登りて江天の大観を擅まゝにする時、大雄宝殿内よりは、大衆読経の声起る。吾等は只無心に白帆の徂徠《そらい》を点す。昔客あり老僧に問うて曰《いわ》く「江上を上下する船一日幾許《いくばく》ぞ」と。老僧曰く「江上又一隻の船無し」と答へたとある。塔から下りて大雄宝殿内をのぞくと円頂禿顱《とくろ》七八百、皆鼠《ねずみ》色の木綿の法衣をつけ、磧原《せきげん》の砂利《じゃり》の如くにヒシ〱と円頂を並べ立てゐる。朝山の群衆は全山に充《み》ちてゐる。中に二人の日本人を見受けた。周鼎を始めとし金石の観《み》るべき者多き此寺。又城内の旧蹟など一々之を訪へば、鎮江は数日の遊を試むべき所だが、吾等は今所謂宗旨違ひの旅行だ。唯山門

金山江天禅寺

を入て金山江天禅寺の題額を観、「江上又一隻の船無し」との一句を偲《しの》びて、余が白雲行程を彷彿し、南去北去観る所為す所又是れ終に、「無」の一字に帰するを発明し得ば、蓋し此行の目的は達せらる、と謂ふべきであらう。

夜、古潤西大寺に宵礼《ホーフタン》を修した。此夜新月を観愈々《いよいよ》明日より把斎レメゾアネ、（九月）満一月の斎を行ふこと、為《な》るので、殿内は彩燈を掲げ美々しく装うてあつた。此等《これら》には劉介廉の「天方至聖実録」原版が蔵してあるので、特に此地を訪うた。此原版の外尚数種の漢訳回教書の版木を蔵し、之を出版しつゝある。但し教勢は不振今は学識あるアホンも居ない。江南の回教は教民と寺院又乏しからずと雖《いえど》も、要するに頽廃《たいはい》の傾向甚しと謂ふべきである。之に反して仏教の尚盛行を認むべきか。

旅宿は夜鶏の跳梁《ちようりよう》と徹宵骨牌《かるた》を弄《ろう》する音にて仕官行台、客商安寓、は看板のみ。殆《ほと》んど一夜安眠を妨げられた。野鶏とは土娼歌妓の或は一組と為《な》り、宿屋内に寓して客を迎へ、或は附近より押売りに出張し来るので、商業地の宿屋は所在皆此弊風甚しき者、今更之に閉口しても始まらぬ事である。次日の朝、清真順江楼々上にて数十人の苦力《クーリー》水夫諸君と相《あい》伍《ご》して、点心を吃した。熟麦と、乾豆腐の刻めると、焼餅を満吃し茶をすゝり乍《なが》ら江上の風物を観る。張三李四と伍し、彼等の食物を吃し、彼等と語り悠然として長江々畔小茶館の朝景色に浸る時、大英国領事府に対して日商戴生昌の国旗を望見し、帝国の長江に於ける勢力を思へば前途遼遠《りょうえん》の歎《たん》なきを得ぬ。先年来の排日的文字は其儘《そのまま》所在の壁上巉巌《ざんがん》の上に題されつゝあるのが眼につく。馬桶を戸毎に並べた街路に、驢馬《ろば》を牽《ひ》く農家の少婦が、肥桶《こえおけ》の中に蔕菜《たいさい》などを容れてと三々伍々《ごご》過ぎ行く。恰《あたか》も京都で八瀬女や大原女が「なすび小便換へよう」と呼び行くやうに、馬桶の糞便を菜に換へて之を掃除して行く。吾等は蘇州に行くべく俥《くるま》を車站《しやたん》に馳《は》せた。

三六　花を管するの吏

鎮江から蘇州迄、麦隴《ばくろう》の青々、菜圃《さいほ》の黄彩、梨花《りか》正に盛にして桃李《とうり》五分之春色、客は概《おおむ》ね朝山の善男子、即《すなわ》ち三等客車と雖も北支那出稼苦力の腌臢《えんぞう》なる類ではない。無錫常州などの大邑《たいゆう》を過ぎては春服を着た三蘇の美人が、浮世の外なる吾等の眼を惹《ひ》く。麦隴菜圃の間を行く白帆、水郷平野の春の長閑《のどか》さ。

　支那の地を行くとし思へず江南の春のあしたの長閑《のど》けくあるかな。

吾等は常に思ふ、敢て功名富貴を希はざるも、春は江南に遊び、夏は南洋に往き、秋は山東を徘徊し、冬はシベリヤにペチカを擁して読書せんか、是れ人生の至楽であらうと。今貧生にして尚其希望の幾分を現実しつゝあるは、真主の恩恵を謝すべきである。蘇州南門前呉郡新旅社楼上に投じた。直ちに我が領事館を訪ふ。和服の領事が春の日に満蒙《まんもう》偏重主義の政策と蘇州閑却の否とを力説してゐた。辞して日本租界を観る。十二万坪の緑草原頭、我が日の本より移し植ゑたる桜樹数十株、春将《まさ》に爛漫《らんまん》ならんとしてゐる。横川の詩に「休言隠者無功業、山中早晩管白雲」と詠ぜる者を記憶す、蘇州帝国領事は花を管するの吏、何ぞ功業なきを憂へんや、希《こいねがわ》くば歳々年々此花をして同じく春に会せしめよ。軈《やが》ては桜花の精たる大和民族が、大に任ぜねばならぬ秋も来るであらう。

姑蘇城内礼拝寺に斎月の第一夜を厳かに修礼した。平生の宵礼に加ふるに二十拝の天命《ファリヅ》、寺は小と雖も奇石園池の結構客堂には愈曲園書「従聖堂」の三大字が掲げてあつた。浴場も清潔、水も滑《なめら》かにて心地《ここち》がよかつた。但し教民もアホンも北支那の厳粛味を見出すことは出来ぬ。次の日、月並の見物客の如く、溜園や寒山寺、虎丘、北塔寺などを一巡した。溜園の木蘭が雪の如く白く、寒山寺の一もと桜が淋しく春を告げてゐた。勿論鐘と与に日本より贈りし者であらう。楓橋畔で青年紳士と驢馬追と賃銀の多少で喧嘩《けんか》をしてゐた。巡警が相方をなだめてゐたがラチがあかぬ、余の来るを観るや、一角の郷老とでも思ひしか、三者三様に余に対して饒舌を降りかけた。支那人は所謂喧嘩をする。而して其是非を見物人に対して訴へる。則ち輿論《よろん》に問ふのである。余は「双方理窟はあるが、お寺の前で見ともないから各、良心に問うて可然和合しろ」と一言忠告すると、客も金を巡査に渡して驢馬追も苦情なく承知した。三者は三様に余に対して「老先生費心費心」と挨拶《あいさつ》した。折から寒山寺の鐘がゴーンと響いた。対支外交の一呼吸も亦如此かと独笑した。虎丘剣池の辺に美人が荸芝（慈姑の類）の皮をむきては串にさして並べてゐる。美人の顔が荸芝よりも白い、三四串買ふて喰《く》うた。虎丘は呉王闔閭を山上に葬るの地である。丘の高さ百三十尺其上に又高塔が聳《そび》える。寺は大分荒れたが登望の景は依然呉都の大観だ。城内北塔寺の九層高塔は少しの破損もせず見事な作だ。頂上迄登れる。塔下の露店で甘蔗《かんしょ》をシメ木で搾らせ其汁を啜つた。天甘露雨を降《ふら》し給ふた感がする。

夜は城外太平坊の新設寺院で、前夜の如く斎月の修礼をした。我が馬アホンは勧められて簡単な説教をした。語多く余と回教に関する事及《および》江南回教の腐敗に就てゞあつた。ツヒ前日済南で遇《あ》つた服部博士は此地に遊んで大に歓迎されたさうだ。同博士と因縁浅からざる余は、呉都の文明と直接関係はなきも、支那の青年回教僧を帯同して、蘇州二泊、只の所謂見物にも終るまい。日本の古文明と呉国との関係、三蘇の富と美人と文学、或は気候風土の可を挙ぐる半面は、婬蕩文弱の巷、久しく留るべき地ではない去つて上海に行く。

（四月八日於蘇州）

三七　滬上小観

蘇州の清遊より上海の俗地、而《し》かも旧上海と新上海の中間区たる洋涇浜《ヤンキンパン》エドワルドロードの新大方桟と呼ぶ、恐らく上海第一の旧式腌臢なる客桟であらう。ムスリンたる馬掌櫃的への紹介と、礼拝寺に近きの故を以《もつ》て此《この》宿に投じた。朝来把斎食事は勿論《もちろん》のこと、茶一杯水一杯を得るなく午後六時十分に到りて開斎、真宰賛念の後に一杯の茶と小量の菓子を吃《きつ》した、而《しか》して旧城内穿心街の寺に至りて修礼した。夜は南京虫に包囲攻撃をされ乍《なが》ら滬上の一夜を過ぎた。回教道行も決して楽な見物旅程では無い。

毎日午後四時頃《ごろ》から封斎、午後六時過ぎまで飲食を断ちて開斎の式を為《な》すの間、宿屋の二階から雑沓《ざっとう》を極めた窓外の道路を眺めて滬上の小観をしてゐると、又是《これ》一個の動中静観だ。開斎後の修礼は毎夜三ケ寺を交互に訪ねて三寺三様の礼を行じた。就中俗称外国寺なる者は、各国人の集礼する寺で上海の縮図と云はんよりは、寧ろ世界の縮図であらう、各色人種が数百人一堂に相会して敬虔《けいけん》なる斎月の礼を行ふの光景は、上海にして観《み》らるべき一個の奇蹟《きせき》である。殊《こと》に夫《それ》が一堂の内朝鮮人日本人をすら加へた東西あらゆる人種を以て行ぜらる、回教の礼拝、而して此等《これら》の信徒が、三十日に亘《わた》り昼間全く飲食を絶ちて内省修養の工夫を為すの事実は、寧《むし》ろ驚歎《きょうたん》すべき事である。旧城内西寺には甘粛方面よりメッカ巡礼に行く数十名のアホン及《および》信徒が来寓《らいぐう》してゐる。既に出発した団体もある。上海滞在一週日一万余の日本人中旧識の徒も少からざるが、僅《わずか》に西本白川君を訪ねて大に支那《シナ》を論じ日本を語り、与《とも》に同文書院を参観し、大村植野二文学士と会し書院近時の経営難を聴いた位が、滬上小観中の日本人観である。日本から服部博士が来て文化興業をした後、印度から詩人タゴール氏が来た。支那の新聞を看ると依然として我が文化事業に対して難くせを附けてゐる。日本に真に崇敬すべき世界的人物が出て来る時に文化事業も親日政策も無用と為るであらう。

　商務印書館発行の上海指南を観ても日本に関する事は隻語も記してゐない。支那人の社会の裡《うら》より観たる在支日本人の実生活の影は洵《まこと》にうすき恨みがある。吾等《われら》は屢々《しばしば》支那を以て一個の世界と観るべきことを論じてゐる。対支文化事業よりも更に対内国民の支那知識啓発の急務、而して其《そ》の基礎学としての漢学の体系の組織確立、而かも其対照たる支那が一個の世界であつて、漢学の根本思想が王道文化であること、王道とは一天の信仰の下に五家の国準即《すなわ》ち天下の化成を宗旨とする者なる事を考へ、英国が上海を選定し、之《これ》を経営し、以て対支関係を益《ますます》ゝ世界的関係の下に進展せしめ行く迹《あと》を鑑《かんが》みるとき、吾等は上海の支那宿の窓から所謂《いわゆる》天下の経綸なる一語が依然としてアングロサクソンの専有語であつて、日本の前途が頗《すこぶ》る遼遠《りようえん》なるを痛歎《つうたん》せざるを得ない。江南河北諸地の我が領事諸君が北京に会議を開いてゐる時、無名の一書生は支那南北諸地の回教徒の中を経めぐり来りて、上海の安支那宿の一室に青年支那回僧と飢渇を忍びてアルラホを念じてゐる。

上海の洋涇浜《ヤンキンパン》の支那宿に南京虫と戦ふ春の夜

三八　西湖回回堂

四月十四日暮れ行く春の日を、杭州帝国領事館の小亭に坐《ざ》して、静かな西湖の景を観た。主人は北京に領事会議に赴き不在中なるを以て、客たる余は単に園中の主たるのみでなく、半天を西湖の主として之を総管した。亭辺には日本より移し植えたる八重桜《やえざくら》数十株正に爛《らん》漫《まん》、桜花の下に西湖の景を観るは此行第一快心の事である。此夜湖岸聚英旅社に、酒井大尉江副少佐と会す。江副君は先頃迄《まで》庫倫に在りし人、其《その》前山東革命の時周村にて相見る。今西湖畔偶然に此人を観る、奇遇と謂《い》ふべきである。山水霊あり常に東西南北の人を招く、此日紀州徳川氏亦《また》来遊、日人のみにても一月三四百の数を以て数ふと。而かも在留日人十数名のみ。是を以て説を為《な》せば杭州領事館の如《ごと》きは幸《さいわい》に西湖第一の好地を占む、宜《よろ》しく公開して日人旅館とし、館主をして名誉領事たらしめば如何《いか》に、又依然緑草原頭たる専管居留地には、恩給衣食者を招致して閑遊せしめば、又自ら為す所あるに至るべきであらう。遮莫《さもあらばあれ》、西湖閑遊の如きは余の目的では無い。杭州城内の鳳凰寺は広東の懐聖寺と与に、支那回教発達史を考ふる上に貴重なる寺である。吾等は之を訪《と》うて茲《ここ》に修礼した。建築は実に堂々たる土耳古《トルコ》式円天井を有し其迎月楼と拝殿とは他地方に観ざる壮観であるが、教勢の頽廃《たいはい》と与に建築物も稍《やや》破損してゐるけれども、尚《なお》堂内に斎月の礼拝が行はれてゐる。殊にアホン李氏兄弟はシツカリした人物である。余も春雨の洒々《しゃしゃ》たる一夜を此《ここ》に修礼した。

西湖両日、白楽天の迹も訪はず蘇東坡の雅懐も思はず、只《ただ》余をして感慨無量ならしめたるは小舸《しょうか》を泛《うか》べて、西湖回回堂《ウエイ〳〵タン》を訪ふた一事である。堂は湖の東岸茂林脩竹《しゅうちく》の間にある。一老アホン衣を浣《あら》うてゐたが、吾等を方丈に導き相語つて曰《いわ》く『此堂三十年来無住、去年吾《わ》れ北京より来て住持す、教徒は湖上の船家或《あるい》は山中の轎夫《きょうふ》、今は礼拝者も稀《まれ》にて客も至る者は無い。而して杭州のムスリンは全く腐敗し了してカフイルと撰《えら》ぶ所はない。今吾れ湖上の一閑翁として山水を楽《たのし》むのみだ』アホン名は于海泉原貫は山東徳平の人六十余歳、久しく北京に住し、余が先頃訪へる北京勅建寺の王老アホンに師仕せし者と、余等《よら》の訪問が彼の心からのうれしさ喜ばしさを、如何《いか》に彼が言語の上に、形の上に表現せしか、吾等は詩もない文章も無いが、此光景此感情こそ詩であり文章である。老の目のうれし涙にさそはれて、全一日を淋《さび》しきアホンの友となつて暮した。アホンは自ら湯を沸かして吾等を沐浴《もくよく》せしめた。而して三人与に礼拝を行じた彼は又貧嚢《ひんのう》を散じて開斎の食を供して呉《く》れた。堂後に広き茂林がある。洪揚の乱に勇敢なる杭州の回教民が、国難に殉じた者幾百人、乱後朝廷よりその殉忠の士を厚く茲に葬つたのである。老アホンは吾等を野花咲き蘚苔《せんたい》蒸せる小径に導き、重なる戦死者の墓を撿《けん》して往時を語つた、郭公《かっこう》は青葉の中に啼《な》いて一段寂《せき》寥《りょう》を加へてゐる。

吾等は尽きぬ名残を湖辺に留め船に乗つて老アホンと別れ去つた。彼の孤影は何時迄も水ぎはを去らない。あはれ今は洋館多く立ち並べる西湖の一隅に、荒廃せる回回堂に只独り行ひすませる于海泉アホン、拝殿の扁額《へんがく》に月徳在天とある其下に修礼の彼の姿、東海の客を送つて水ぎはに淋しく立てる彼の姿、帝国領事館内園の八重桜の下で、西湖を一覧した予は、最早《もはや》所謂天下第一の勝も平山凡水と感じて、名所古蹟の戸別訪向を試る勇気は無い。我が蕪村は吟ずらく、

黄菊白菊其外の名はなくもかな

李白の詩よりも、東坡の文章よりも却《かえっ》て蕪村の一句を思ひて西湖を総観する時、「周遊天下又無一景」と云《い》ふ様な語が対想せられる。古今の人物を品騭《ひんしつ》し来る時、又自ら此感がある。春を瓶中一枝の花に訪ね、人情の至微を野郎の胸中に察する底の心だにあらば、天下皆是好山水、渡る世間に鬼は無い筈《はず》である。西湖回回堂の一日さても吾が此行中、感慨多き一日でありしことよ。

杭州より再び上海に帰り来り勝田館の旧宿に泊した。此宿往年革命挙事に就いて幾多の

秘史を追懐するに足る者、予亦多少の事に与《あず》かりし身、北去南去今此に寓して春宵又慨然たるを覚ゆ。西行旅程第一次之を以て終り、明日便船を待ちて将《まさ》に支那を離れんとする。

（四月十七日小雨於上海勝田館之小楼）

三九　一衣帯水

滬上の一遊女が長崎県上海と書いて郷里へ手紙を出したとの実話がある。上海と長崎、其間快速力の日支聯絡船《れんらくせん》がなくとも、一衣帯水《いちいたいすい》の感は愚か、正に長崎県上海町として之を考へ、而して其実を期するこそ日本及日本人の責務でなければならぬ。そんなことを思ふてゐる時、随身の馬錦章が旅券下附手続に暇がいつて、空敷《むなしく》尚幾日かを上海に淹留《えんりゅう》せねばならぬ。不如此間一寸長崎を訪問せんにはと、直ちに長崎丸の三等船室に投じて、長崎に著《つ》いた。去年の春此船が竣工《しゅんこう》した時、大阪桟橋で見物した因縁は茲に果を為《な》した。ボーイの羽根田君は余を以て画《え》かきはんと断定してゐた。同船三十余名の支那人は、船中にて長崎水上署の査証官より一々訊問《じんもん》を受け、留学生は在学証明書あるを以て直ちに埒《らち》あくも、然《しか》らざるは百円の見せがねを出したり、証拠となるべき手紙を徴されたり、相当の不快な思《おもい》をせねばならぬ。而して結局上陸不許可となる者も決して少くはない。幸にして支那服を着しおるも日本人なる余は、羽根田君の証明に由《よっ》て無事に上陸し得たれども、米国に於《お》ける排日法を非難する時、支那人間《かん》に起りつゝある囁《ささや》きも聞捨《ききずて》にはならぬ。県庁の隣のつ

エルサレム　オマルの殿堂

た屋旅館に投じて、即夜経済学博士田崎仁義氏を其居に訪うた。

田崎氏は嘗《かつ》て亜米利加《アメリカ》に留学して支那の本を読んで帰《かえっ》た程の学者だ。建部博士が夙《つと》に氏を推して日本の商業教育界の第一人者としてゐるのは、単に同郷の関係よりして云へる評ではない。氏は先年余が歴下の草盧《そうろ》を訪ねて呉れたが、折から不在にて遂《つい》に相会せなかつた。爾来《じらい》其の著述の寄贈を受け其の思想学問の風、凡学者の企て及ぶべきにあらざるを知り、久しく畏敬《いけい》してゐたが、天好機を与へて晩春の夜を静かに語ることが出来た。好山好水あるも名士なくんば其可なるを感ぜぬ。寧ろ一名士の存すれば凡山凡水自ら霊あるを覚ふ。長崎数日『ホンニヨカトコデ、ゴザツスバイ』と謂はざるを得ぬ。田崎氏と諏訪神社やシーボルドの故址《こし》や、松の森祠や、聖福寺、興福寺、福済寺などを訪ねて、せまい坂路を語り乍《なが》ら歩いた。興福寺は隠元和尚の始めて来た処《ところ》。福済寺は長崎第一要勝の地を占めて、堂々たる伽藍《がらん》が江天の間に聳《そび》えてゐる。是等《これら》は往年長崎全盛時代、福建の支那人商賈《しようこ》が相寄りて建てし者、而して黄檗《おうばく》僧を聘《へい》して住持せしめたので隠元の如きも只一年を期して興福寺に掛錫《かしやく》する筈で来たのが妙心の龍渓和尚の捕虜となつたのだ。龍渓は遂に自ら隠元随身の一比丘《びく》となり隠元をして宇治に法堂を建て、新たに一宗を開きて腐敗せる当時の我が仏教界を覚醒《かくせい》せしめた。隠元は本より只の坊主ではなかつたが龍渓の如きは古今得難き偉人であらう。余は嘗て「黄檗の宗源を訪ねて日支文化の将来に及ぶ」の一論文を記した。それは大阪府下富田の慶瑞寺に遊びし時の感である。今又隠元初住の寺に遊び、去冬以来多少の志を抱いて支那の南北を経めぐり来り、再び隠元を想《おも》ふ時、対支文化熱が醞醸《うんじよう》されつゝある時、支那に一隠元の徒の出づるなく、日本に一龍渓の存するなくして、若干の阿堵物の上に、事業経営の方法工夫のみを考へ、調査、交際、往来、旅行等に巨額の費用を銷しつゝある間に、人心は朝に夕を謀るべからず、時勢は常に変転す、文化の如きは決して政策でなければ方法でもない。法燈の光うすき長崎唐人寺の前に立ちて、吾は依然として隠元と龍渓を想うて、篤学の畏友《いゆう》田崎氏と感懐を頒《わか》つた。

一夜青圃生が鯉城より来つて教を請うた。我が信ずる所、我が学ぶ所を挙げて之に授けておいた。前路茫々《ぼうぼう》浮生予めし難し、我が多少の志はかくて長崎の一角に於《お》いて、既に之を日本に留め再び飄然《ひようぜん》として上海に去つた。

（四月二十四日朝濃霧の為め楊子江口に仮泊せる長崎丸船中にて）

四〇　汕頭小観

四月二十八日夜、同行支那《シナ》人と与《とも》に英商太古洋行の湖南丸といふ貨物船に便乗す、上海の碼頭《ばとう》に一夜を眠る、又是《こ》れ多少の風流である。勝田館の老主人、余の支那人と同行暗夜ひそかに英国貨物船にて南行するを猜《さい》して、味のある言を以《もつ》て見送る。何ぞ期せん彼の猜察の事の如《ごと》きは、当年の児戯、今は是れ道行巡礼の為《ため》である。孫呉の徒を相手として閑葛藤を為すべき秋は既に去つた。去らざる迄《まで》も目下の余の相干する問題ではない。彼も一時此《これ》も亦《また》一時の事である。二十九日未明、長江を出《い》で、南へ南へと進む。

天気極めて晴朗、寧波沖は漁船碁の如《ごと》く点布、漁人吾等《われら》と相呼応して靄然《あいぜん》、人情に変りはない。

五月二日正午汕頭に入港する迄、洵《まこと》に穏かな航海であつた。デツキパツセンヂヤーの内一隊の大道楽人ありて、静夜弾琴吹笛、而《しか》して少者相和し唱ふ。其《その》調曲哀愁を極めてゐた。余甲板上に仰臥《ぎようが》して之《これ》を聴き乍《なが》ら、潯陽江の一曲を口吟して独り興を覚ふ。或者《あるもの》は終夜骨牌《カルタ》を弄《ろう》して輸贏《ゆえい》を争ふあり、北人と南客言語不通にして手真似《てまね》の様《さま》も面白く、余も亦一個の支那人として彼等《かれら》に伍《ご》す、語不通の事あるも又怪《あやし》む者とてはない、人問へば歴城の田氏にて可、船上依然把斎、夜に入つて纔《わず》かに粥《かゆ》を自炊して斎を開く回教斎月の旅行は甚だ不便なるかなと時に歎《たん》ぜざるを得ぬ。而《し》かも同行者は皆之を厳行して平然たる者、殊《こと》に四川省より来れる八十二歳と七十五歳の老先生の如《ごと》き只感歎《ただかんたん》の外はない。

　船、汕頭に入るや、此《この》朝埠頭《ふとう》人足と水上巡警との間に葛藤《かつとう》を起し、大家入り乱れて争闘を惹起《じやつき》し、之《こ》れが為《ため》に同盟罷工となり、荷役不能、吾等の船も満四日間空敷繋船《むなしくけいせん》せねばならなかつた。沖には日清汽船の盧山丸もゐた。英国軍艦は急を伝へて直ちに入港して来た。我が白雲行は別に此異変に因《よつ》て障害を受けない。日々悠然として南境の風物を味ふことが出来た。一躍して此地は盛夏である。手足の節の延びた裸体苦力《クーリー》が所在なさにぶら〳〵海岸を群れ歩いてゐる。粤軍第一師幹部の屯所に貧弱な兵隊が藤椅子《とういす》に腰を下して歩哨《ほしよう》を力《つと》めてゐる。辺防経費の四字を掲げて官許賭局が沢山に繁昌《はんじよう》してゐる。阿片館も固《もと》よりの事、数多く公開してゐる。監獄は犯罪者満員で収容しきれぬとの事、孫文の理想と現実とは此の如くだ。けれども此地風光明媚《ふうこうめいび》海風嫋々《じようじよう》として榛樹《しんじゆ》の並木に吹き、脩竹芭蕉《しゆうちくばしよう》の茂れるも北人には目新しき景色だ。

　此地に於《お》ける英国の勢力は今更謂《い》ふまでもないが、日本の勢力の薄弱なるも驚くばかりだ。麦畝の中に二十万円の新築帝国領事館のみ堂々と建てゝある。前に台湾あり隣に広東香港あるに、而して日清、大阪、山下等の各汽船会社の定期すらあるに、一の桟橋なく一の邦人代理店すら置かないで、英人に托《たく》してある。何たる貧弱の事だ。日本人の店舗は三四軒、一台湾銀行の支店のある外観《み》るべき者はない。余は帝国領事館の堂々たるを観、其主人公を訪問したが面会謝絶を喰《く》うた。ボーイ先生小声にて曰《いわ》く、「今寝てゐる」と、汕頭領事昼寝ねたり。其無礼を尤《とが》むるよりも其愚を憫《あわれ》んで又訪《と》はなかつた。此地に開業せる台湾の箇医師と語る内に大分領事に対する台湾人としての不平もあつた。日人にして二十年奮闘してゐる一商人の店へ、毎日行ては主人の語を聞いてゐる内に、与に慷慨《こうがい》な情を発せねばならぬ事も多くあつた。要するに汕頭の日本人、地震、海嘯、排日、而して国威の失墜しつゝある今日を迎へ来りて、幾艱難を経た事であらう。国力の伴はぬのに在外使館のみは立派にするのも考へ者だ。英国は英国だ。我国は我国だ。在支領事諸君の如きも寧ろ細民の店舗に出入して彼等と与に帝国の地歩を進むる心懸が必要であらう。英国の東洋の殖民史の第一頁は何であるかを思へば、徒らに取締本義の在外経営では邦人たる者のうだつは上らぬ筈だ。汕頭小観が大観にならんとする。さあれストライキの御蔭《おかげ》で山海の風物を私して、夜は涼しき甲板上に満天の星光を眺めて仰臥してゐる時、我《わが》心直ちに天に通ずるの感がある。

　汕頭の英国船の甲板で星をながめつ国を思ひつ

折からシヤム産白蜜柚子《しろみつゆず》を売りに来た、其美味謂ふべからず。

　シヤイアムの白蜜柚子のうまけれど、老にし君にさゝげんすべなし。

こんな事を思ふと客情転《うた》た荒寥《こうりょう》、海岸を夜更けてからカラコロと木履《ぼくり》の音の耳に冴《さ》えて（土民素足に木履を穿《うが》つ）室内の苦熱と与に眠を為《な》さない。祖国の昨今青葉の中に鯉幟《こいのぼり》の立ちてある頃《ころ》である。時鳥《ほととぎす》の啼《な》く頃である。ドーヤラ罷工の解決もついたらしく荷役も開始された。茲《ここ》に支那領より最後の通信を寄せて明日は香港に着くことであらう。

四一　香港一瞥

（五月五日正午汕頭湖南号上にて）

ストライキにて停頓《ていとん》したる湖南号が漸《ようや》く出帆した。開船の日が即ち開斎となるの奇縁に吾等は相見て欣然とした。夜来随身の馬生舷頭《げんとう》より新月を望み、明日は先生開斎ですと謂へるとき、実に彼の今日此頃の頬骨《ほおぼね》高く露《あらわ》はれ、肋骨《ろっこつ》の一本毎《ごと》に数へらるゝ迄に痩《や》せたるを観るとき、行旅にありて満一ケ月間の断食修法、実に御苦労の事だ。月を観るの翌日より封斎し、月を観るの翌日に到りて開斎すとの回教律の厳として犯すべからざる、彼が舷頭の新月を望み得て余に報告せし時の厳粛味と真面目と、而して喜悦の状と、蓋《けだ》し異教徒の想到し得ざる境地であらう。若《も》し家居開斎に会せば早朝より盛食して寺院に参し、互《たがい》に喜を道《い》ふこと、実に正月よりも賑《にぎ》やかに且つ衷心より歓喜の情が湧《わ》くのである。而して謝恩の礼拝が修せられ、各々分に応じて牛羊鶏等を犠牲として宰殺し、貧者に頒与して大盤《おおばん》振舞《ぶるまい》をする習慣である。吾等は船上只数片のパンと緑荳《りょくとう》の粥をすゝりしのみにて一月の労苦を互いに慰した。

汕頭より香港迄の航海は実に地獄より一躍して天堂に在るの想がした。涼風と清波而して新月と明星に対して越客と粤人に伍して、通じ難き語を交へつゝも人情の微は互に動く。吾等は小さな英国船の貨物客と為りて此数日を航海したことに幾多の好学問をした。

香港の入口は瀬戸内海の観がある。然《しか》れども其《そ》の浪には即《すなわ》ち英国の傲然《ごうぜん》たる勢力の存するを思ふとき、山上山下の砲台などを眺めつゝ船の静かに峡口を過ぎ行く時、吾等は多少の衝動《ショツク》なきを得ぬ。

我が郵船の香取丸がゐた。之よりズット大きな幾多の英国船がゐた、水陸設備の宏壮《こうそう》なども今更吾等の記述には興味を以て書く必要はない。自ら舢板《さんぱん》を雇うて上陸した。舢板は若夫婦と子供と老婆の一家庭其者である。綺麗に拭《ふ》き浄められし板間に、竹の簀《す》の子の苫《とま》屋《や》の下で、乳をはぐゝませつゝある若き船頭の妻の側《そば》で、子供の頭を撫《ぶ》しつゝ二三の語を交ふる時、只是れ吾が同胞の感がする。大阪商船のワーフに近き泰安桟と呼ぶ支那宿の四層楼上に投じた。室は宛然《えんぜん》動物園の禽鳥《きんちょう》小屋の如く暖国の旅舎の面目は又自《おのずか》らの特色がある。

急峻《きゅうしゅん》な山腹の市街を上りて香港唯一のムスクを訪うた。土人は之を摩羅廟《モーロミヤオ》と呼んでゐる。蓋しアラビヤ語のメスヂダイの転訛《てんか》であらう。メスヂダイとは回教礼拝処の境域を意味するもの、拝堂は別にヂユマラタイと呼ぶ。左《さ》るにても支那回教徒は清真寺回回寺、礼拝寺等の名称を用ゐるが、道仏の廟《びょう》と区別して彼等自らは決して廟《ミヤオ》とは謂はないのに、香港ではモーロ廟と呼ばれてゐるのは変な者だ。（或《あるい》は馬来《マレエ》人の寺と云《い》ふの意かも知れぬ。）此等には印度人が役僧となつてゐる。吾等は彼等と响礼を与にして英語と支那語とアラビヤ語の混交的談話をした。

寺の建築は堂々たる者で支那各地の者とは全く其の様式を異にしてゐる。孟買の一宝石商が二十余年前独力にて建て、献じたのである。途上の印度巡査に就いてモーロ廟の所在を聴いた時、彼は欣然《きんぜん》として態々《わざわざ》門前迄案内して呉《く》れた。而して余の日本人なるを告ぐるや、二三の日本語をすら語りて回教式の握手を交換した。上海の英米租界にて印度巡査と日本人の親しさは如何《いか》ばかりであるか、其感想を我《わが》居留民の婦女子に就いて問へよ。

タゴールの日本人小学校で演説した晩、一在滬印度志士が捕へられた。直ちに五百の印度人が彼《か》れと与に法廷に押し寄せた。魁偉なる容貌と六尺ゆたかの軀幹にて、おとなしく英国政庁の番犬の任務にある印度人の心の奥、胸の底を理解する者は、果して何れの国民であるか。

二階附の電車に乗つて市内を一巡して只醜陋《しゅうろう》なる香港を認めたのみだ。プリンスビルデング、英皇酒店、皇后戯院、是等《これら》は英人の誇るべき名称であるかも知れぬが、香港の縮図であり又英国の縮図であらう。

吾は台湾を知らぬ、併し其経営は殊に阿片政策迄香港を真似た筈だ。満鉄或は朝鮮の経営、之は東印度会社の殖民政策がお手本の筈だ。英国の印度統治或は支那経綸の迹は、日本及日本人の直ちに之を学ぶべきであらうか。吾等の東亜経綸は白色人種の有色人領地に対する殖民政策では断じてならぬ。王道の光を以て化育を四方に布くを第一義とせねばならぬ。

吾国民は帝国の現状を鑑み其将来の使命を思ひ、而して東亜の真実なる情形那辺に存するかを考へ、大道に準拠して国威を発揚することを念とせねばならぬ。香港一瞥殊に支那人の中より観たる香港の現実暴露は只醜陋の二字にて尽く。

（五月初八未明、シンガポールに出発せんとする時於香港泰安桟）

四二　亜細亜人

余は香港の支那宿にて認定せらるゝまゝに、支那人として新嘉坡行きの乗船券を購ひ与へられた。此行些《いささ》かも日本人たる主意を出さず、只一個の支那に於ける青道心の回教民として過ぐ、又我意を出さず、一切を帯同の馬錦章に任《ま》かせて余はフンワリと馬生に乗りて行く、慈悲心と義侠《ぎきょう》心とは吾れ多少之を有す。只忍の一字に至ては常に未《いま》だ錬達の足らざるを思ふ。既に去冬旅程に就きしより専念之を工夫し、昨今稍々《やや》其妙味を整えつゝあるやに考へらる。此行の如きは好試練である。

支那人旅行者が外国船に乗る時は亜細亜《アジア》人取締規定に従ひて香港より英仏領に到る者、日本人は例外と認めらるも其の実大差はなく。吾等よりすれば寧《むし》ろ日本人即ち亜細亜人として欧米人に相対したき者。而して若し亜細亜人にして白人種に虐げられつゝあるならば、日本人は有色人種の代表として、彼等の為《ため》に任ずるは日本民族天賦の使命なるべく、吾人《ごじん》は痛切に日本人諸君が此天職を以て各々任ずるあらんことを希望せざるを得ぬ。

支那人待遇の余は、香港英医に種痘を施行されて証明書を得た。船は仏国籍万古崙と云ふ。乗客は上海よりせる者若干と、広東より来れる英領殖民地出稼人五百余と、実に各階級一千名近くの支那人諸君であつた。乗船券には「上甲板一人につき九呎《フィート》立方、下甲板十八呎立方を占むを許す」とあるが予等は下甲板の前部、斜面の鉄板上に僅《わず》かに蓆《むしろ》一枚の座を占むるを得たのみだ。

馬来半島ジヨホールのモスク（回教寺院）

四隣は余り美しからぬ東西南北の華人諸君であるが、各々上船の際三五十仙の蓆を一枚買ひ来りて、自ら座を定めるのである。

日本の学生諸君では口にする能《あた》はざるべき食事を給せらるる、銅羅《どら》か鳴ると我勝《われか》ちに飛んで行き、素早きは一人にて二三人前を分捕得るも、然《しか》らざれば屡々《しばしば》飢《うえ》なくてはならぬ。幸《さいわい》にして我等は異教徒の食を為《な》さゝる回教道行なれば、極めて簡単なる食糧を携帯し、特に請うて仏国士官用の水を求めて飢渇を免れ得つゝも、天既に夏、下甲板の荷物艙内《そうない》の寿し詰は、決して楽な航海ではない。

五月八日午後二時半。午前九時に乗込んでより五時間半にして出帆し、港外区標にて検疫を受く、皆半裸となつて上甲板に集合する。英医が傲然として構へてゐる前を順々に通過する。仏の船医が一寸《ちよつと》胸に手を当てる。時にドギマギして殴《な》ぐらるる船客も三人や四人では無い。支那若《も》しくは南洋諸地の船舶は、実にデツキ、パツセンヂヤー諸君を好花客として、他の船客設備の損失を賠《つぐな》ひつゝある筈《はず》である。然れども此の亜細亜人たる好花客は犬馬以上に待遇せられつゝあるのである。

土塊の産なる吾等百姓の子は、亜細亜人として張三李四の徒と、相伍し相睦《むつ》みて行くのが当然であり、何等苦痛を感ずることは無いのみか、支那人の実際生活、支那人の海外発展の有様《ありさま》がよく理解される。而して我等自らも日本の平民として亜細亜人に直接に当面することが出来る。何等の差別なしに、何等の文飾なしに亜細亜人の友となり得る。

此数十年幾多日本有識の士が支那海を過ぎ印度洋を経て欧羅巴に往来した。けれどもそれは亜細亜人としての日本人士でなかつた。只白色人種と友となり之を師とし日本の進歩を図ると云ふ至上目的であつた。而して何時か旧文明の恩人たる支那人を侮蔑した。況んや爾余の亜細亜人などは多く顧る処ではない。二重橋外に亜米利加村が出来た頃には日本人は同文の支那人から嫌はれ其市場から追はれ、而して日英同盟は取消され、米国から公然日本人拒絶状を突き附けられた。

亜細亜人たるを心好しとせざる日本人は、支那が依然として国際共同管理の将来を有しているのに、此の可悲東洋の未来に就て覚醒しない。印度の詩人や志士と公然の握手をすることすら左顧右眄である。皮相西化の産物たるバアが田舎迄行き渡つた時日比谷公園はおでんやと天ぷらやの都市と化した。日本人よ日本に帰れ、而して亜細亜に帰れ。其根本精神は欧米の殖民政策功利主義経済政策の如きは日本の国是とすべきではない。我日本は常に方百里にして王たる皇道の化育を以て亜細亜の明星とならなければならぬ。

四三　新嘉坡の義憤

航海六日五月十三日正午新嘉坡《シンガポール》に着いた。

日の本のますら武夫も仏船にカントン苦力と伍して南す
小千人牛馬の如く英国の検疫医官にあつかはれたり
山と海美しくはあれど其市街シコの夷の淫蕩の地
香港の見えずなる迄船の上に今に見ろ〳〵とて独慨然
蒼海の外に観る者なけれども東の海の恋しくあるかな
今日も亦あか日は入りぬ西の海に昨日に増して美はし其色
平民の友以て任ずる吾なればカントン苦力と旅ねすふさはし
朝には出づる日拝み夕には入る日をおろかみ日ごと過ぎ行く
舷べりに雲と対して語るとき人てふ者のうるさくあるかも

静かに考へたり、思うたり、雲と水とを友として新嘉坡に着いた時、水夫長のヂヤワ人が余を迎へてムスリマニかと問うた。其然《それしか》るを答へると、うれしさうに固き握手を求めた。

新嘉坡上陸に際する英国政庁の検疫の暴虐非道の事は、実に言語に絶する者であつた。

余は幸か不幸か支那人諸君と与に、親しく其の暴状を実視し、屈辱の体験を嘗めた。支那人の親友たり亜細亜人たるが為に、新嘉坡来着一日にして英国を知り得た。千人の支那《シナ》人を代表して上海の朱抜栄君が余を日本人と知りてや知らずや刺を通じて支那人が英国官憲より常に受けつゝある此《かく》の如《ごと》きの屈辱を、本国に公表して呉《く》れと泣いて訴へた。

余は即夜「華人に代りて英国官憲の暴虐を世に訴ふ」なる一文を大阪朝日新聞に投稿した。新嘉坡に要塞《ようさい》を築くことは英国には大に必要があらう。夫《それ》は始皇が長城を築くの必要ある以上に必要であらう。けれども其《その》敵は日本でない事を自覚するが好《よ》い。楚《そ》人の一炬《きよ》なくとも秦《しん》は亡国の道を歩いてゐた。大英帝国、汝も亦亡びの道を行きつゝある者だ。

一切を忍ぶべき吾《われ》は、終《つい》に此地《このち》にて小義憤を発して、今日まで抑制して来た感激性が勃《ぼっ》発《ぱっ》した。此上印度各地を経過したら余は直ちに堪忍袋の緒を断ち切るであらう。

ジヨホールの前サルタン

支那の各地から、又南洋諸島から集合したメッカ巡礼者が多数に此地のメスヂダイに滞留してゐる。其中《その》には熟面の人も七八人あつた。余は是等《これら》の徒と与《とも》に直西ヂツダに航し赤道直下酷暑の時、亜細亜《アジア》及《および》其他各国の教民諸君と与に、天房朝覲の功課を修しよう。

（於シンガポール寺院五月十六日主馬の旦）

ジユツダより

拝呈小生西行も其極地ヂユツダに到着仕り、今や回教礼拝のキブラは東向す、即ちメツカのカルバは此地より東方に在り、小生発程以来西面天房を拝すると与に、常に祖国礼拝を欠かさゞりしが、今や祖国と天房とは同一線上に在りて、同時に之を拝するは小生に於いて無限の感に御座候、ヂユツダの一小港数万の東西回教巡礼者を吸収し、宛然世界人種展覧会服装共進会の光景にて、中には大刀を横へし中亜の土人なども市街を濶歩しつゝありて、寧ろ物々しき脅威的有様に御座候、前に星港を発し海路二十二日、南洋の土人回教徒一千余名の中に支邦国民を帯同し、巡礼船とは名ばかりの英国貨物船に下甲板のデツキパツセンヂヤーとして、自炊生活を為しつゝ、小量の空気と水と薪とを給せられ、又カムラーニ及ゼヂラの二島嶼隔離室に押込められ、亜細亜人の名に於いて受くるあらゆる苦痛を忍びて、幸に健全に此極地に到達仕候、何かと報じ度事多きも他日に譲る、今夜月を踏み白衣を著、駱駝に跨り、隊を列ねてメツカに向ふべく、滞在月余東還の途に就かむ。

紀行の代りに歌の如き者書き列ね当座の消息と致候匆々

大正十三年六月十六日（回暦十一月十五日）於アラビヤ　ヂユツダ

モハメツド・ノルデン・ビン・アダム・拝寄

東京政教社井上藁村先生

×

×

×

×

星港にて

みめかたち大和撫子其まゝの馬来の乙女愛すべらなり
疱瘡の膿おし乍ら土耳其の将来なども思はれにけり
今の世に油地獄をそのまゝのあな恐ろしきガランチの様
己がじゝ亜細亜人をば虐げつ文明顔する醜の蝦夷よ
腰巻の色様々に美しき馬来男の礼拝の時
夫に又帽子の型も様々にみる目珍らし此国の人
甘粛のアホンの一群武々しあはれタゝール未だ亡びじ
雲南の二十五人は四十日空敷まちぬ船あらなくに

蜀の翁八十一と七十五メッカ巡礼に行くそのけなげさよ
蜀都より天方迄は五万余里道の為には厭はざりけり
十日余り星架坡に宿れども一人もあはず日の本の人
夜もすがらねまらず独り庭に出で、星を観る時我を見出す
尖塔にバンコナマーズの声高く響く夕に月さえにけり

中篇　メッカ巡礼

序

新嘉坡《シンガポール》の海岸に沿うた東方の町はづれ、静かなジヤワロード中程に尖塔《せんとう》が高く淋《さび》しく聳《そび》えてゐる。そこは即《すなわ》ち支那《シナ》の回教徒の為《ため》に特に建てられたモスク（回教寺院）である。礼拝の殿堂は左迄《さまで》壮大の者ではないが、殿内も庭も一切真白な大理石を敷き詰めて、涼しく小ザツパリとした建築である。門を入ると噴泉池があつて、清水が溢《あふ》れてゐる。教徒のみそそぎの場所だ。モスクの附近は一帯に馬来《マレー》回教民の住家、広東福建の支那人も比辺《この》に混住する者少く無いが、別に教徒といふ訳ではない。此モスクは当初支那人の為に建てられしと云《い》ふ者の、日々の礼拝者は馬来人其他《その》南洋諸島の土人、印度人等を以《もっ》て満たされてゐる。けれどもメツカ巡礼時期になると、支那各省よりの巡礼者は、此寺院に来集して船待ちをする。新嘉坡の土人町に特にこんな設備の出来てゐるのに就いては一個の歴史がある。

新嘉坡が未《いま》だ一漁村たりし頃《ころ》（西一八一九年スタムホード、ラツフル氏此地を選定し、以て和蘭《オランダ》と覇を争ふ策源地とせんと主張せし当時は二百人の住民より無き地、今や三十六万の多きを算するに至れり）清朝《しんちょう》の道光年間雲南に馬復初と云ふ回教の大徳あり、メツカ巡礼を企て道光二十一年意を決して出発し、実に非常なる困難と、数年の日月を費しアラビヤ諸聖迹エジプトを遊歴し、帰来幾多有益なる回教書を漢文を以て著述した。馬氏の盛徳に感じ、此地土人有力者中のアルサンコフなる教徒が、雲南回民の巡礼者の便を謀り、宿泊所を作つて道途の用に供した。其子孫なる今のアルサンコフ氏は新嘉坡土人中の第一富豪として知られ、祖先の意を受けて単に土人教民の為に数ケ寺を建立し、幾多の善業を為《な》すばかりでなく、又支那人の為に宿泊所を設備した。今や雲南人ばかりでなく、支那各省よりの巡礼者、又教民の此地に来る者、皆茲《ここ》に宿泊することゝなつてゐる。因《ちなみ》に誌すが、かゝる歴史関係から此地の馬来人と支那人との交渉が、雲南人に始まりし為《ため》か、或《あるい》は緬甸《ビルマ》と雲南との関係よりしてか、単に此地の教徒のみでなく、南洋一般の回教徒及《および》其他の者までも、支那を指してユナンと称し、支那の回教徒をユナニムスリンと呼んでゐる。是《こ》れ蓋《けだ》し雲南の事であらう。余の如《ごと》きユナンのモハメッド、ノルデン、ビン、アダムを以て記されてゐる。露西亜《ロシア》人が支那人をキタエッと云ふのが契丹《きつたん》の事、契丹は露国の隣接国であつた。夫《それ》がいつか支那全部の称となつた如《ごと》く、馬来語には支那を以てユナンとすることゝなつたのであらう。

　余は伴へる馬錦章と呼ぶ青年回教僧と与《とも》に、此《こ》のモスクの本堂の西簷《せいえん》の下に錫《しやく》を掛けた。そこには前月上海にて会せる甘粛省寧夏のアホンや四川省の郷老の巡礼者が、廿《にじゆう》余人先着して各々座を占めてゐた。又東簷には雲南の巡礼者が三十人程居る。中に女が四人、雲南団は河内《ハイイ》より海防《ハイホン》港に出《い》で来るのである。雲南も西北方の教民はラングンに出で孟買に渡りて、同地より出発する巡礼船を求むる者が多い。雲南団は既に四十日、船券も購《あがな》ひ一切の準備も整へ空敷《むなしく》船待ちしてゐる。余等《よら》も丁度十日間、寺の簷《のき》を借りて雲水生活をした。メッカ巡礼の紀行は、此雲水生活から筆を起こすことゝしよう。

一　船待ち

支那《シナ》の雲水五十九名、日本の青道心只《ただ》一人、朝暗い内から夜の八時頃迄《ごろまで》に五回の礼拝、馬来《マレー》其《その》他亜細亜《アジア》諸民族と打混りて、厳かに勤行をする。其祈禱《きとう》の中にはメッカ巡礼の無事達成せられんことを希《こいねが》ふのは、六十人の巡礼者皆同一であらう。各々好む所に従うてアチコチの庭の隅にて炊餐《すいさん》を行ふ、椰子《やし》の木蔭《こかげ》に集うて会食する。甘粛の話、雲南の話、蜀の事情、さては衆人余を取《とり》まきて日本の模様など促し問ふ。せまき意味の回教知識に於《お》いて、本より余は後進生なるも亜細亜の事情、世界の趨勢《すうせい》、土耳其《トルコ》、アラビヤの近事など、或《あるい》は地図を開き、書を示して之《これ》を説き聞かせる。又随行の馬錦章は相当漢字の素養あるので、アラビヤ字以外に漢字知識乏しき諸同人の為《ため》に、手紙の代筆をする。余又其《その》アドレスを英字にて認《したた》めてやる。ノルモハメッドの田老先生は日本人として彼等《かれら》の間に尊敬せられつゝ、殊《こと》に支那の一回教青年僧の為に、一切の費用を出して、巡礼をさしてやると云《い》ふ大なるニエタイ（法施）は、其の功徳無量として、彼等は同国人たる馬生を祝し、又日本人たる余に感謝しつゝあつた。かゝる氛囲気《ふんいき》の中にある余は、何等の不愉快もなく、不便もなく、

アラビヤ服の著者と支那青年僧

彼等の間に起臥《きが》しつゝも、兎角《とかく》健康勝《すぐ》れず、只静かに或は坐《ざ》し、或は臥《ふ》して又山門を出ることもなく、日々の道業だけを厳修しつゝあつた。

　新嘉坡《シンガポール》の四五月は、雷多き時である。天候熱しと雖《いえど》も忽《たちま》ちに奇峰雷鳴を轟《とどろ》かし、驟雨《しゅうう》一過すれば、涼味万斛《ばんこく》、マーブルの院庭雪の如《ごと》く、弦月の尖塔《せんとう》の頂に懸る時、霄礼《ホーフタン》を促す鼓の音、梆《ほう》木の響《ひびき》、而《しか》して塔の上から、バンコナマーズの声の泣くが如く、むせぶが如く喚《よ》ばるゝ時、亜細亜否世界の諸回教民族が、この時皆等しく敬虔の態度を以て、此の声を聞きつゝ、身を潔めて礼拝に馳せ参ずる有様を偲び考ふる時「天に明月あり、人の心に至誠あり」と懐《おも》はざるを得ぬ。

　他の連中は皆、新嘉坡よりジユツダ迄の往復船券を既に求めた。余等両名は、余の日本人たること累を為してか、一週間も交渉したが手に入らぬ。止《や》むなくんば孟買に行きて同地よりせんと思うたが、久しく此地に駐《とど》まれる、馬来語の達者な、甘粛の青年僧蘇漢君の尽力で、今回はユナニムスリン（即《すなわ》ち支那回教徒）として彼等と異なる船会社の切符を求める事が出来た。切符は実に美しき、且つ其の摘要事項も、尤《もつと》もらしき事のみである。往復船賃新嘉坡銀八十弗《ドル》、外に銀十三弗三十五仙《セント》を徴してゐるが、券面には其理由を明記してない。之を正せば検疫所費用だとの事だ。雲南団は最早《もはや》五十日の船まちに、吾等《われら》の船二十四日出発と聴き、他の同船者を促して会社に強抗談判に押しかけた。他の南洋諸島土人も数百人馳《は》せ参じた。二十六日には必ず出帆する、違約せば各人に銀千弗を支払ふべき誓を得て引揚げた。

出発の準備は馬生に一任して、余は通信や紀行なゞと閑中の忙を極めた。此夜《この》アルサンコフ氏は支那人全部を其邸に招き、祖道の宴を開いた。其好意謝するに余《あまり》ある。予定の如く五月二十四日山間を出《い》でゝ、巡礼船喜満号《キーマン》に搭じた。在新十二日、出発の前日、総領事浮田氏を訪《と》へる外、又一日本人とも見えず、市中の見物もしなかつた。唯嗇神と寧静と居敬とを念として、此行の無事目的を達せんことを禱るばかりであつた。

二　巡礼船喜満号（S. S. Keemun）

大正十三年五月二十四日夜来豪雨今尚《なお》止まぬ。晨礼を了《おわ》るや自動車を雇うて、蘇漢君の案内で馬錦章を伴ひ、風雨の中を碼頭に馳せた。巡礼船喜満号はバンドに横附けになつてゐる。巡礼者の夥《おびただ》しき荷物は、僅《わず》かに倉庫の廂《ひさし》の下を借れるも、概《おおむ》ね濡れて山の如く積まれてある。既に沢山の巡礼者が、雨に悩みて佇《たたず》んでゐる。時はまだ午前の七時頃だ。十時頃に雨も晴れて乗船を許された。馬生に中央部下甲板のボックスの上を占領せよと吩咐《いい》つけた。彼は真先に駆け上がりて、命の如く陣地を占領した。広東苦力《クーリー》両人に僅かの荷物を担はして余も乗船した。他の巡礼者は各々多量の行李《こうり》、食糧、寝具、薪炭を携行してゐる。之を上甲板から縄で吊揚《つりあ》げては各己の座席に運ぶ。頗《すこぶ》る雑沓《ざつとう》の事だ。荷物が悉《ことごと》く船上に運ばる、と、一先《ま》づ船客は下船する。日は中して頗る熱い。軈《やが》て婦人や子供から先《さ》きに、全部の乗船を開始する。南洋の女の行列が徐々として船梯《せんてい》を上り行く様《さま》は、幽美の光景だ。其のかつぎの色の鮮かさ、其の裙裳《くんしょう》の模様の古雅なる。而《しか》して其姿勢の整へる。とても之を日本の婦人の行列に——殊に盛夏の際の——求むべきではない。次《つい》で吾等も再乗船して座席を整理する。隣にスマトラのプレンバンの老僧が来た。吾等は香港で買つた茣蓙《ござ》（之は日本品だ）を敷き此上を天地とした。

　他の多数は概ね一家族、親戚《しんせき》、郷党の一組であるから、殊に婦女子を含める一組は各々紐《ひも》を支柱に結び、其のかつぎを打かけて帳《とばり》とし、一廓《かく》を作つて了《しま》ふ。吾等は中央ボックス（尚揚口）の一段高き処《ところ》、其周囲に紅黄緑紫の縵幕《まんまく》をめぐらした、十種の家族がある。一種の協同生活でもあり、又長屋生活の観もある。或は日本、スマトラ、支那の共和村、ボルネオ村、ジヤワ村、マレイユ村、暹羅《シャム》村、ビルマ村が上下両甲板に建設された観もある。而して極めて僅少《きんしょう》の旅費の中から、一人の支那人を伴へる吾《われ》は、其の服装も、旅具も、一切の食糧も最も貧乏なる者であつた。

○白米一斗五升、緑荳《りよくとう》十斤、馬鈴薯《ばれいしよ》十斤、茶一盒《ごう》、砂糖二盒、塩一盒、食パン数日分、
バタ一盒、うどん粉五斤、種油一瓶、玉葱《たまねぎ》十数個
○バケツ一、洗面器一、薬缶一、茶碗数個、小刀、コンロ一

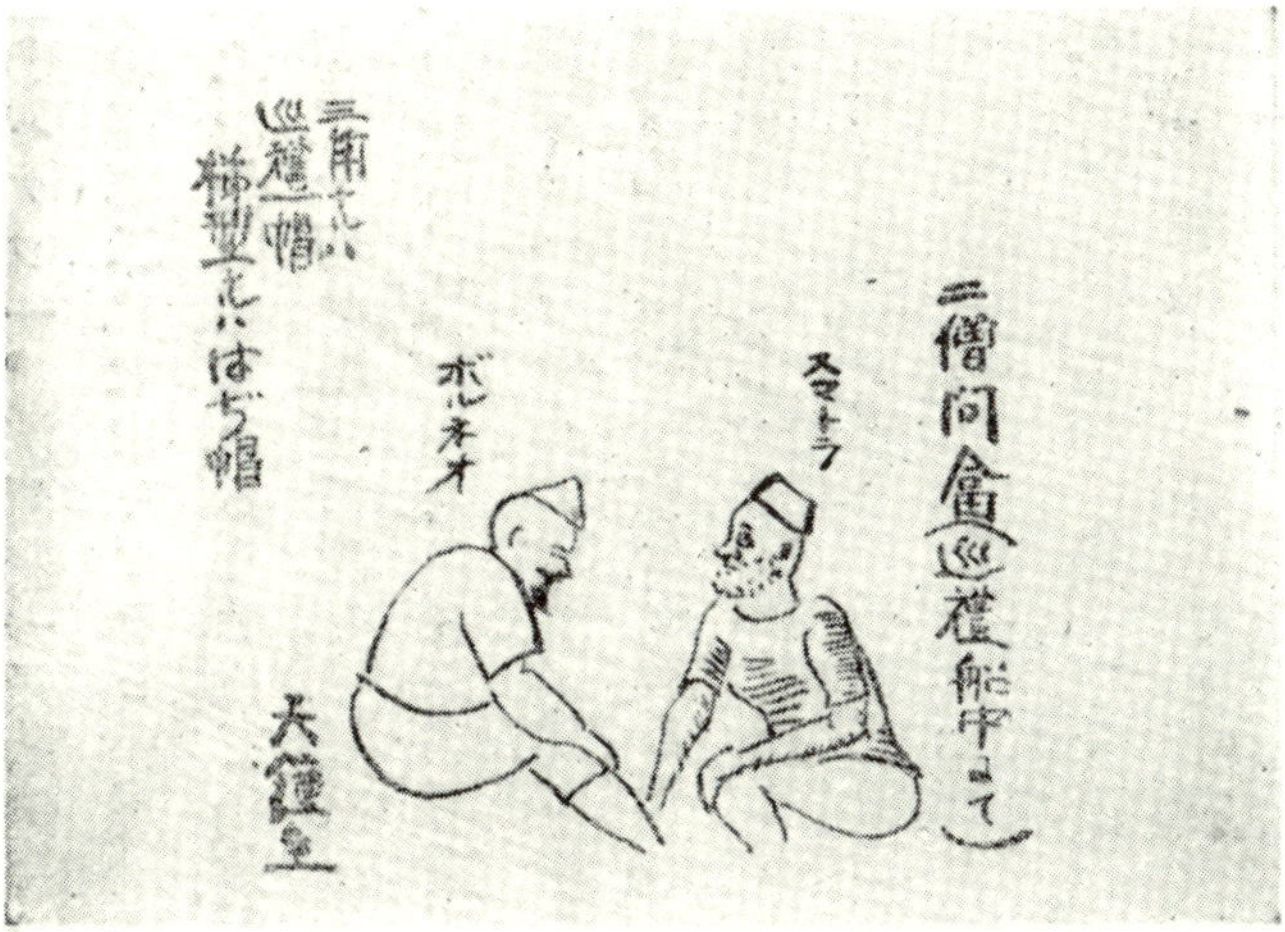

二僧問答

○洋傘二、大巾キヤラコ一疋《ぴき》、毛布二、莫蓙二、書籍若干

以上が全財産である。せめて松魚節一本、味の素一瓶でも用意したらんにはと後に思へど、一切を馬生に託し、私意を小事に用ゐぬことに規《き》めてゐる此行。殊に経費の制限あれば、是《こ》れ以上の贅沢《ぜいたく》は事実望まれぬ。之に比すれば隣のプレンバンの老アホンの独者さへ、コーヒを有し、ミルクを有し、牛油を携へてゐる。況《いわ》んや近所の各家族団は、凡《すべ》てに於《おい》て豊富である。

船券は既に往復賃銀を仕払うてあるし、メツカ滞在凡《およ》そ一ケ月の費用を概算し、嚢中《のうちゆう》新嘉坡銀三十弗。日本紙幣金二百円を銀に換へて百五十六弗五十仙を得、之を印度ルピー紙

幣に換へ、金二百五十六ルピーを得た。此の僅少なる費用にて、吾等両人は兎《と》に角《かく》メッカ巡礼を為《な》すべく、喜満号上八百余名の南洋人の中に混つて、美しき新嘉坡の陸を離れた。欧洲《おうしゅう》メール一等船客のみの綺麗な船が入つて来た。デッキの男女客が、船側に集ひ来る。小舟の上の土人が、船客の水中に投げる小銀貨を飛び込んで競ひ撈《すく》ひ来る様《さま》を、打興じて見物してゐる。吾等の船は港外に出て一夜仮泊した。何か荷物でも積みつゝあつたのであらう。

三　新嘉坡よりジユッダ迄

五月二十五日未明出帆、無風、気頗る熱。土人と与《とも》に西方に対して甲板上に礼拝、スマトラとマレユ半島とより成る毎峡を、西北に向け進航す。巡礼船とは名のみ、貨物船にて、五千噸《トン》速力十三ノット。但《ただ》海静かに山青く水清く、愉快の航海である。パンを吃《きつ》し緑豆のかゆをすゝり夕陽の美を喜ぶ。

ジヤワの子やマレユの乙女ともろともに入る日眺めて今日も過ぎけり
ぶなばたに腰打ちかけてひんがしの空を観る時涼風ぞ吹く

二十六日午後四時、ピナンに着いた。ピンナの対岸の椰子の樹の林に、返照がかゞやいて美しい景色である。色々の物売が甲板上に飛込んで来る。マンゴーとレモンとバナヽとを少しづゝ求めた。此夜は仮泊、翌日は荷役にて我が御殿は撤去。居る所もなく、終日ウロ〳〵船中をウロつき歩いた。濃厚に彩どられる舢板《さんぱん》と土人の服装。マレユ更紗《さらさ》や、此《こ》の色彩美しき舟などを観《み》る時、色と土人の心理など考へせしめられる。積んだ荷物は錫塊である。此地から、又三百名の巡礼客が乗船した。夜半抜錨《ばつびょう》、ベンゴール湾頭風順に、気和に、心地《ここち》よき航海であつた。米と飯と上海より携帯の万年漬大根の菜を喰《く》ひ、うまくあつた。

礼拝の外は終日、上甲板の舷端《ふなばた》に兀坐《こつざ》して出《い》づる日を迎へ入日を送る。只無字の念提のみだ。

二十九日夜来よりの暴風益々《ますます》荒れて、前後の上甲板は惨々の為体《ていたらく》だ。馬生は余が下甲板を択んだ先見の明に感心してゐた。炊餐も出来ずパンと水とを吃した。満船の客概ね暈《よ》ひ馬生も倒れた。余は船に弱き筈《はず》なるが此行上海を発してより常に平然。精神力の微妙、デツキ、パツセンヂヤーの境地こそ、今更尊としと思うた。三十日陰風浪高し。パンをかぢり水を飲む。此日主馬《チマル》聖日（金曜）之を礼し且つ空字を念提す。

明治天皇御製歌集を読みて感あり。

神去りし我が大君の御歌よみて尊き御旨おろかみかしこむ

大君の御旨かしこみ日の本の民てふ民は力むべらなり

南洋の土人にはあれどひたぶるに神詣ふでんとする誠かしこし

わだつみの浪風荒ぶ其中に礼拝《ナマーズ》力むる心尊し

吹き荒ぶ嵐の中に読経の声ばしきこゆベンゴルの沖

唐国の若人つれて南洋の土人と群れて海路行く吾れ
かゝる時人の心は誠なりとはに抱かん此まごゝろを
此心あが日の本の国民に頒たん秋もあらんとぞ思ふ
外国の吾に仕へて飯かしぐアホンの心うれしくある哉
三十一日天晴、風愈々《いよいよ》烈しく浪高し、余平然瀾《なみ》を観て静字を念提す。又洗濯。馬生股《もも》に腫物《はれもの》を生じて悩む。隣座のアホン熱甚し、之に薬を与ふ。此日亦《また》パンと水のみ。
荒浪の中を押切り行く船の雄々しき様よ吾もかくあらむ
夜豪雨之が為《た》めに頓《とみ》に涼、五月の月もベンゴール湾頭に暮れた。
六月一日の日出の美《うつくし》さよ、日出を観る時只祖国を念《おも》ふ。
マレユの子供の群の其中に我子に似たる者もありけり
いゝいゝいゝいゝいゝいゝいゝ
古来聖賢皆寂寞、否らざる吾も亦常に寂寥だ。雨又烈《はげ》し日没シーロン島を右方に見る。
二日未明コロンボに入港、又荷役の為に居を失ひ救命器箱の上に坐して夜に入る。流汗箱を湿《うる》ほした。
コロンボの港の中に日の本の船一つなきぞ淋しき
マンゴ四個を求めて喰うた。夕陽荷役了《お》はり再び玉座に復した。美しき虹《にじ》が東の空に懸つた。夜解纜《かいらん》、港外浪高く、深更大風雨気秋の如くあつた。
豪雨終日、印度洋を過ぎ行く。数歩の隣座に赤痢発生、之を上甲板涼房に移す（涼房とは海水を浴《あび》る小室）翌日終《つい》に死んだ。ジヤワの人である、之を海中に葬つた。風浪愈々高く満船の客号叫《ごうきゅう》の声あはれであつた。余幸《さいわい》に食を欠かさず、動中の静観を工夫す。五日漸《ようや》く晴れ、一桝《ます》の油臭き真水で二週間振りに身体を洗うた。船券検査で又二時間全員一時にトツプサイドに晒《さら》された。暈へる老少婦女子は観るも気の毒の至《いたり》である。明治維新後幾多の人物が志を抱いて此海を超えて欧洲に行つた。其人々の心持が今更乍《なが》ら我《わが》胸を打つ。吾も又邦家の為に、民族の為に自ら乏しきを任じて此行を為すのだ。四日の月芽の落ちる迄、万感交々《こもごも》海に対して独り思うた。

　星を見つ浪を眺めつ更くる迄独り懐ひぬ印度洋の上

六日晨礼後、久々に日出の美を観て嬉《うれ》しくあつた。一隻の船来るを観、甲板の上が急に賑《にぎ》やかになつた。亜刺比亜《アラビア》海に入れば浪静かに風涼しく、夜は弦月がマストに高くかゝつて、少年の和讃の合唱など、皆客情を動かす者である。

　風車作りて吾に持てと云ふシヤムの男の児は我子に似たり

夜遽《にわ》かに苦熱、眠る事が出来ぬ。追々アラビヤの近づき来たる為めであらうか。七日ぜんざいを作つて快吃《かいきつ》した。仏蘭西のジヨスレの事など思うて祖国主義論を考へた。水を給せらるゝこと頗る乏しく、渇を治するにすら足らない。八日益々熱、蠅《はえ》と人をさす小虫が俄《にわ》かに襲来して気を擾らした。神経痛が起きて終日悩んだ。夕陽の頃アフリカの一島嶼《とうしょ》が左方に見えた。九日愈々熱い。朝にぜんざいを作り、夕には米飯に玉葱一個を二分し、唐《とう》辛《がらし》をつけて両人の菜として喰うた。夜月明、トツプに更くる迄佇んだ。

　雫なす汗ぬぐはんこともならじ飯かしぐべき水さへあらなく

平和なる民よ此民南
洋の椰子の木下に生
れし此民

十日無風ハドラマウドの禿山《はげやま》を右方に眺めつ夕に阿典に着いた。海は淋《さび》しき程静《しずか》に水は底の観える許《ばか》り清い。水際に迫つた一帯の丘陵、黒御影でもあるか、真黒の面に白《はく》沙《さ》の流れたるのが一種の印象を与へる。土人が丸木舟を赤や緑に彩どり魚を釣つてゐる。釣つた魚を本船に売りに来る。石炭を茲《ここ》に積み込むので、終夜篝火《かがりび》をたきつゝ作業があつた。紅海を過ぎつゝ観る陸の景色の、如何《いか》に荒寥《こうりよう》たる様《さま》よ。緑の物は何もない、而かも白雲蒸々として黄山にかゝり、海波漾々として三角の白帆を泛ぶ、濤を衝いて躍上る大魚あり、船を逐うて群る鷗の飛ぶあり、下甲板のボックスの上には、半裸のノルモハメッド、仰臥して「復興日本の精神的基礎」に就いて考へに耽つてゐる。而かも食糧は漸く欠乏して来た。

閑鷗と誰か呼びけん夏の日を船と競ひて食あさるをや

涼味万斛

喰ふべき糧は尽くとも信仰のかてはつきせじとはにつきせじ

午後三時カムラーニ湾に投錨《とうびょう》した。島は英領、方数哩の小砂洲《さしゅう》に過ぎぬ。茲にて汚い団平船に押《おし》つめられて上陸検疫を受け、消毒浴を施され、後砂丘上に設けられし養鶏場の如《ごと》きバラックに追ひ込まれる新嘉坡のカランチーに苦しみし吾等は、却《かえっ》て此処《ここ》の野趣あり、閑静にして宿り心地よきを喜んだ。竹柱茅屋《ぼうおく》、土間に携帯の茣蓙を布き早速炊事にかゝる。使丁羊肉を鬻《ひさ》ぐ、之を得て久々に肉の香を嗅《か》いだ。戸外は月円《まど》かに浩々《こうこう》たる沙場《さじょう》昼の如く、炊煙処々に賑やかに、読経の声紅海の寂寥《せきりょう》を破る。ソコゝに打揃《うちそろ》うて宵礼を為す影を観る時、又カランチ入の不快を覚えず、実にカムラニーの一夜こそ、人生得難きの仙寰《せんかん》たり、又神境である。

余は此紀行に於て英国カムラニー領有の意義や、検疫所の本質などに就いて批評することを欲しない。吾等の目的は只メッカ巡礼にある。道途の難々は却て吾等道心の鍛錬、余に於いては苦境こそ却て楽地である。

十二日晴未明晨礼を沙場に行ひ、舎外に整列、医官の再検査がある。門を出る時又一々名を問はれ、顔を睨《にら》め付けられる。余は特に注意をされたが別に故障もなかつた。再び団平船に押込められて本船に還《かえ》る。午後二時出発迄、只々熱くあつた。併《し》かし此地にてレモン、鮮魚、マンゴー、鶏卵を得て快吃することが出来た。出帆に時間を費したのは、此処の医官が任満ちて英京に帰る者が乗船する為めであつた。送別の煙花が打ち揚げられ、静かなカムラニー湾頭時ならぬ気勢を示した。既にして船は西北行し、巡礼者のキブラ（礼拝の方向）は一変して東北と為《な》る。我が紀行「西へ西へと」の名題も最早終局に達した訳だ。

十三日陰涼、主馬聖日だ、海水にて全身浴を試みた。人祖の日本及び亜刺比亜二原論などを考へて見た。天の御中主神とアルラホと同一なることを肯定して見た。我が神道論の建設の上に、此行の所得を希望しつゝ、終日良き航海をした。馬生暦日の事を以て我見を主張せしかば之を叱《しつ》し、之を誨《おし》へ、其非を悔ひしめた。吾済《われ》南出発より馬生を叱責《しつせき》せしこと、只此一回を以て始めてとする。夕陽を浴びつゝ、ジヨホールのイーマムの子にて英語に巧みなる青年と、舷《ふなばた》に靠《もた》れて暮るゝ迄語つた。語端英国政治の酷に及びて慨然としてゐた。明日はジユツダに着くこと故、皆荷物を甲板に運び出して、下船の準備に多忙である。余は独《ひとり》トツプに臥して月を看《み》た。

十四日、船はジユツダ湾外に碇泊《ていはく》した。吾等は身を清めてイヘラームに着換へた。支那回教徒はハナフイの制に従ふ者故、聖地の港たるジユツダに近づきたれば、茲に受戒をするのである。イヘラームとは大幅の白布二塊を、一は肩を蔽《おお》ひ、一は腰に巻き、帽を頂《いただ》かず靴を穿《うが》たず。一週間の斎期、十二の戒律を守るのである。南洋の回民は一切ソフイル派に属する故、ジユツダ出発の時に始めて、受戒をすることになつてゐる。同船者千余の内吾等両名だけ白衣を纒《まと》うて甲板上に立つたのは、一異彩を放つ訳だ。

此日直ちにジユツダに上陸し得ることかと思へば何ぞ謀らん、三角の白帆を張つた舳板《じく》は、何十隻となく来て、荷物を積み其上に吾等を乗せ、ジユツダの南方五六哩の一孤島に送つた。荷は船の中に、人はせき立てられて、鉄網の柵《さく》内なる石室に、皆追ひ込まれた。此処も亦カランチーの一であるのだが、医者も来ず、消毒もせず。只一夜を此《ここ》に置かれる。老ひたるアラブの番人頭は、白衣の両人を見て支那人と知るや、特に涼しき室を周旋して、若干のソデケ（心附）を要求した。一ルビーを与へたら翌日出発迄何かと便利を謀つて呉《く》れた。

此孤島をゼジラと呼ぶ。周回一哩程の砂礁である。此附近海浅く一帯の砂礁、自然の防破提を為《な》してゐる。水は濃緑色にて実に清澄だ。夜月明、吾等は白衣を海風に吹かれて、水際に立つた。其影は吾乍ら一種の神秘感を覚えた。何の目的で此孤島に我等を抑留するにせよ、吾には何の不平も無い。日々是好日、到る処皆好道場だ。打寄する静かな浪に、海苔の漂へるを視、之を漁り採つて晩食の菜とした。ゼジラの一夜また是れ忘れ難き清き境地であつた。されど多数の巡礼者は、船につかれ荷役に労し、又舳板上に照りつけられて、ゼジラの関所は非常の苦痛であつた。殆《ほと》んど生色無しと云うてよい程、いた〱しき様《さま》であつた。メツカ巡礼者の巡礼船の艱厄体験なき人の知る所では無い。

犇々と我が感激性を刺す、幾多の惨澹たる光景、不道理なる仕打、静夜独り打寄する海波に足をひたしつゝ、渚の岩に腰打ちかけ、白衣を涼風に吹かせつゝ、月光を浴び乍ら、彼を思ひ此を想うて涙潜々。あゝ此涙誰が為に濺ぎたる。

次日早朝スイニ〱と呼ぶアラビヤの老人は、昨《きのう》の一ルビーを受けし者から、いの一号に吾等を舳板に案内した。舳板の船頭も快く導いた。人満つるや三角の白帆は、風を孕《はら》みて矢よりも速かに、種々の進路を取りつゝ、ジユツダに向うて走る。数十隻の白帆、緑の海、何たる美観であらう。三時間程で港内に達せるも、水浅く船重く、岸に附けられぬ。実にジユツダの港は、一漁村の舟着場にすら及ばぬのだ。人を別の艀板に移し、荷を分ち、漸くにシーシヨウカストムの碼頭に着く。兵士が整列してゐる「チヌ（支那の意）だな」と、問はずに直《す》ぐ断定して呉れるのは、イヘラームの御蔭《おかげ》だ。数十人の官吏僧侶《そうりよ》が歓迎する。そこで挨拶《あいさつ》をする。各々地方別《わ》けに区別せらる。吾等は何にもかにも只の二人だ。又二ケ所の関門を通過する。而して艀板料一人五ルビーンを徴せられた。南洋の連中は旅券改めをされたが、支那回民たる吾等には、此事のなかつたのは、実に余に取つては最大幸福である。余はメツカ巡礼のパスポートを所有してゐないのである。ヘヂアツヅ王国は兎に角独立国であるけれども、我が条約国ではないから、日本人たる吾は、パスポートを得る必要もなく、又外務省も之に対して発行する訳にも行くまい。然《しか》るに今年は支那外交部も蘭領南洋諸島の政庁も、其他の総《すべ》ての地方も、メツカ巡礼者の為に旅券を必要として発行してゐる。一寸《ちよつと》解せぬ事だ。又メツカ政府はジユツダに於いて上陸の際、及び乗船の前、一々旅券を検査し、其都度四ゲルシ（四十仙）の手数料を徴してゐる。只支那人だけが此検査を免れてゐるのは又解せぬ事だ。支那人の護照に対しては、英国上海駐在領事のサインあること勿論《もちろん》である。

四　ジユツダよりメツカ迄

吾等《われら》は荷物らしき荷物もなき事故、海関も無事に済んだが、本年は巡礼者の携帯せる食糧品に迄《まで》、高率の課税をしてゐる。中には商品を沢山所持してゐる者もあるから此《この》点は一概に非難もされぬが、不平の声が大分聞えてゐたけれども聖地巡礼を目的とせる、従順敬《けい》虔《けん》なる教徒は、唯々として一日も早く、メツカに行きたい一念である。

ジユツダは臨海の埠丘《ふきゆう》上に、建設されたる小都市である。前記の如《ごと》く舢板すら、満潮時でなければ岸辺に着けられぬ程の港故、何等《なんら》海港としての価値も無い。幸《さいわい》に紅海の浪静かに、雨の無き所故、数哩《マイル》沖に巨船を碇泊《たいはく》せしめた、夥《おびただ》しき巡礼者を年々上下せしむるに堪ふるも、是《これ》とて巡礼者なればこそ辛棒してゐるのだ。

ジユツダの市街、之《これ》は海上よりの遠望実に堂々たる者だ。白堊《はくあ》の高層楼、概《おおむ》ね五階六階の、木筋コンクリートで、つまり之が純アラブ式建築法であるのであらうか。米国式の鉄筋コンクリートは、其《その》範を何《いず》れに得たのであらうか。屋根は平《たい》らかで之を庭園としてゐる。支那《シナ》にも此様式が、黄河の流域には沢山見られ、之を平房と称してゐる。つまり閣、又は闞字の由来する様式である。而《し》かも異とする所は木造のモザイツク式櫨《ろ》字格子の出窓を、多く備へてある、其木材は決して着色せずに、白木の儘《まま》である。支那の建築に発見されない日本の様式と類似の此《こ》の木造の出窓、出格子に余は少なからぬ興味を感じた。吾等は出

ゼジラよりジユツダを望む

迎への客引《きやくひき》に導かれて、アブドル、ムスタファの宿屋の二階に投じた。地方別に室を与へらる、定め故、吾等は只《ただ》二人きり、風通しの好《よ》き部屋を占領して、足を伸ばすことを得た。室内は土間の上に、馬連草の種類で編める、アンペラ式蓆《むしろ》が敷きつめてあるが、其上を赤足又は土足で踏むから、夫《それ》は不潔である。余は出窓の上に莫蓙《ござ》を布《し》きて玉座を定めた。隣室はジヤワ、三階はスマトラ、四階はボルネオなど忽《たちま》ちに此宿も満員。宿屋は単に室を貸すのみだ。旅客は先《ま》づ第一に自ら水を買はねばならぬ。驢馬《ろば》や駱駝《らくだ》に、羊の革袋を駄けて、マイ、マイと売りに来る。一袋の水価一円《ルビン》位だ。一ルビンは我が七十銭程に相当する。礼拝には必ず清めの水が入用だ。熱いからヒッキリ無しに水を飲む。自炊生活故、是又《これまた》相当の水量を要する。一日の間、兎《と》に角《かく》生活費の大部分を、水代に支出すること、日本人の想像も及ばぬ事だ。

ジユツダの町は宿屋で大部占めてゐる。大廈《たいか》高楼の数は百数十軒あるが、使用に耐へぬ廃屋も可なり見受けられた。小規模の宿屋も少くはない。其外茶館《さかん》の数も十数戸ある。支那の茶館之は実に発達した者だが、概ね回教徒の経営である。アラビヤの茶館こそ其《そ》の源であらう。其他飯店、雑貨屋等旅行者相手の小舗大舗は、充分数十万の需用を充《み》たすに足るだけに発達してゐる。而《しか》して世界各国の人種が其国々の服装をして、大路小路に充満し、其間を駱駝《キャメル》がノソリ〱と、口を動かし乍《なが》ら、何百何千と通過する。駱駝以外、小数の荷馬車はあるが、自転車も人力車も無いから、雑沓《ざつとう》しつゝも町は自《おのずか》ら長閑《のどか》である。通貨は新嘉坡銀、（即《すなわち》英貨）ジヤワ銀（即和蘭陀《オランダ》貨）土耳古《トルコ》銀、印度のルピー紙幣、ボンド紙幣及《および》其硬貨が最も信用流通せられ、本国たるヘジアヅ国の通貨は、只ガルシーと呼ぶ白銅及小銀貨だけが纔《わず》かに通用してゐる。郵便は封筒一通海外行は四ガルシー、銀なら二十仙《セント》に相当してゐる。英国のはがきは受理してゐる。つまり英国の手を経て送達されてゐるのだ。

毎朝ごく低く、飛行機が一台飛んでゐる。之は海上と陸上との連絡を謀るのと、巡礼者威圧との両用を為《な》してゐる。ジユツダには若干の陸兵と、巡査とを配置してゐるが、巡礼者に彼等の厄介に為《な》るやうな警察事故は、殆《ほと》んど起ることはない。実に羊の如く従順に、皆是れ鞠躬如《きつきゆうじよ》たる者のみだ。

吾等は第四日目に、駱駝の都合がついたので、メツカに向かひ出発することゝなつた。駱駝の鞍上《あんじよう》に騎するのをヤリカブと云《い》ひ、駝轎《だきよう》をスコドーフ、又はシヨクドと云ふのであるがヤリカブにても両人乗れる。シヨクドも二人乗だ。之は鞍《くら》の両側に座籠《ざろう》を一個宛《ずつ》駄載し、アンペラ蓆を以《もつ》て両座籠を連結して、幌《ほろ》とした者で、動揺すること甚しい。けれども駱駝隊の進行は、概ね日没から日出迄の夜行故、騎行のヤリカブは夜半睡魔が一襲して来たら堪へられぬから、不快の乗物だが、シヨクドを撰《えら》ぶ外はない。ジユツダからメツカ迄六十哩、二夜行程である。駝轎四十二ルビン、宿料十ルビンは安価とは云へぬ。

六月の十八日（旧暦十七日）午後五時、吾等は他の荷を積みし三頭のキヤメルを繫《つな》ぎ、別隊となつてメツカの城門を出た。此時支那の団隊が到着した通知を得た。城門では又検査を受けるが、宿の証明書をキヤメル屋が示すので別に手数はか丶らぬが、一時に何百何千と云ふ人々と荷物とのキヤラバンが唯《ただ》一つの関門を出る事故、其の混雑は名状すべからざる者だ。こんな所へ来て急いだとて、我《わが》意を用ゐたとて夫《それ》は何の効果もない。東方の関門を出《い》で大きな墓域の前を過ぐる。人祖アダムの妃イーブ（支那国民は好媧《ハオワ》と発音してゐる、アダムを以て盤古《ばんこ》氏と為してゐる）の墳と伝へらる者がジユツグにあるとしてあるが、多分是れであらう。之を過ぎて宿はづれの茶館の前で、吾等のラクダは止まつた。ラクダ追は附いて来ぬ、其子供のラクダ追と、外に関門附近からクツ附いて来た風来漢とが、ラクダを茶館の柱に繫いで、勝手に店に入つてコーヒを飲み始めた。同宿のスマトラやジヤワの連仲は、シヨクドに揺られ乍ら、ゾロ〳〵通過して行く。其外土地に慣れた者、費用の乏しき者は、皆徒歩で水瓶《みずがめ》を手にしてスタ〳〵と急ぐ。

馬生は怒つて余等のラクダ、即《すなわ》ちシヨクド一疋《ぴき》と荷を駄せる者一疋とを、他の者から解き放して「先生私が拉《ひ》きますから、早く行きませう」と云ふ。余は彼の燥急を一喝して、店に入り風来漢と与《とも》に茶を飲んだ。馬生は嘗《かつ》てラクダ追の悪習に就いて、色々聴かされてゐる。加之《しかのみならず》既に店頭で脅かされてゐたのだ。アラビヤのラクダ追、之は素張らしい出立《いでた》ちだ。衣は我が白丁に類し、袖《そで》は地に摺《す》れすれに赤布を以て頭を包みて肩に垂れ、腰又赤布を以て緊《し》めて、其一端を臀上《でんじょう》に及ぼし、アラビヤ式の大刀を革帯にて、肩から吊《つ》りて左側に提げ左前に短剣をさしばさみ、ピストルを肩から吊り其の弾子を帯皮に並べさし込み、鞭《むち》を手にし、多くは赤足、或《あ》る者は偉大なる革草履《ぞうり》をはいてゐる。之は吾《わ》が草履と印度式の草履と一所にした様な者、頗《すこぶ》る古雅な原始的はき物だ。何れも目はギヨロツとして髯茫々《ひげぼうぼう》。須蜂賀小六か熊坂長範の配下か、又は叡山の山法師よろしくの風体だ。三人に一人は鉄砲をかついでゐる。彼等は荷客を護衛する為《ため》の武装であらうが、巡礼客は却《かえっ》て脅威を受けて、皆途中で若干は酒手をせしめられる、単騎になれば酒手だけでは済まぬやうな事も、出来《しゅったい》するであ

シヨクドとラクダ追ひ

らう。馬生のビクビクするも無理はないが、要するに何れも若干の金の欲しい手合だ。余彼に訓《おし》へて云ふ、人間元来無一物まして汝《なんじ》アホンたる身、命を求められたなら命迄も与へる心懸こそ大切だ。こんな時は支那人哲学の「漫々的と没法子」を以て処世の要道とする外はない。

彼等と与に小一時間茶を飲んだ。何を謂《い》はれても応答せずスイニムスリンはアラブ語不通の旨を以て済まし込んでゐた。黄昏《たそがれ》の頃《ころ》ラクダ追が漸《ようや》く来て吾等の四疋を三縦隊四縦隊のラクダ隊、夫《それ》はジユツダからメツカ迄続いてゐるのだ。其中に混じてユラリ〳〵、東へ東へと進行した。或《ある》者は途上でタイエンメとて、土沙《どしゃ》を以て水に代へて清めをし、東方に向うて礼拝をする。道は勿論《もちろん》沙礫《されき》、歩行者の困難は一通りでない。ジユツダよりメツカ迄、綿々たる岩山禿峯《とくほう》。処々《ところどころ》広い渓谷の展開するあるも、山野に草なく樹もない。冬枯といふ言葉は此土地では夏枯れで、沙原《さげん》に生へる草も、冬季に緑色を観《み》るのみで、夏は熱さに枯れて了《しま》ふ。只弁慶草だけが、さすがに強い草故、半枯れになつて、沙原の中にソココ、に株を為してゐる。其外にはいばらが人馬のたけ位に、オチコチに叢生《そうせい》し、之も葉は、落ちてゐる。

十七日の月が焼けるやうな色で、東山の上に出る。熱い風が吹いて来る。幾度か駝上水瓶を傾ける。風来漢はうるさく酒手をねだる。大縦隊は音もせで進み行く。

　　いざさらば白衣纏《まと》ひて月の夜にラクダに乗りてメツカに向かはん

ジユツダからは何人も皆イハラームを着て、白衣の道者と為らねばならぬ。月下此光景実に天下の一偉観である。所々水を売る者又は銭を乞《こ》ふ婦女子の呼び声も耳新しく、殊《こと》に其服装の風雅なる、どうしても我が奈良朝以前だ。天明にボハラ駅に着いた。此駅は丁度ジユツダとメツカの中間なる高原である、井戸が数個あつて、水味も悪くはない。周囲は皆連山突兀《とつこつ》、沙原は数里に亘《わた》りて東方は殊に平濶《へいかつ》。数十軒の雑貨屋、茶館（家は堀建《ほつたて》の草屋である）がある。此処《ここ》でラクダは飲し、糧を飼ひ、人も休息する。茶館にて四十仙だすと出発迄土間にゴロリとして横《よこた》はる事も出来る。が幾千或《あるい》は幾万の人、夫《それ》は概ねシヨクドの中や、其蔭に、幕など張つて終日炎天干をせねばならぬ。航海にて疲労し、宿屋とて安居の処《ところ》でもなく、而して不快の駝轎にゆられて、夜通し進行し、其翌日は酷暑に照らされて、益《ますます》健康を害する。余は大きな西瓜《すいか》一個を携帯して来たので、大に気力を養ひ得た。

午後五時頃ボハラを出発し、又夜をこめて東へ東へと進行する。而して天明の頃、即ち聖都メツカに到着した。

五　メツカとカルベ

アラビヤの西部、紅海に沿ふ南北に延びた凡《およ》そ十七万方哩細長い地方をヘヂアツズ王国と云ふ。メツカは其中央に位する。ヘヂアツズ王国は大正五年六月英国の援助で土耳古の配下を脱して新たに出来た小独立国だ。メツカのシエリフたるフウセインは多年自ら回教の最高位たる教皇の位を、トルコより奪はん事を志した。欧洲《おうしゆう》戦争は彼の為《ため》に其機会を与へた、ヘヂアツズ王は独立と与に、カリフたる事を宣言したが昨年十一月の土耳古政変迄は、教主権は南北対立の有様《ありさま》であつた。土耳其国民議会は遂《つい》に政教分離を議決し教主アブダル、メヂドは廃せられて亡命せねばならなくなつた。ケマルパシヤの成功と与に、ヘヂアツズ王フウセインの為にも、好機到来と為《な》つた。彼は今や名実共に、回教々主として聖都メツカに居るが、モハメツド墳墓の所在地たるメツカの北方六日駱駝道程に過ぎざる、メヂナにすら其勢力は及んでゐない。世界の回教民族中に、之に反対の者は土耳古、埃及《エジプト》、印度、アフガニスタンなどは勿論《もちろん》、其外相当多数にあらう。けれどもメツカ巡礼と云ふことは、回教信者としての大切な道行の一である。国際関係や政治上の問題を以て、必《かならず》しも此道行を左右することは出来ない。依然として年々五六十万の大衆は、メツカに向けて世界の各地方から続々と来集する。彼等の聖地巡礼、之は宗教的見地より考へても、亦《また》今日文明国の世相より観ても、大に論ずべき点、議すべき事はあらう。けれども余は今それ等に就いて、批評的意見を加へたくない。只亜細亜の西端に、依然として此奇蹟的一大事実が存在してゐる事に注意し、其実状を記述するに止めておかう。

メツカは、西南はアルフアテ山谷へ、西はジユツダ街道へ出る渓谷を開く外百尺から、三百尺位の岩山を以て囲繞《いによう》された小都城である。ソフア、メリヱといふ小山の下に、有名なカルベがある。此カルベを中心として都市が出来てゐる。ジユツダより更に堂々たる平地から山脈より山上迄高層建築が櫛比《しつぴ》して聳《そび》へ立てゐる。荒寥《こうりよう》たる山間谷地としては、実に一偉観である。而して是等《これら》の建築の大部分は旅館である。余はメツカの都に入るや直ちにジユツダの宿より予報に由《よつ》て出迎へに来てゐる、ハシエン、クンの宿引に案内されて、其家に入つた。ハシエン、クンは多年支那国民巡礼者のみを客として、営業してゐる旧家である。直ちにとは迷はずにの意味で、夥しき駱駝隊が、一時に此の小都城に進入して来るのだから、其混雑はとても名状すべきではない。従つて宿屋の前で、シヨクドを下る迄、少なからぬ時間と辛労を費した。

宿に着くと、宿の主人及び先着の支那国民が出て来て、ソレアムアレクムと謂ひ乍ら、各々握手をする。而して先づ素焼の徳利を傾けて水を思ふさま飲む。吾等は同勢二人故、入口の帳場に居を定められた。先着の支那国民は、甘粛の人二、海南島の人一、雲南の人五、甘粛の二人は一行五人中、既に三人を失ふて、二人共今病床にある。メツカは熱い処だ。第一印象も第二印象も只夫れのみだ。「釜中に煮らるゝが如し」と形容する外はない。直ちに大浄《ウースリ》を執るべく、水房に入て沐浴《もくよく》した。死んだ孑々《ぼうふら》が全身に附着して、蚊白飛と云ふかすり其まゝだ。余は一から十迄、此行只忍の一字を体験するを以て念としてゐる、こんな事は問題にならぬ。ぼうふりの死骸を払ひのけて直ちに白衣を着し、馬生と案内者と与に、単朝に出かけた。

単朝とは各自にカルベに参詣《さんけい》しては以て無事到着を報告し、一は以て今後の道行を完《まつと》ふし、天恵の洽《あまね》からんことを禱《いの》る礼である。劉介廉著天方典礼巻八、朝観《ちようきん》の項に曰《いわ》く、「朝覲とは親しく天闕《てんけつ》に詣《まい》り、以て其自ら始めとする所に返へる」而して其註《ちゆう》には「天闕は即ち朝堂又天房と曰ふ、天方名《アラビヤ》は克而白《カルベ》。蓋《けだ》し造物之を設け、以て万方の朝向と作《な》す者なり。

其地は天方の墨克《メッカ》国にあり。墨克は実に天下の祖国なり。天方は乃《すなわ》ち天地の正位、大地の中に在り。墨克又天方の中に在り。而して朝堂又墨克の中に居る。故に万方の朝堂に向ふは、四体の心に朝ふが如し。人の必ず親しく朝覲すべき所以《ゆえん》は生人の始処に返る也」と。是《こ》れで充分世界の回教民がメッカに巡礼する目的物と其の真意とが知れるであらう。実に世界各所の回教徒の礼拝の方向《キブラ》は、皆此の天房《カルベ》に対して行はれるので支那国民は西に対する。従つて其の拝殿は必ず東面して建てられてある。

吾等は只身に上下二条の白布を着けたのみで、禁庭の西南隅門を入つて、天房の東南隅、有名なる玄石の龕《かん》してある所を起点として、朝覲のお経を読み乍ら、或は疾歩し、或は緩行し天房の周囲を七匝《そう》する。一匝毎《ごと》に玄石の前に立止まり、真主《アルラホ》を讃念する。古聖イブラヒムが、カルベを修せし時に践《ふ》みしと云ふ石の附近にて、又讃念する。更に退いて巡礼の業の全《まっ》たからんことを禱りて礼拝し、カルベ単朝の礼を了《おわ》り、傍らの神泉滲々《サムく》水を飲み、蘇生《そせい》の思ひを為《な》す。ソレアム門を出《い》で、ソフア、メリヱ両山下の間を、七度往来する。其の或る区間は駆け足である。其の延長我が一里余の沙道《さどう》を熱天の下に飛んで歩く、其両側は今は小店舗密接し、道の幅も窄《せま》い。群集沙塵《さじん》を揚げ、大声に経文を唱へ雑沓することは前《さ》きのカルベめぐり以上だ。之を終るや附近の床屋で剃頭《ていとう》をする、これで式は全く畢《おわ》り、上衣を頭よりかぶり、帰途はレモン水の一杯も飲んで、宿に帰りてやつと一息、休養する。道念堅固、身体強壮の者でなければ、此の一事で大概閉口して了ふ。宿の主人から祝意を表して御馳走《ごちそう》が出る。ザム〳〵水の管理者たるハシエム家から、ザム〳〵水の瓶を送つて来る。而して晩餐の招待を受ける。之はハシエム家の商売だ。ザム〳〵の井戸一つを領有して巨万の富を為してゐる。有福の巡礼者と見ると招待してうまく喜捨をさせる。一ルビー位の御馳走に酬《むく》ふるに、金貨一ポンド位は出さねばならぬ仕来《しきた》りださうだ。（一ポンドは十六ルビーに相当してゐた）吾等は疲労の故を以て之を辞したら、又杯盤を運んで来た。吾等は貧乏巡礼なることを言明して、箸《はし》も附けずに五ルビーを使者に与へ返還した。店主には一ポンドを与へてよろしくと依《たの》んだ。支那の巡礼者の多数は一般に裕福な者として取扱はれてゐる。先着の二甘粛人の如《ごと》きは少くとも、室料十五ポンドを支払ひ、店の男にも一ポンド宛与へてゐる。吾《われ》は日本人なる旨を告げ、馬生は尚《なお》学僧にて一銭も有しない。余も乏しき旅費を以て、彼を道の為につれて来てやつた事を話したら、先に与へた一ポンドを返却して、「大きな功徳、決して無用の費へをするに及ばぬ」と云ふから其ま〻にしておいた。日中二回の礼拝は当分土地の気候に慣

ボカラ

れる迄カルベに行かずに室内でせよ。魚と牛乳を同時に吃《きつ》すると危険だなど注意して呉《く》れた。其言に従ふて、一日五回の礼拝は、朝と夕と夜とだけ禁庭に赴き、数十万の大衆と倶《とも》にする事と為《なつ》た。宿の男は予《あらかじ》め毯《たん》を引き、座席を取つておいて呉れる。簷下《えんか》の石座は暁晨でも尚熱気が去らぬ。昼も夜も只々熱い。水が命の親だ。かくて三日間を兎に角無事に過ぎた。

　四日目の朝、他の支那回教徒一行五十八名が悉《ことごと》く到着した。余は予め後から来るべき人員を、宿主に告げて用意をさしておいた。此一言が宿主や店員の好意を、余等に向けた所以で、吾等からせしめんでも、他の同勢から搾つてやれと感じた事であらう。以下一々費用など記すのは繁に堪へぬから書かぬが、実状此《かく》の如《ごと》くにして、余は比較的安く且呑気《かつのんき》に、狭猾《きようかつ》なるメツカの旅宿に起臥《きが》し得たが、他の支那人諸君は実に気の毒な程、何のかのと搾られてゐた。

　カルベ即ち天房の参詣、之はアラビヤの古族が、昔から為来つた民族教の儀礼であつて、所謂《いわゆる》回教の創始では無い。人祖アダム、イーブはメツカ附近に生れた。モハメツドの生れたのはアダムの後五十世、六千百三十年目である。天房は真主アルラホの降し建てた者だ。然《しか》るにアダムの後二十代イブラヒム聖人の時洪水があつて天房は流失した。イブラヒムが其子イズマエル聖人と与に之を再修したのが現在の天房だと信じられてゐる。聖人の生る、時生湯の水がない。其母ハヂヨル氏は水を求めんが為に、ソフアとメリヱの山麓《さんろく》を七度馳《は》せて、泉を探してゐる時、発見したのが即ち今の滲々《ザムく》泉である。前の七走は信徒其苦を偲《しの》ばんが為《た》めの業である。アダムを始祖、イブラヒムを少祖として、アラビヤ古民族は崇拝してゐた。彼等の民族教として其道統を説ける者の中に、

阿丹《アダム》―努海《ノア》―易卜臘欣《イブラヒム》｛イズマエル
｛イザック

葉而孤白《エルゴベ》―母撤《モーゼ》―達五徒《デヴド》―爾撤《エス》―穆罕默徳《モハメッド》

是等の諸聖人を主要の者としてある。モハメッドは実にエスキリストの後を承《う》けた者で、且先聖の道を集大成した者として、大聖人たるの崇拝を受けてゐるのであるが、彼は教祖でもなく主でもなく勿論神では無い。彼はアラビヤ民族の古道を復興した者で、必しも新宗教を創始したのではない。彼の生れた時代には、天房には仏像安置せられ、妖僧《ようそう》も活仏として礼拝し、ゾロアスターも愚民を惑《まど》はし、固陋《ころう》なる猶太《ユダヤ》教も跋扈《ばつこ》し、天主教は謬説《びゅうせつ》を唱へ、且つ其男女の僧と信徒は腐廃の極に陥り、世を挙げ異端邪説に毒された時だ。彼の奮然として唯一真神を主張し、一切の偶像を亡《ほろ》ぼし、遂に聖戦を宣して天房を拝仏者の手より奪ひ、腐廃せる人心を新にし、堕落せる宗教を改革したが、夫は古神道の復興であつた。ペテルモカンデス（エルサレム）はモーゼ聖人の故地、此地もアラビヤ民族の巡礼地で、モハメッドがメヂナにある時は、其礼拝の方向を彼処に定めてゐた。彼の陣容既に成つた後、信徒に号令して、自今メッカをキブラとすべきことを命じて、後幾年ならずして終《つい》にメッカを陥れ、天房を仏教者より回復した。而してメッカを以て第一の聖地とし、エルサレムを之に次ぐ処とした。故にエルサレムに今日も尚回教徒も参詣するに不思議は無

い。エスがモーゼを祖述してゐるかの如く、モハメツドは易卜臘欣を祖述してゐるかの感がある。今日メツカ巡礼者の為す儀式は、多くイブラヒムの古制、若《も》しくは其以前に由る者で、モハメツドの創始とは謂はれぬ。モハメツドは己《おの》れの死後は、回教の宗派が七十二に分離すると予言したと伝へてゐる。而して現に正統《スインニ》派七十二門を立て丶ゐるが、（或は更に其小分派もあるが）大体に於《おい》ては四大派に分たれてゐる。ハナフイ。ソフキル。マーリケ。ハンベーリの四者即ち是れである。是れ穆聖死後の賢者である。天房の四面に各、其の礼拝の位置を定めた古式が、今日伝へられて四派の教長《イーマム》は天房の東はソフイル、西はマーリケ、南はハンベーリ、而して北は吾等のハナフイ派の教長の位置と定められてゐる。

　各国各派の教徒は、各々自己の属せる教派の教長に従ふて、各派同時に、四周より天房に向ひて礼拝する。礼拝の容式は各派異る所あるも要するに大同小異、仏教や耶蘇《ヤソ》教の如

カルベ図

チエベルヌール

く、著しき者では勿論ない。世界中の全回教信徒が、同時に同様にカルべに対して誠意礼拝する処に、回教の生命がある。ヤソの徒も仏教信者も企及し得ぬ熱誠がある。世界中の各民族が名々其国々の服装を為して、数十万人が一堂内に集り、厳粛にアルラホを讃念礼拝する様は、何たる盛大の事であらうか。今日の世に我が亜細亜の極西、交通不便にして気候最も険悪なる山間谷地の一小都に、実に此事の太古より以来、依然として行はれてゐるのは、そこに何等の異見があれ、天地間の一大奇蹟として、畏敬の念無しに之を観過することは出来まい。而して亜細亜の極東に二千六百年綿々たる聖帝あり。如何なる不信者も世界に於ける此神聖なる二大事実の前に、天地の真を考へざるを得まい。然る時に人生に就いて深き思を潜めるであらう。

予定の如く五十八名の支那人は、皆無事に到着して狭いハシエン、クンの宿屋は一杯となつた。メッカの町も愈々《いよいよ》群集が充満した。宿を取つた者も、熱くて室には寝られぬから、小庭や店頭に出て夜を明かす。路銀乏しき多数の巡礼者は、カルベの内庭や、山麓、道路に露営する。幾多の病人、殊に日射病者は続々として発生する。水は乏しい。石油缶一荷五十仙から一円を出すも容易に求め得ぬ。礼拝には必ず若干の清き水を得て、みそぎをせねばならぬ。熱天に水をガブ〱飲まねば身は保てぬ。礼拝の前後には群衆の中を古雅な素焼瓶を腋《わき》ばさみ、銀碗《ぎんわん》に水を注いで飲ませる。是れザム〱水の施与であるが勿論只では済まぬ。巡礼者が日々費す水の代金は僅少《きんしょう》なる者ではない。水浴も思ふ様にすることは出来ぬ況《いわ》んや洗濯おや。宿屋は只土間に等しき室を借し、礼拝の案内やラクダの世話や買物の便宜を謀るのみで、水一杯与へられぬ。カンテラ一ツ室内を照さぬ。炊事一切皆自らせねばならぬ。而して物資は乏しく、価は実に高い。七十人近き同行者中過半は病人である。只病を押して日々のお勤《つと》めをする。老いたるは既に倒れる。余が室は二三人にて充分の処に、七人を容《い》れて、呉座《ござ》を七枚をピッシヤリト敷き、四川、甘粛、江蘇、日本の七人が枕《まくら》を並べ膝《ひざ》を屈して横になる。半月の間三人死んだ。而して余も大熱に冒されて苦《くるし》んだ。日本男子は道路に死なず。何クソと力んで、纏頭《てんとう》の白布を身体に巻きて水を注ぎ、韮《ニンニク》を以て唯一の薬石として辛棒した。明日はミナ、アルフアテ山に行かねばならぬ。是れ天命《ファリゾ》として巡礼者必行の道業。回暦十二月八日から一週間（西暦七月八日より起る）郊外の山野に出かけねばならぬ。メッカ出発前日、入都の単朝と同様にカルべの七匝。ソフア、メルヱ間の七往来を務めねばならぬ。余は一週間の病臥《びょうが》より決然起《た》つて之を務め、其翌夕白布を纏ふて馬生と合乗に、ラクダに騎してメッカ都城を出で、、西南郊へ出発した。ラクダと徒歩者の大縦隊は、渓谷を埋めて陸続として進む。又是れ一大偉観である。

六　ミナ、アルファテの道業

メッカの王は、堂々たる儀容を整へてミナに先発する。群衆は之に追随する。王も其幾多の従者も、一様に白衣《イヘレーム》を纏へるのみだ。但近衛《ただこのえ》の兵は、白衣に武装し長髪をふり乱して、厳しく警戒する。扇太鼓をた、き、笛を吹きし伶人の騎馬隊を先頭に、王も騎乗、長柄の傘を翳《かざ》し、教長《イーマム》を従へて揚々として過ぎる。王旗を捧持せる者、鎗《やり》、鉾《ほこ》、銃隊が何とも云へぬアラビヤ駿馬《しゅんめ》に跨《またが》りて馳せ行く。其馬の装飾の美しさ。次《つい》で駱駝に騎《の》れる銃隊が走る。ラクダの鞍も紅紫の房を垂れて又美しい。次で又歩兵が軍楽隊を先頭に一大隊ばかり練り行く。奏楽の音が谷間に反り響く山砲隊が進行する。巡礼者は或はシヨクド或はヤリカブで駱駝の上にあり、徒歩者は砂道を喘《あ》へぎ〳〵聖后ハヂシヤの墓域や諸賢人の塚のある、山谷を過ぎては思《おもい》を注ぎつ、行く、水を売る女や子供、其服装の典雅なる、頭上に瓶を載せてマイ〳〵と呼ぶ声。又みなり醜からぬ物乞《ものごい》は、棒の先端にブリキ鑵を附けた者を差し出したり、服のもすそを掲げて之に受けつゝ、駝轎上の客に喜捨を乞ふ者も、決してウルサクは附き纒はぬ。行くこと三邦里程にて山谷の一市に達する。此《ここ》が即ちミナである、数百戸の高層楼が、此山谷に魏然《ぎぜん》として聳えてゐるが、大部分は破損して表通りの者だけが満足の者であつた。多数の露店、小舗が街路に充ちてゐる。岩山は兀《ごつ》として高く谷は狭《せ》まい。吾等は山腹の石牆《せきしょう》内に、天幕を張つて露営した。翌日も幕舎の中に思を静かに意を一にして、熱と戦ひつゝ夕を待つ。是れが第一日対熱行軍である。礼拝時刻が来ると、山砲がドロドロンと鳴り響く、喇叭《らっぱ》が鳴る。実に戦場の感がする。王も等しく亦幕営してゐる。此夜吾等支那団体の一行七十余名（後から又十余名来着した）は王の行列に次いで先頭には篝火《かがりび》を翳しつゝ、静々とアルフアテの山に向うて進行した。谷は次第に広くなりムズダリフアイの峠を越ゆれば一大盆地にて、高山四周に聳えてゐる。平地は勿論砂礫のみで、植物は弁慶草と、イバラのみである。此の砂場に向ひて、メッカの都人も巡礼者の全部も、皆一時に集注して来る。メッカより此地迄七里位である。余等は又幕舎に夜を明かした。

天明、昨夜買うた水を見たら、ミジンコが沢山泳いでゐる。夜来吾等はガブ〳〵と是を飲んだのだ。朝になつて之を見ては足を洗ふのすら厭であった。涼しい間に案内者に引率され、旗を立て乍ら、アルフアテ山麓の、アダムの墓だの幾多古聖の遺跡を巡遊した。雑沓と熱さとに、此巡遊とても一通りの苦痛ではない。高地から渓谷を望む時は、是れ亦一大偉観だ。天幕の都、駝轎の町、ラクダの村が、広い砂原一面である。茲《ここ》で又一日を熱と戦はねばならぬ。食も不便だが飲料水は尚不便だ。熱沙の上に坐《ざ》して、小さな幕舎は僅《わず》かに太陽の直射を避くるだけの事、我が一行はミナで一人死し、又此地で二人死んだ。此日此沙場に倒るゝ者千余人、ソコにもココにも穴を掘りて死屍を葬る、憐な光景を視た。此夜又此地を発してムズダリファイ峠の高原に引返し而して夜の明くるのを待つ。天房に対しての五回の礼拝は何れの地にありても厳修の業、一々大砲信号にて大衆は皆同時に王と与に誠敬の意を、真主に献《ささ》げてゐるのである。此のムズダリファイで小石を四十九拾ふ。

翌朝高原を発し、再びミナ山谷に帰りて幕営する。正式ならば此夜又出発一応メツカ天房に到り、礼拝の式があるのだが、天熱く人多く、徒《いたず》らに死者を出し混雑を来すのみ故、王様だけがメツカに赴きて、此式を行ふことゝなつた。天房の外部全体を覆うてある。黒地に経文を織込んだ緞子《どんす》の幔幕《まんまく》が毎年一回、新調の者と取換へらるゝのも此時だ。従来天房の諸経費は、土耳古のカリフから仕送られ

メツカの宿に卜居

てゐたのだが、今はメッカ政府の負担となつてゐる。メッカに行《いっ》た王は、再びミナの幕営に帰つて来る。巡礼者はミナ十三日間滞在中、初日は七ツ、次日は二十一、次も二十一、ムズダリファアイで拾うた小石を以て、谷間に設けられた小さな白塔を打つ。白塔はイブリス即ち悪魔である。邪心を駆除し、信仰の堅きこと石の如きを示すのだといふ。こんな事は各地の古教儀式に普通にあることだ。マホメッドもイブラヒムの古制に従うて之を教徒の功課に採用し、其古式を改むることはしなかつた。

イブリスを打つの第一日にて、戒《いましめ》を解き、服を換へ、頭髪を剃《そ》り、身を潔《きよ》め犠牲を宰する。ラクダ、牛、羊、鶏《とり》などを僧が経を読みて屠《ほふ》り、之を教徒同志互《たがい》に贈答し、富みたるは、貧しき巡礼者一同に頒与する。而して幕舎で宴会が開かれる。此時こそ回教徒の一年中若くは一生涯の最も楽しき時で、盆と正月とが一処に来たやうな者だ。イブリス打の第三日は、メッカに帰る途中之を行ふので、之が済めば駝上楽しく、己が宿に帰り一息して、又天房に詣りて七匝する。是れ御礼参りである。ジユッダ行きラクダの準備を待つて、愈々メッカ出発と定まる時、更に御暇乞《おいとまごい》の参詣礼拝が行はれる。

特志家は又白表を纏うて、メッカ南郊二里オムレ山谷に行く。そこはモハメッドが始めて宣教を開始した処、余は沙道を歩して此処《ここ》にも行つて見た。ジユッダ上陸以来一月余日、月は再び円《まど》かになつた。メッカは時々刻々寂寞《せきばく》に成り行く、吾等は再びラクダに跨り月を踏んで、ボハラを過ぎてジユッダ城に到着した。支那回教徒の巡礼者前後メッカに来りし者八十九名死者二十九名を出した。余の室の七人は三人と為つた。残る者も病者半ば。日東の男子一人は元気に満ちて、ジユツダの宿に船待ちをした。一時に大衆の入り来るジユツダの雑沓は、又メツカ以上だ。海上には巨船が十数隻、淋《さび》しき海に時ならぬ賑《にぎ》かさである。

七　ジユツダより再び新嘉坡

六十人の疲労した支那《シナ》人は船を得て出発した。余等《よら》二人は依然として彼等と別々に一日遅れて、他の船に乗らねばならなかつた。彼等の船会社はハザナマジイと云《い》ひ、余等の方はブリウフアンネルと俗称する、英汽船会社の船であつた。正午頃《ごろ》乗込の通知を受けて海関碼頭に出《い》で、艀板に乗り終はつたのが午後四時、其儘《そのまま》荷物の上に坐《ざ》して、湾頭の艀板内に日が暮れた。而《しか》してウト〳〵してゐる内に夜が明けた。艀板券改めを受けて、六十隻の三角帆を孕ませた小船が、客と荷とを満載して本船に行く景色は、半日一夜の酷遇を慰するに足ると思ふのは吾れのみで、疲れ切つた巡礼客は顔色は無い。艀板料が七円五十銭、荷役料が二円、宿の男の心附けが一円、宿料が一泊一人一円、以《もつ》て如何《いか》にジユツダ、メツカの宿も官庁も暴利をせしめてゐるかゞ知れよう。一年二三ケ月だけで全活計を立てゝゐる彼等、他に何等産業もない土地とて無理ではないが、巡礼者一般は決して好感は有し得ない。死ねば死ぬで墓地料や手数料を取られる。生きてゐれば生きてゐるで益々《ますます》取られる。けれども一生一度だ誰《たれ》も苦情も云へぬ。夫れにも増して不快なのは、巡礼船の名の下に暴利を貪る船会社だ。帰航はプレフエアースと云ふ八千噸《トン》級の船に乗つた。是《こ》れに千四五百人積み込まれた。幸《さいわい》に吾等《われら》は例の如《ごと》く機敏に好位置を占領したが、多数の者は足を伸ばしてねる事は出来ぬ。何《いず》れも箱の上行李《こうり》の上に跼蹐《きょくせき》してゐる。又帰航こそ、ゼジラやカムラニの検疫所で親切叮嚀《ていねい》に検疫もし、消毒休養もさせて然《しか》るべきに。紅海を南に直ちに阿典港につきて石炭を積んだ。アラビヤ海に出ると、厭《いや》に涼しい冷たい風が来た。印度洋に入るとムンスーンは襲来して、後部の上甲板は大海嘯《つなみ》を蒙《こうむ》つた。巡礼者は更でだに居処《いどころ》もなきに皆下甲板に逃げ込む。彼等の荷物は船のローリングと倶《とも》に、濁浪の中をガラ〳〵と漂流する。

　疲労した巡礼者は毎日一人や二人は死ぬ。夫《それ》を無雑作に一メートル程の一種の鉄片を附しては、海中に投げ込む。無慈悲な船員は犬馬よりむごく、弱つた羊の群《むれ》を遇する。石炭艙《そう》を開きて収容し、黒ん坊に為《し》て置いて恩典だと誇つてゐる。医者は脈を取る手で患者の頭を殴つてゐる。水は濁つた者、薪は古スリッパーの断片。猛烈なる風は横しまに船を吹き、毎日激浪に弄《もてあそ》ばれつゝ、阿典を出てより太洋を東へ東へ一直線にピナンに進行する。ピナン迄《まで》一隻の船さへ見なかつた。死する者二十六人。ピナンで下りた者三百余人。

　夫《それ》でも吾等には楽しき航海であつた。船暈《ふなよい》もなく、此《この》度は糧食も豊富で往航の比では無い。阿典で大鯛《おおだい》二疋《ひき》を得て新鮮の味を吃《きつ》した。ピナンでランボタン、マンギース、ドリヤンなどの珍果を満吃して南洋の味を専《ほしい》まゝにした。ボルネオの僧侶《そうりよ》一家族、皆好人物で日々有益なる南洋知識を彼等より得た。ジヤワの青年団是《これ》は快活に吾々と応酬した。スマトラ団体の中に山東省青州生れの支那人一人を発見した。彼は小にして各地を流転し、今はスマトラの田舎《いなか》で土人を妻《めと》り、農業を為てゐる。是非我《わが》家に来て一月でも二月でも宿れと云ふ。而して御前《おまえ》もスマトラに移住する気があれば、土地の世話をしてやると親切に勧めて呉《く》れた。一寸ばかり水夫に英語を話した為《ため》に、船長も、機関長も船医も、ボーイも、矢たらに余に話しかける。而して或《ある》時は通訳を命ぜられた。船長の後《しり》へに従うて、船中を巡回した。馬鹿《ばか》々々しいから、吾は馬来《マレー》語を知らぬから通訳は出来ぬと断つたが、生命に関する事件突発の時はさうもならず。英語から支那語、支那語からアラビヤ語、アラビヤ語からマレイ語に翻訳して、漸《ようや》く明白と為《な》るやうな滑稽《こっけい》事も、一二度ではなかつた。ピナンでも新嘉坡《シンガポール》でも、検疫は簡単であつた。高級船員は余を支那人として、種々談話を交へた。事務長は語端日本の悪口をサン〴〵述べた。英人が支那人の歓心を買ふに注意してゐることは、排日以来特に注意すべき傾向だ。新嘉坡政庁の方針と、支那人保護局の対支那関係の実状は之《これ》を示している。予の如《ごと》きも横暴なる船員に好遇せられつゝ、無事に十六日目で再び新嘉坡の碼頭《ばとう》に上ることが出来た。先発の支那人団体は、吾々に遅るゝこと三日目で到着した。船中雲南人一名死亡した旨を聴いた。

英国政庁の対亜細亜《アジア》人条例中には、デッキパセンヂヤーは一人上甲板は九尺立方、下甲板は其《その》倍の容積を占め得ることを規定してある筈《はず》。巡礼船に於《お》いては一人四尺立方以下である。人道上の見地より巡礼船営業者に対して、其の非道を警告せねばならぬ。而して日本の海運業者に、巡礼船開始を促さゞるを得ぬ。聞く所に由《よ》れば、十年前佐賀の深川汽船会社は新嘉坡を起点として、大西丸一隻をジユツダに仕立たさうだ。然るに是《これ》に乗《のつ》た巡礼者は迫害を受けた。又大西丸は、帰航にジユツダに寄ることが出来ぬ事情が他動的に起つた。こんな事で此《こ》の試みは失敗に了《おわ》つた。又三年前に郵船会社が再び計画して政庁に出願したが、終《つい》に許可されなかつた。是れ又プリウフアンネル等が邪魔立てをしたこと勿論《もちろん》であらう。

　何と云うても英国がヘヂアツズ王国の保護をしてゐるのであるから仕方がないが、回教民として巡礼船に対する不平は実に骨髄に達してゐる。異教徒の船に乗りて虐げられつゝある彼等の実状を、涙なしに観過されぬ。白人の横暴亜細亜人の不平、英国の勢力と雖も既に峠を越えてゐる。空を吹く風の方向は一寸の藁にて知れる。余は白人対英回教徒の間に漲る氛囲気の中から亜細亜の将来を語るべき、多くの資料を発見した。併し今は尚之を誌すべき秋であるまい。

八　巡礼余情

　世界一般の回教寺院に女子が、男子と同時に礼拝することは許されない。寺内に入ることすら禁じられてあつて、女子の為に別に小なる礼拝所が設けられてあり、或《あるい》は各個人の家に集りて礼拝することもあるが、メツカの女巡礼者は男子席の後方に在りて同時に天房に対して礼拝するのである。又受戒の時は男の如く白きイヘレームを纏《まと》ふが、女の事故《ことゆえ》下に普通の黒衣を着、袴下足袋《こかたび》スリツパーを穿《は》いてゐる。男が巡礼を終るとハツヂの称号を得る如く、女もハツジヤと敬称される。巡礼をすることがハンヂと云ふ動詞であるが、支那の教徒は朝《チャオ》ハンヂと云ふ。是れは同一義を支那語とアラビヤ語で重複して謂《い》ふこと、為る。外国語直輸入の際、こんな例は吾にも、支那の湯壺《タンホ》をそのまゝ湯湯壺《ユタンポ》と呼ぶ如き比類である。

天房の周囲にはバザールがある。各国の精貨が此処《ここ》に集まつて巡礼者の土産品《みやげ》となる。バザールは現に世界語であるが、沙漠《さばく》地方とバザールの発達は古き者で、ボツカラやメツカのバザールの如きは、其の最も特色ある者であらう、念珠《テスビハ》や纏頭《てんとう》用の美しきクロースや聖地の図を織込める礼拝用の毡子《せんす》、各種の経典、ミスワケと称する木の枝、之はモハメツトも歯楊子《ようず》として用ゐられたるもの、今もソフイル派の如きは礼拝の前に、形式的に之を以て口中を清める一具としてゐる。カルベ図をはめこみたる指輪、諸種宝石の類など皆《み》んなの買ひ求むる所だ。此外ザム〳〵水は神聖の水として、万病に効ある如く信ぜられ、之を小さな缶に入れて国の土産に携へ帰るのである。航海中海が荒《あ》るれば、御神水を海中に注ぐと、浪が穏かになるとまで思はれてゐる。

回教国の帽子は土耳古《トルコ》にしても、馬来にしても、支那にしても、或は印度や新疆《しんきよう》以西の諸回民国、その形に種々あり、或は単に布巾《ふきん》を纏《まと》ふありと雖《いえど》も、皆一様に縁のある者はない。中折《なかおれ》や、ヘルメツトや麦干帽の如き者では、其儘礼拝は出来ぬ、叩頭《こうとう》の際は前額を座にすりつける事故、縁辺は無用である。余はウツカリ新嘉坡でヘルメツトを求めて行つた。

上陸の際はイヘラーム故《ゆえ》帽は戴《いただ》かないが、税関で荷物の検査を受ける時、変に思はれた。支那では之を蒙ることを話して通過したが、宿の主人はメッカには携へて行くことは出来ぬ、之は耶蘇《ヤソ》教国の品だと抑留された。其《そ》のくせ多数のヤソ教国食料品はメッカのバザールに販売されてゐる。洋傘は禁じられては居《お》らぬ。

メッカは熱い。今年の四月は一朝熱風吹き来つて二千人の焼死者を出したと云ふ。夏季山野の草と云ふ草は皆枯れ尽してゐるが、ジユツダよりメッカの間に青々とした椰子《やし》の林、楡《にれ》の立木などを発見する。一年を通じて雨らしき雨は降らぬ、但《ただし》冬季驟雨《しゅうう》がある、其後に草が生へる。牧草は頗《すこぶ》る長き種類だ。家畜の美なる、天恵は彼等の上にある。羊の如き其毛色と紋様の美しき、他地方には類を見ない。而して人間も男女を通じて容姿立派だ。下《か》婢奴《ひぬ》僕《ぼく》は炎天に晒《さら》されて真黒ではあるが、中流以上の生活を営める者は、高層楼上に栖《す》んでゐるから、皮膚は白い。髪も漆の如く黒い、男は髯《ひげ》が多い。女は幼女の外、外出には眼だけ出して黒や白の顔簾を垂れてゐる。吾《わ》が国のおかいどりの如き大袍を頭からかぶつて、腰帯をして臀部《でんぶ》をふくらませてゐる。女で膝から下を露出するのは、下婢の外はない。同じ熱い処《ところ》でも南洋諸島の女は、美しき更紗《さらさ》の裙《も》を似て、乳房以下を纏ふも、上半部を露出して男子に見らるゝことは、生娘は兎《と》に角《かく》、年長《た》けたる婦人平気でゐるのと、趣が異ふ。カルベ参詣《さんけい》以外にて、吾等はアラブ女の顔を観《み》ることは出来ない。回教徒は如何に窮するとも其女を娼妓として春を買らしむることは出来ぬ。此禁と多妻との習俗とは、密接の関係があらう。「女は弱き者なり、妻としてゞも之を愛し助けよ」と云へるモハメットの精神は、其結果に於いて幾多の弊害を認むるも、厳に一夫一婦を可としたる、ヤソ教徒に有婦有夫の姦通《かんつう》は、公然の俗を為《な》して、互《たがい》に臭い者の蓋《ふた》を為しあつてゐるのと、其の人道上の功罪はどんな者だらうか。公娼《こうしょう》制度、売春女の発達せる国などの実状と照らしてどんな者であらうか。

回教徒は絶対に酒を飲まぬ。メッカに酒のあらう筈はない。其代りに茶《さ》館《かん》水屋が発達してゐる。素焼の瓶や甕中《おうちゅう》の水は実に冷《ひやや》かだ。メッカは水質悪しきも（ザム〳〵水も鹹味《かんみ》がある）ミナは山谷に井を掘つて水道の設けがある、水量乏しきも甘水である。之は住年渇死者の夥《おびただ》しきを慨し埃及《エジプト》国王が作る所ださうだ。南洋の米が巡礼時期には沢山輸入されるが、アラブの主食物は麦粉にて作りし焼餅《やきもち》である。メッカ棗《ホルマ》は大きく甘く其種は鱶牙の如く、之を念珠として珍重する。

英人は口を極めて土耳古人とアラビヤ人とを皆強盗の如くに悪罵《あくば》する。日本人ですらも、回教を以て野蛮人の幼稚なる宗教とし、剣とコロアニの一語を思ふ時、殺伐の者と推断してゐるが、かく一律には考へられぬ。アラビヤの天恵乏しき地、沙漠の民族の生活より当然に養はるべき習慣風俗に、吾等は、白人の徒の観るよりも、一層の同情を以て之に臨みたい。而して其の真相を研究し、多くの事象に就いて考へねばならぬ。古来アラビヤ人の数理に進歩したる、其数字は世界的用字になつてゐるではないか。天文学の発達したる、吾等も其恩沢に浴してゐるではないか。モハメットの基督《キリスト》に於ける、今日の基督教が回教徒を観るの如何に前聖の真意に反する者なるか、少しくかゝる研究に就いて注意するならば、世界に白人の横暴もなく、有色人の不平もなく、人類は皆唯一真神の生民、四海同胞、世を挙げて渾然《こんぜん》と一に帰さねばならぬことを肯定し得るに至るであらう。

九　巡礼船中雑詠

ジヤワの僧に薬恵めば喜びてくすしの君かと慇懃《いんぎん》に問ふ
隣なるボルネオの婦は児を指して汝にもありやとホヽ笑みてたづねぬ
前に居るスマトラ団はまとゐしてコロアニをば輪読してけり
キヤプテンとドクトルとは厳《おごそ》かに懐中電燈ヒカらし巡りぬ
マドロスの偉大なる靴よ我足の三つ許《ばか》りは入るべかんめり
白人よ何を誇らん南洋の土人の群の平和なる見よ
朝な〳〵バケツ半分の水を得て男二人の命つなげり
三日目に木ぎれわづかを与へらる亜細亜の人は喰《く》はぬと思ふか
さながらに百軒長屋の唯中《ただなか》にやもめ暮しの為体《ていたらく》にぞある
我が髪の俄《にわ》かにうすくなりにけり憂《う》き事多き旅枕《たびまくら》かも
サイアムのアホンの姿は半裸にてはだかの子供に添乳し眠れり
歳たけて父母在す人見ればことはり知らぬ涙こぼるゝ
マレーユの子供の群の其中に我子に似たる見ればかなしも

今日も亦《また》シヤツとヅボンを洗ひけりポンプをもる丶潮水を汲みて
パンを囓《かじ》り水をば飲みて朝げなす太古の民の安きを偲《しの》びぬ
ひんがしの空打ながめ日の本の遠つ御祖を心に念《おも》へり
逝《ゆ》きし子の御霊《みたま》よ在せとことはに在せよたえせず我《わが》懐ろに
三人の子等打ちつどひ礫荘の緑の木蔭《こかげ》に遊びおるらん
時鳥《ほととぎす》今年は聴かずわだつみの遠き船路にあるぞうたてき
かきつばた今日此頃や咲きつらむなれと眺めしあの池の辺に
心弱く理はり知らで為《な》せる罪我が大神の名にて許せよ
権力の下にかくれて為す罪は吾は許さじ征《う》たでし止まんや
黄檗《おうばく》の鉄眼和尚や田辺なる南方氏を偲びて泣きけり
広東の火夫の一人荳芽《まめのもやし》を作りて吾に買へとす丶めぬ
朝覲《ちようかん》の功をも遂《と》げず印度洋の魚腹を肥やせし翁こそあはれ
今日も亦トツプサイドに追ひ出されテケツト検査に半日暮れけり
此間暈へる老幼の様あはれ醜のゐみしが業の酷なる
船ばたに腰打かけて松蔭や俊介などの心をしぬびぬ
緑荳を盥《たらい》にもやしぬ芽が出でぬ三日を過ぎて菜となりけり
人類を愛する心と祖国主義何の異りへだてあるべき
白雲を友とし思へばアラビヤの海かり行くも楽くあるかな

帰航

何と云ふ美しさであらう紅海の夏の夕日の沈まんとする時
今日も亦二人死にける馬来人むごき英奴の為すにまかせて
南洋の一千余人の教民に一人の男なきぞかなしも
亜細亜人率ゐて起たんと思へども思へどかなし気慨あらなく
中国の教民共も同じことと思へばかなし亜細亜の未来よ
故郷のたよりもきかじ百余日我が日の本は如何《いか》にあるべき
パンジヤブの母と娘の美しき我日の本の人かと思ほゆ
黒鯛の生きたる奴をブツタギリさしみに喰へり阿典の港
石炭の粉一杯よ室の中黒き姫御前更に真ツ黒
ムンスンの後濤《あとなみ》高く船を打つ音を聴きつゝ日記を誌《しる》せり
今日も亦浪間に一人葬れりボルネオの嫗を白布に包みて
巡礼の業を了りてはるばると又も越え行く印度洋の上
英人も支那人も吾を支那人と信じ語るぞおかしくありける

十　ジユツダ及メツカ雑詠

ジユツダなる宿屋の娘来り問ひてスイニの君よアラブ語るや

馬蠅の刺すにまかせて打ちもせじ受戒せる身は生を殺さず
ラクダ待つ外に為す事あらなくに歌様の者ぬたくりにけり
天方《アラビヤ》の第一信を皇国の我が友人に書くぞうれしき
亜細亜なる西の極みに極東の男の子は一人現はれにけり
いざゝらば白衣纏ひて月の夜にラクダに乗りてメッカに向はん
句もならず歌亦成らず沙原の駝轎《シヨクド》の住居只熱き哉
ラクダ喂《か》ふ子供を観つゝ聖人の幼な顔など偲び見るかも
偶像を排せし聖人の御迹も何時か又醜き偶像と化し終りけり
死する者又病ゐる者数知らずメッカの聖地は地獄にもあるか
是に比し我が日の本の大宮は如何に尊き神居なるべき
さり乍《なが》らメッカの熱はいさぎよし熱時熱殺の好道場也
再生の為め汚をば焼き尽す熱とし思へばいよ忍びてん
心燈滅却火亦冷と念じつゝ懸座に熱と戦ひにけり
回教の改革か破壊か是れ復興アジアの唯一のキー也
アラビヤの二聖の道を取り撰び吾民草を涵ひ育てん
外つ国の吾が手を握り涙乍ら汝は真に日本人なるかと問ふ四川の翁
我が床に終に倒れぬ蜀の翁七十五年君の如き人を見ずと云ひけり
漢口の子供の事を依みつゝ我が手を取りて彼は死にけり

日の本のますら武夫よ何の糞病の為に倒るべきかは
粥《かゆ》一杯やつと喰ひて今日の日も先《ま》づ死なずにや暮れゆくならん
復興の東京よ日本よ青年よ霊なくて何の興るべき
待つなくて興るは豪傑の士なりと謂ふはげに真なりけり
三十而志立ちぬ今は又迷はずなりぬ吾も男か
武蔵野の土塊の子ははるばると沙漠の子の迹訪ね来にけり
天方の聖人の道を日の本に伝へん者は武蔵野の子よ
文明よ文化よ其名は偶像よサバクの子は剣以て之を征《う》ちぬ
東洋人よ其本に帰れよとガンヂー氏も教へ訓しぬ
権力の在る所罪あり悪あり之を征つ正義の力を我道云ふ
飽迄も亜細亜人たれ国民よ彼等と与に世に義を行へよ

（大正十三年八月十六日、新嘉坡林ホテル三階にて印度に赴かんとする朝之を草し了る、天鐘迂人）

下篇 白雲遊記

序

余は前きに拙稿「西へ西へと」の序に、身を白雲の徂徠《そらい》に任かせて、兎《と》に角《かく》西へ西へと行かうと記しておいた。昨年の冬東京を出かける時は、山東の旧廬《きゅうろ》を後に、河南、山西、陝西、甘粛、新疆を過ぎて、一度『世界の屋根』と呼ばるゝパミールの最高峰に立ち、天と人と而《しか》して我《わが》国に就いて考へて観《み》たかつた。夫《それ》は嘗《かつ》て余が飄然《ひょうぜん》として、孤笻を屢々《しばしば》泰山の頂上に曳《ひ》いたと同じやうな気分で、アノ辺を逍遙《しょうよう》し、夫《それ》から印度にでも出るか、或《あるい》は亜剌比亜《アラビア》に行きて、モハメッドの迹《あと》でも訪ねるか、などと思うてゐた。思うた事を敢行する身心の自由、之《これ》は苟《いやしく》も決する所だにあらば容易な事だ。捨身出家の業ならずとも、吾等《われら》野人は常に白雲のまに〳〵彷徨《ほうこう》してゐる。唯《ただ》思うて意の如《ごと》くならぬは若干の費用だ。夫《それ》もまゝよ、断じて行うたらどうにかなるだらう。野人の処世法は之を雪達磨《だるま》主義とでも名づけるか。コロ〳〵と自らころがつてゐる内に、どうにか態を為《な》して行く者である。

余の旅行も最初は山を越え雲を踏んで「西へ西へと」行く筈《はず》が、支那《シナ》を南北に馳《は》せめぐり、次《つ》いで海洋を航してメッカ巡礼と変更して了《しま》つた。メッカから帰路は、孟買《ボンベイ》に航行して印度を一瞥《べつ》し『世界の屋根』に上らんと予定したが、是亦《これまた》同行者や便船の都合で、再び英国の亜細亜《アジア》に於ける策源地、新嘉坡《シンガポール》に還《かえ》つて来た。

かくて余の第一次行程は兎に角無事に畢《おわ》つた。第二次行程は矢張《やはり》中央亜細亜に向うて進みたい。出来得れば、同行中の回僧三四者を伴ひて、行きたいと考へてゐたが、天祿《てんろく》吾《わ》れに乏しく、己《おの》れ一身さへ覚束《おぼつか》なき時、随身の青年回僧をも之を支那に還らしめ、自今万里単行と決した。前路を思へば雲山重畳又雲山行路難を歎《たん》ずることもあらう。けれども当初の予定を唯《た》だ逆にして、北へ東へと進んで行かう。依然此《この》身を白雲の徂徠に任せて。かく決して余には最もつらき、筆耕の業を旅窓に力《つと》めて、「西へ西へと」の拙稿一篇の結末を附けた。茲《ここ》に題を改めて『白雲遊記』と為し、新嘉坡を振出しに、過ぐる所の見聞感想を誌して、前篇に継続すること丶する。

（一三、八、二十六日ブルマの都ラングンに於《おい》て　天鏡生志）

一　樹膠園見物

◎三五公司のゴム山と英国の軍港問題

樹膠《じゆこう》園とはゴム山の支那《シナ》語である。余はゴムの樹《き》を以《もつ》て我が京都以西、特に神戸辺に好《よ》く見受くる、柳の如《ごと》き葉、百日紅《さるすべり》の如き樹肌にて、ポプラスの如く亭立した一種の外来樹を、関西地方でゴムの木と呼んでゐるから、多分あんな樹であらう位に思ふてゐたが、全く彼とは異る物と聞いて一寸《ちよつと》ゴム山の見物がして見たくなつた。恰《あたか》も好し同宿に、有名なる三五公司ゴム山の経理者星崎猛夫君が泊つてゐた。同君には友人小島文八氏から紹介があつたので、生面の人ではあるが、勧誘せらるゝまゝに其《そ》の帰山に従うて、ジヨホール州にある同公司の山に行くことゝ為《な》つた。山は新嘉坡《シンガポール》海島の対岸十七哩《マイル》、馬来《マレー》半島東南端の一角、ジヨホール河の河口七千エカーの地積である。来新前後二回既に二十日余になるが、所謂《いわゆる》見物の暇《ひ》まなくて、此《この》地に有名な植物園すら未《いま》だ観《み》ない。そこで星崎君は自動車を駆つて市の内外、植物園の中などを貫《ぬ》けて心地よきドライヴを試みた。椰子《やし》林やゴム園の中の坦道《たんどう》を十数哩走つてチヤンギリと謂《い》ふ海浜の小村に出た。其《その》入江には君の命に由《よつ》て、モーターボートが一隻来て吾等《われら》を待つてゐた。新嘉坡の風景は眼に鮮かに、如何《いか》にも明るい景色だが、南画にも北画にもならぬ。矢張《やはり》水彩画の題材に過ぎぬが、独《ひとり》此チヤンギリの入江は、ケバ〳〵しきペンキ塗りも見ず、如何にも南洋の自然其儘《そのまま》で、忘れ難き風情である。

村の老ハツヂ（回教徒にてメツカ巡礼を了《お》へたる者）が雪の如き白き帽子をかぶり、墨の如き黒い脛《すね》に赤い裾子《サルン》を纏《まと》いて、木下暗に淋《さび》しく立つてゐる。女や子供が床《ゆか》の高き草屋（それも我《わが》国の田舎《いなか》屋に類似した）の軒に佇《たた》ずんでゐる。つい此頃《ごろ》彼等《かれら》の同胞と与《とも》に、巡礼船に暮した余は、若《も》しや此《こ》の裡《うち》に同船の人もやと、何となく一種の慕《なつ》かしさを覚える。モーターは快く静かな海峡を走る。前面に大小の二テツカン島が横《よこた》はつてゐる。此辺より風浪著しく烈《はげ》しくなつた。直往すれば三五公司の山は指呼の間にあるのだが、遂《つい》に島陰をぐるりと迂《う》廻《かい》して、漸《ようや》く山の端の突角なる小桟橋に着いた。過ぐる所の澳島は皆英国が新たに設置せんとする軍港の要害だ。星崎君は慨然として其実状を語つた。

　桟橋は既に公司の勢力圏、之《これ》からゴムを積み出すのである。事務用と書けるトロツクに乗つて、馬来土人の二少年に押させる。軌道は海浜の椰子林間を過ぎ涼味万斛《ばんこく》、此辺の椰子は新嘉坡州の者より、ズツト高くズツトと太い。所々に土人の家がある。水渚《すいしよ》にはマングローブと云《い》ふ根上りの奇樹が、沢山繁茂してゐる、染料を之より得るのだそうだ。小一里も走ると一寸した部落がある。土人と支那人との雑居せる村で、公司の余沢を受けてゐる者のみだ。之より内へ入れば既に公司のゴム山で、如何にも整然たる林相だ。流石《さすが》に模範林と謂はる、だけあつて、手入も良く届いている。下草一本生へてはゐない。根幹の樹皮を斜に切つて、其処《そこ》から泌《し》み出るゴム液を、茶腕に受ける装置と為《な》つてゐる。道すがらゴムに就いて一通りの説明を聴き、事務所の前でトロを下りた。直ちに技師の案内で工場を一巡した。工場は簡単の者だ、採収した液を沈澱《ちんでん》凝固せしめ之を圧搾して白布の如《ごと》くし、乾燥室で天然乾燥をすれば、商品として市場に送り出されるのである。一番は淡黄色、二番は茶褐色、三番は灰色、四番は黒色、夫《それ》は渋や土などの混ぜし程度に由て等級が出来るが、要するに山元の工場は簡単の設備である。使用人は馬来土人、印度人、支那人等の男女であるが、馬来人は一番成績不良次は印度、支那人が尤《もつと》も信用と能率と、与にあるとのこと、日本人は賃銀のみ高くて支那人に及ばず、労働者として不適当である由。

　更に又トロに乗つて、山林中を縦横に走り、採収小屋、労働者宿舎、監督の社宅などを一巡して、大観山に登り山海の風物を観た。大観山の前に聳《そび》える初音山は、六〇九呎《フイート》の標高である。此山こそ要塞《ようさい》の主要地、両山の下と、大小のテツカン島附近とが英国海軍の根拠地とならうと云ふのである。此山岬より北方、ジヨホール河右岸一帯は、日本人の経営せる既成未成のゴム山である。此偶然の事実の前に英国は脅感を感じてゐる。而して疑心闇鬼を生じて、之を日本の予期せる野心的行動であるかの如く誣ひてゐる。若し六〇九呎の初音山をして完全の砲台とすれば、攻撃軍は気の施し様もないとの事だ。反対に此山下に十四吋《インチ》砲一門を据ゑるならば、海峡殖民地は守を失ふことゝなるとの事だ。

英国の諸新聞は公々然として、露骨に日本の攻撃に対して新嘉坡軍港急設の要を説いてゐる。而《しか》して之に拠《よつ》て馬来諸州其他の民族保護の重任を吹聴《ふいちよう》してゐる。かゝる吹聴宣伝は或《あるい》は日本以外の他の強国に対する、外交上の方便たり、牽制《けんせい》運動であるかも知れぬが、前に日支間を疎隔せしめたる魔手は、更に南洋民族間にも伸びてゐるやうに考へらるゝ。

山麓《さんろく》で業務終りを報ずる晩鐘が鳴つた。山上の人は夫《それ》から夫へと色々な事を考へせしめられた。婆娑《ばさ》たる落葉を踏みつゝ、ゴムの実を漁《あさ》る樹上の栗鼠《りす》を驚かしつゝ、山下のクラブに来つて一夜の宿を得ることゝなつた。東道の主人星崎君は数日前手を傷《きずつ》け今日も繃帯《ほうたい》を為《し》てゐたが、発熱甚しと、終《つい》に病床の人と為《な》つたのは気の毒に堪へぬ。能舞台の上の様なクラブの一室で、公司の幹部諸君と鶏肉の鋤焼《すきやき》会が開かれた。其後で余に旅行談をせよとの注文が出たので、東西南北の閑話を試みた。木の間を漏る月影白く、草叢《くさむら》にすだく虫の声、山気頗《すこぶ》る冷かに、丸で中秋の夜を思はしめる。衆人各々其宿舎に去るの後、クラブに同宿の林学士小田脩氏と更くる迄《まで》語つた。氏は我邦ゴム林業に関する学術の、オーソリチイたるは世既に之を知る。而《し》かも其《そ》の世界的眼光を有し、国事を憂ひ、経綸《けいりん》を懐《おも》ふの至情は、山間の一閑技師ではない。南洋の一角に此《かく》の如《ごと》き人を有するのは、独り三五公司の福たるのみでなく実に邦家の幸ひだ。

クラブの給仕には、新婚の海南島種支那人夫婦が愛憎好く接待して呉《く》れた。殊に余の支那語を語るのは、かゝる南洋の山中に来てまで、如何に便宜よく又心地よく感ぜしむるか。

支那労働者の宿舎の入口などにすら、四方交遊晏子之風などの文句を発見する。支那人の海外発展と、支那古文明の感化の偉大なる力、彼等は馬来地方に来ても馬来語を要とせぬ、英国の領土に来ても英語を用ゐない。彼等は如何なる地に来ても支那人其儘として、根強き生活を営む。是《こ》れ彼等が如何《いか》なる外来の圧迫困苦に対しても、尚《なお》忍んで生活の向上を企図し得る所以《ゆえん》である。三五公司は嘗《かつ》て南清《なんしん》に於《お》いて国家的事業をした歴史がある。此山にも当時の人富岡千春氏の如き、支那通にして又南洋通がゐる。前年排日熱が此山中迄襲うて来た時、配下の支那人は貧乏搖ぎもせなかつたのは対支那人感情を平生呑込《のみこ》んでゐること、氏の如き人がゐるからだ。南洋の実勢力が既に支那人の手中にある今日、南洋を解する上に必要なる知識は、英語知識よりも寧ろ支那学の知識であることも吾邦人は考慮する必要がある。

ゴム山の事。ゴム市場の談。説くべき事も多くあらう。要するに馬来半島の経済的生命はゴムにある、而して日本人の海外的事業として、土地の上に真に放資したるは此の地を主とする。四千万円のゴム山投資額、其金利一割以上であるのに、ゴム価下落、高価時の十分の一にも達せざる今日、如何にして現在の事業を継続維持して行けるか。切角踏み出した南洋発展に就いて、当事者も政府も真面目《まじめ》に百年の計を樹《た》てねばならぬ。

余は嘗《かつ》て竹越三叉氏の南国記を興味を以て読んだ。故桂公児玉伯等から親しく北支南進論を吹き込まれた。或時《あるとき》は配下の青年を引率して図南の計を樹てた事もあつた。そんな往時を辿《たど》りてゴム山の一夜を静かに語る時、東西南北に行き詰つた日本の国力と日本人と今後どうしたら好《よ》いのか。実に血の湧《わ》く思ひがする。

英国の軍港設置も要するに時期の問題だ。翌朝小田学士と初音山の頂上に登つて大に談ずるつもりで出かけたら、船が出るとの注進にて引返し、富岡氏に送られてトロックを又昨日の椰子林道を桟橋に走らせた。船待ちの支那人、馬来人、様々の装ひ美しく桟橋は賑《にぎや》かであつた。待つこと数時にして船は来ぬ。此間富岡氏の実験談は最も興味深きものであつた。氏の配慮でモーターを用意することが出来たので、再び部落に引返し、乾揚《ひあが》つたボートを、村の若者がエンヤ〳〵と押して、遠くまで乗り出した。浜辺には仁王様の如く偉大なる富岡氏や幾多の支那人馬来人が立ちて、余がハンカチを打振るのを互《たがい》に受けて別れを告げた。

去るの時星崎君の熱は益々《ますます》高く、頗《すこぶ》る苦んでゐるとの事にて、却《かえ》つて会はずに別れた。君は恐らく井上雅二君と与に南洋に於ける日本人の代表者であらう。希《こいねが》くば健在自重せられんことを本稿の終に記して好意を謝しておく。

（一二、八、二十七日夜プルマのイラワデー河を下り乍《なが》ら之を認《したた》む）

二　星州雑観

漢字新と星は同音である。支那人は新嘉坡を漢名にて星州と呼ぶ。かく勝手に外国の地名を支那化し得るだけ、漢字文明の力は強いのである。星州の人口四十二万六千の内、実に支那人は三十六万ばかりを占めてゐる。馬来人は僅《わず》かに五万八千、日本人は二千五百人を出《い》でない。此の数字に因て観れば、所謂南洋華僑《かきょう》が、如何に星州を中心として発展しつゝあるか。海峡殖民地は英領であつた所が経済上の実勢力は支那人に存することは明白である。蒙古や満洲や西比利亜が、北方支那人の殖民地であるが如く、南洋は福建、広東人の殖民地であると観てよい。支那の政治的不安と、天災的不幸とは、南北支那人をして自力発展を敢行せしむる。星州の如きは、今や華橋に取りては彼等の本国に比して、実に楽天地である。

英国の政庁も其実力の前には、彼等の正常なる申分《もうしぶん》を左右することは出来ぬ。吾等の一《いち》瞥《べつ》を以ても、著しく迎合的妥協的態度を以て支那人に臨んでゐることが認めらるゝ。

日本の南洋発展は密航醜業婦に由《よつ》て行はれた。醜業婦の需要に応ずべく、日本男娼《だんしょう》の売買が行はれた時代さへ、未《いま》ださう古い事ではない。日本人のゴム山事業も、当初は女郎屋の主人などが着手したのだ、夫《それ》も明治三十八九年から以後の事である。欧洲《おうしゅう》戦の影響にて、ゴム価の迸騰《ほうとう》は一時日本人の南洋熱を煽《あお》つたけれども、今やゴム林業家は進退谷《きわ》まつてゐる。従つて在星日本人も頗る振はない。一船毎《ごと》に内地に引揚げて行く者が多い。之に反して一時追ひ返された醜業婦は、又々来集して飛んだ方面に頽勢《たいせい》を挽回《ばんかい》してゐる。東方亜細《アジ》亜《ア》に於いてすら、未だ日本の堅実なる発展を認むることは出来ぬのに、其の外廓が日に月に崩れて行く。此の如くにして内城の持てる筈がない。国内問題のみに急なる日本は、少しく支那人に学ぶが好い。

愈々《いよいよ》星州を去ると決めて、或《ある》日の午後から自動車を飛ばしてジヨホール州の政庁所在地を訪《と》うた。最近覇《は》提《てい》を作りて、二州は陸続きと為つて了《しま》うた。星州も本はジヨホールの地、一八一九年に買収したのだ。馬来半島は海峡殖民地、馬来聯邦《れんぽう》州及《および》非聯邦州の三に区分し、ジヨホール州は非聯邦州即《すなわ》ち英国の保護国となつてゐるが、政庁の最高幹部は、皆英国人で只《ただ》回教国としての宗教局だけが、英人の長を有せぬだけだ。衛生局に唯《ただ》一人の日本雇員野村君が居る。同君の案内で、回教寺院、国王一族の墓、政庁等を見物した。現サルタンは英国に遊び、年壮、虎狩《とらがり》が好きで酒も飲む、星街に出て来ては、折花攀柳《はんりゅう》の風流も盛んとの事、回教の戒律もサルタン始め此《かく》の如《ごと》くなれば、土民子弟も礼拝すら行はぬ者多くなり、最近は毎金曜日の礼拝に、続けて三回欠席せる者は、罰金を科する法律さへ出てゐる。政庁の上には高く星月旗が翻へり、寺院は堂々たる建物なれども、茲《ここ》にも宗教国家の頽廃《たいはい》が観られる。さり乍《なが》ら政庁の庭から、海峡を望んだ景色は実に得難き風情だ。此の都に日本人は八十人ばかり在住してゐる。此州だけで邦人のゴム林が百箇処以上、而して英国軍港予定地に為つてゐる、主要なる土地すらあること、前項記するが如くである。

何れの時か邦人の永代借地権は（九百九十九箇年）英国軍港設置の為に、買取せらるゝ事があらう。茲にも第二の加州問題が起る。夫は蓋し時期の問題であらう。

星州からジヨホールの往復、自動車のドライヴは沿道のゴム林、椰子林の中を貫ける坦道を走るので、愉快な事であつた。入江の樹の下などには鰐魚《わに》がゐる。併《し》かし此地のワニの肉は味が悪い、又革も薄くて価が無いなど、同乗の林ホテル主人公が語る。又南洋日々主筆の堀切君が、林間のタンクを指して、軍港問題を力説する。随身の馬錦章は、日本語を解せず、只黙してお伴《とも》をしてゐる。

水源地だの、海岸だの、工場地だの、矢たらに自動車で飛んで走る。丁度盂蘭盆会《うらぼんえ》で支那人町は殊《こと》に賑かであつた。堀切君は新喜楽のお伝さんと云ふ、星州で有名な女将を見物させて呉《く》れた。飲を為《な》さぬ余には、相対してもとんと談興も出ず、只同君から其有名なる所以を聴きて、星州日本花街の夜景をも観た。又南洋日々社長古藤君の宅で椰子の間漏るゝ月を観乍ら、縦横談を聴いた。南日は恐らく上海以南に於ける、唯一の在外邦字新聞であらう。支那では領事のオールマイテイ下にて、邦字新聞の発達は困難だ。星州では領事に監督権は無いから、一種の強味がある。現に英国政庁からは一敵国として視《み》られてゐると云ふ。タゴールやガンジーの人物評をしても、発行停止や退去処分を以て威嚇されるなど、語つてゐた。同席の堀切主筆の最近欧羅巴《ヨーロッパ》視察談があつた。矢張《やはり》新聞記者が集らぬと天下の形勢は分らぬ。偶然にも古藤君の夫人は旧識の今田翁の女であることが知れ、経《けい》綸《りん》談から細かな人情噺《ばなし》に転じて、更くる迄日本人生活の境地を味うた。

政教社へ四月以後の日本及日本人を、此地領事館宛《あて》で送つて呉れる様に依頼しておいたが、一切の日本からの通信を、終《つい》に此地にて得ぬと与に、同誌をも手にすることが出来なかつた。そこで唯一の邦人書籍店花やゝに交渉して、日本人読者を取調べて貰《もら》うたら、二十名程の名を記して呉れた。其内の花房歯科医に使を馳《は》せたら、同氏自ら来訪して、健全に発行しつゝある本誌の各号を手にすることが出来た。幸にも我が便船出帆が一日遅るゝことになつたので、同誌を閲して祖国の好音に接することが出来たのは、在星最後の楽しさであつた。

（一三、八、三十一日午前十時マラツカ丸船中にて、時に濁流を蹴りつゝ、ガンヂス河溯航中）

三　星架坡――蘭貢――甲谷陀

前回在星十三日、支那人の宿屋と回教の寺院とに住みて、日本人には接触しなかつた。今回はメッカ巡礼の難行を畢《おわ》りて疲労を医したいと、日本人の林ホテルに泊つた。此家の主人公は二十余年南洋各地に暮して有名の男だ、只子供も無き夫婦は、毎日酒に淫《いん》して向上の工夫も無く、好人物たり古顔たるが為《ため》に、旧人が来て宿泊するも、商売道より脱線してゐる。吾は好卜居《ぼくきょ》を得たが、林君の将来は気の毒の感が深くあつた。夫《それ》は単に一林君の為《ため》では無い。日本人の海外に在りて、事業を為《な》しつゝある者の生活状態、有識者も、無識者も、海外事業家としての精神と、生活との上に、更に一段と工夫をせねばならぬと、平生考慮しつゝある吾等に、洵《まこと》に遺憾に思はしむる。三五公司の星崎君なども、一夜泌々《しみじみ》と海外生活者と、家庭問題に対する煩悶《はんもん》を語つてゐた。良家庭を有すれば有する程、其子女の年齢と与に、主人が家庭に分離せねばならぬ様な時期が来る、かゝる時期には、主人翁は漸く家庭の楽《たのし》みを以て、人生の至楽とする年齢に達した時だ。誰《たれ》しも此問題に就いて考へさせられてゐるやうだ。国内に安楽にしてゐる人の同情、海外事業に対する国家の確乎《かつこ》たる方針、大日本と成るべき為《ため》の国民教育、こんな問題は頽廃日本の現状に対して痛切に感ずる所だ。

　余は八月十八日発の郵船マラッカ丸で、渡印を決定してゐる。人間は何時死するか我がアラビヤ行も死に面して来た。生のある間、為《な》すべきの事は少しでも為しておかねばならぬ。余の今日為しおくべき事は余には尤も苦しき筆耕である。作文である。近親への通信を外にして、日誌の整理、研究資料の蒐集、而して行旅中の見聞の幾分なりとも、祖国の人に報じておきたい。毎日死ぬ覚悟で遺言を書いてるつもりで、第二回の星架坡滞在十二日は多忙に過ぎた。国民新聞への通信、斯文会への寄稿、而して我が日本及日本人の原稿。而して是等《これら》は余の旅行に対して、一銭の物質的援助も与へ呉れざる者であるが、余自身は是等の機関を通じて、多少なりとも自己の感じてゐる責務を、尽しておきたいと思うてゐる。

　在星中浮田総領事から、此地の日本人の為に講演をして呉れとの交渉を受けたが、余は平生、世の博士や名士諸君が、素通《すどおり》旅行に其旅行先《さ》きで、講演をしてゐるのを、する人をも聴く人をも与に愚な事だと心中に嘲笑《ちようしよう》してゐる。視察見学の為の旅行なら其他の人を師とする考へで、所在教を乞うて歩くこそ然るべきにと思ふてゐる。然るに反対に自家広告の無責任な話をして行く。こんな事を平生不快に思ふ余は、之を辞した。加之《しかのみならず》、公開講演をすれば、今後の旅行に支障を生ずることがあるかも知れぬ。浮田氏も余の意中を諒《りよう》して、只少数の人を其官邸に招き、坐談《ざだん》の会合を催ほした。官邸は丸で深山幽谷に在るの感がして、余が此行の旅の一夜には忘れ難き印象であつた。卓子《テーブル》の上の嫁の涙と云ふ花の色が如何にも涼しくあつた。領事夫人の接待振も荒寞《こうばく》たる旅情には難有《ありがたく》之を受けた。而して余は二時間許《ばか》り諸氏の為に支那及南洋の回教に就て語つた。而して余は回教学者でもなく回僧志願者でもなく、回教研究の基く所は吾が惟神道の拡充にあることを以て結論として、心持能《よ》く所懐を述べた。あゝ此小会、彼《か》の三五公司ゴム山林の静夜と与に余の南洋遊中の饒舌《じようぜつ》であつた。

吾等には毎日礼拝の業がある。而して新嘉坡を中心として南洋の回教事情も詳知しておきたい。英国の殖民事情も知りたい。南洋支那人の実状も研《きわ》めておきたい。所謂見物もしたくない事は無い。而かも前路尚遼遠《りようえん》、只健康を欲する、現に疲労は恢復《かいふく》せぬ。身中に色々の故障を感ずる。固精嗇神を念とし、只健康を神に禱《いの》りつゝ愈々出発の日と為つた。

同行八十九名の支那回教徒は六十名と減じた。あはれ二十九名は道の犠牲と為《な》り了した。彼等の内甘粛の一名は埃及《エジプト》カイローの回教大学に遊ばんとて残つてゐる外、十八日の朝悉《ことごと》く支那に還《かえ》り去つた。済南より余に随身せる馬生とも別れねばならぬ。彼や青年好学、久しく予の白雲遊に伴ふのは、青年を害《そこな》ふ者だ。此行彼も既に回教修業中の難事たる、朝観の行を畢《お》へたれば、錦《にしき》を衣《き》て故郷に帰る者。青年回僧中には名誉の至りである。余は彼をして天津に送り、王静斎氏の門に学ぶやうに勧めた。而して別に臨んで伝習録一本を与へ、立志の要を語り、彼を激励しておいた。前《さ》きに北支那旅行には周硯坡あり、今馬錦章あり。此二生は余の鉄拳を吃《きつ》すること幾回なるを知らず、而かも常に涙を垂れて余の訓戒を聴いた二青年だ。此二回教青年を通じて、多少なりとも日本精神が、支那回教徒の中に注がれたならば、そは他日道の興る上に、決して無用ではあるまいと思ふ。

一日遅れたマラッカ丸は、十九日正午出帆することゝなつた。埠頭《ふとう》には馬生が、アラビヤ人の如き装ひにて淋《さび》しく立つてゐる。マラッカ丸は貨物船である。乗客は只余一人のみである。此乗客は依然としてデッキのお客さんである。斎藤支店長や福田船長木塚機関長の好意で、デッキのお客さんは一等客以上の好遇を受け得ることと為つた。久々で日章旗の翻へる船に、日本語を以て応酬し得る境涯を得た。林ホテルの主人は椰子の新果を一籠《かご》、其細君は花を瓶にさして船室に、女中のお衣さんはレモンを沢山に、男衆の福留さんは蜜《み》柑《かん》を贈つて呉れた。茶代も祝儀も与へられぬ雲水書生に対して、彼等の好意は吾《わ》が旅情を慰するに余りある。馬生と福留さんの姿が只二人新嘉坡の埠頭に何時《いつ》迄も消えぬ。船上亦只一人の客は、雲山万里の懐を抱いて終に彼等と別れた。

四ケ月の間三度彼南を過ぎて、一週間目に緬甸《ビルマ》の港蘭貢に着いた。イラワデー河口より五十哩を溯《そ》航《こう》しつゝ、南岸の風情は楊子江上を行くの感がある。万項の青稲田の中に部落がある、其処《そこ》には円推形の仏塔が高く聳《そび》えてゐる。蘭貢に近くなれば有名なるシユータゴン、バゴタの金塔が、燦然《さんぜん》として江天の偉観を為してゐる。ソコには天主教堂耶蘇《ヤソ》堂、政庁の高層建築等幾多もあるが、而して是等は欧洲文明の代表的の者であるべき筈《はず》なるが、一個のシユウタゴン仏塔は蘭貢都城の全部である。印度本国には今日仏教は錫蘭島及北部ヒマラヤ地方の外、頗る振はないが、隣国の緬甸は仏教の最も盛んなる国である。其信仰状態がどうであれ、此金塔に対して、西洋文明の何等の表徴も之に及ばぬのは、事実である。而してかく感ぜしむるのが、緬甸を観た第一印象である。

メヂナ聖殿

蘭貢の英人検疫官は、巡査と与に日本船から袖《そで》の下を平気で要求する。吾等のマラツカ丸には、船員中両三名の病人があつたので、より多くが支払はれたやうだ。厄介な白人共だ。此頃のビルマ印度地方の気候は、一年中最も雨多く、乍《たちま》ち降り乍ち晴れ晴るれば苦熱に堪へず、降れば衣を重ねんばかり涼しい。病人も従つて多い。時には全船員病んで、船の運《うご》かぬ事なども珍らしくないとの事にて、佐世船医は非常な心配と多忙であつた。蘭貢三日、余は船から下りなかつた。雨の為でもあるが、金塔を望観したゞけで、英領緬甸に足を下す心地がせなかつた。昼夜ヤカマしき荷役の騒ぎを静かに聴き乍ら、サルン備附《そなえつけ》の雑書を耽読《たんどく》した。殊に浄瑠璃《じょうるり》集を久々にウナリ乍ら読んだ。日本の真の味がする。国内に於ける旧武士道は、世界に於ける日本道として進歩発達せばならぬ。円窓から雨中の金塔を望みつゝ、浄瑠璃に感激し乍ら、新日本道の樹立など考へてゐる内に、船は再びイラワデー河を下りベンゴール湾を横切りて西北行した。毎日風雨が激しい。夫《それ》でも今回は日々入浴もすれば、日本料理を吃しつつ愉快に航海をした。而して新嘉坡より十三日目、一千八百哩を走つてカルカツタに着いた。ガンヂス河口から百二十哩の濁流を溯《さかのぼ》り行く時、中途よりは英国人経営の、堂々たる諸工場が河岸に沢山見受けらるゝ。見渡す限りの平野、そこには稲田と椰子林と蒸々たる白雲を望むのみだ。

　川の上には大小幾多の船舶の往来するのに出会うた。而して又金山寺の和上の「江上一隻の舟も過ぐる無し」の句を思ひ出した。未明から溯航した吾が船は、夕方に漸《ようや》く、甲谷《カルカツ》陀《タ》碼頭《ばとう》に碇泊《ていはく》した。此地に日本人の宿屋は一軒もない、余も亦一人の知人をも此地に予期してゐない。松井事務長は一層船に其儘泊つておいでなさいと云ふので、兎《と》に角《かく》着いた夜は依然船中の客と為つた。其お蔭《かげ》で此遊記を認《したた》むることが出来た。

（十三、九月一日朝甲谷陀碇泊中のマラツカ丸船中にて）

四　甲谷陀瞥見

触目偶感の観察は、その第一印象を捕へるに於て却つて生半可の見物よりは物の真相を得ることが出来る。余はブラリとして甲谷陀に来た。松井事務長が我が帝国総領事館に行く用があるので、之《これ》と同乗して自動車を走らせた。所が松井君は前航に一回来たが明白に其《その》処在を記憶してゐない。洋傘を翳《かざ》して辻《つじ》に立てる赤帽の印度巡査にジヤパンニースコンスレートを何遍訪ねても堂々たる日本国総領事館を知つてゐる巡査が無い。君はヤツキとなつて運転手に殆《ほと》んど市の南半部を駆け廻《まわ》らせた。遂《つい》に郵船会社のクラブに行きて町名を聞きヤツとの事で到達した。御蔭《おかげ》で自働車代もかゝらず、僅《わず》かの間に甲谷陀《カルカツタ》見物が出来た。事務長さんでも海の人が陸に来ては飛んだ失策を演ずるとて大笑であつた。星架坡《シンガポール》の浮田総領事からの紹介で此地《この》の副領事の伊藤氏に面会して、宜敷《よろしく》とお頼み申した。余の身柄は直ちに独居の氏の公館に運ばれた。氏自らマラツカ丸に出かけて唯一袋の余の旅行具も運ばれた。而《しか》して印度桜と呼ばるゝ合歓木《ねむのき》に似た木の茂りたる処《ところ》を眺めつゝ夜の更くる迄《まで》氏の口より夫《それ》から夫へと印度の談話を聞くことが出来た。之で余の甲谷陀見物或は印度見物は卒業して好いのだが、夫も亦《また》あんまりアツケないとの事で、更に一日間見物のプランを副領事に立てゝ貰《もら》うた。明日は此《こ》のプランで飛び歩く事とする。

余が足を印度に入れた第一日は大正拾三年《じゅうさん》九月一日の午前十一時であつた。昨年の今月今日余は東京で大地震に出会つた。多年考へてゐた旅行を、最も困難なる事情の下に断行するに到つたのも、実に彼《か》の大地震の賜《たまもの》である。震災一週年の回顧、人々に由《よ》つて色々であらう。余は印度の大都甲谷陀のロウダン街に、更くる夜に秋声を聴き乍《なが》ら、伊藤氏と共に談は昨年の今日に及び震災と日本の将来などにつき深き心の泉を掬《く》み乍ら、大きな輪劃《りんかく》の中に日本と日本人とを語つた。余に取つては来年の今日ともならば此一夜も亦、思ひ出多き一夜であるであらう。伊藤氏は生面の人であるが、君の家は予の東京の寓《ぐう》と同番地であつた。君の家人は余が屢々《しばしば》路上で遇《あ》うてゐる人であつた。若き君の夫人は久しく病みて昨今頓《とみ》に容態も進み、君は至急帰朝したき願を出して其許可を待ちつゝあるのだと心配の意中を語つてゐた。外交官と其《そ》の生活、かうした淋《さび》しきつらき実状は誰《たれ》にも伴ふ事ではあるが、実際同情に堪へぬ。吾等風来者が行く先々で多少の迷惑を諸君にかける、かけつゝも泌々と諸君の生活につきて語るとき、夫が又多少の慰藉ともなる事であらう。否是非かくあれかしと念じつゝ余は在外の人士に接しつゝあるのだ。

　第二日馬車を雇うて、伊藤氏の門人ドラウン君と共に氏のプラン通り一日間卒業の見物を実行した。茲《ここ》に門人とは印度語直訳で寧《むし》ろ門番とせねばならぬ。支那《シナ》語なら『看門的』と謂《い》ふ所だ。余も一語の印度語を語ることは出来ぬ。ドラウン君も一語の日本語も亦英語をも知らぬ。かくてドラウン君の案内で忙《せわ》しく此一日に見物を貪《むさぼ》らうと云《い》ふのは、一寸《ちよつと》人間離れがしてゐる。実際ドラウン君の風彩が既にカルカツタにゐて英語を知らぬ事程左様に人間離れがしてゐるのだ。ドラウン君は印度教徒で、彼の頭は一般印度教徒に見る如《ごと》く死んだ時、天国に引上げて貰ふ手がゝりとなるべく頭髪の中央部丈《だけ》長く残して周囲はザンギリにしてゐる。其上に一寸白布を載せて、前に幾重にヒダを取れる裙、其裙《も》をキユットの前から後へに引きはさんで臀《しり》ぱしりをしてゐる。回教徒たる余は鍔《つば》のない黒ビロードの馬《マ》来《レー》帽子をかぶりて、昨今は既に印度人と伯仲の真黒の顔で此の仙人君と一所に先《ま》づKali-Ghat Templeに詣《もう》でた。婆羅門《ばらもん》の古刹《こさつ》でカルカッタなる地名の由《よつ》て起る所だと伝へらる、寺だ。昨今は開帳時期で沿道は雑踏してゐた。化け物の如《ごと》き諸神の怪画や人形、而して真物の化け物も沢山道の両側にゐた。夫《それ》は婆羅門の乞食《こじき》行者であらう。気の小さい日本の女などはアット魂《たまげ》消る様な不気味の人間だ。又参詣《さんけい》者の女の後ろ姿は真白き紗布に黒き縁を取りたる、かつぎと半衣と、実に瀟洒《しようしや》たる観である。中には富みた者、浮きたる者は色美しく、金銀の刺繍《ししゆう》など施したる者もあれど、彼等《かれら》が赤足にて静かに揃《そろ》うてねり歩く様は、確かに日本の耳かくし美人などの家鴨《あひる》行列よりも絵に成つてゐる。但し正面より其顔を看《み》ると例の鼻輪にウンザリする。鼻輪も頗《すこぶ》る偉大なる者もある。左《さ》り乍《なが》ら其顔立ちは眼は円月の如くパツチリとして鼻筋よく通り、口小にして唇厚く、観音様の相だ。腕輪、足首の輪、耳輪、而して鼻輪、是《こ》れ常に夏の如き地方にて婦人の人工美を施す要処の装飾だ。鼻輪は一寸おかしな感もするが、鼻が諸相の中心だ、茲に異性の注意を惹《ひ》く為《ため》に鼻輪をはめるのは、帯に念入れて注意を腰部に引き、半襟《はんえり》に工夫を凝《こら》し乳の辺に視線を引きつけんとする異性感応催促術よりも、容貌美本意で此方が真義に通じてゐるかも知れぬ。

余は今夕出発シムラに行く事はいんまの先き決定して多少の準備に心忙しき時に、簡単の通信的記事を書くべき筆がつまらぬ詮議立《せんぎだて》に陥つた。カリガツト寺は小さな寺で別に建築上の美はない。英語を解する案内者に引ずられてグルツトと一めぐりして犠牲所の血に染みた処、禱《いの》れば子の出来る樹、ギリシヤナ女神の祠《ほこら》などの前で善男善女と一所になつて手を合せ拝んでおいた。要するに是れ淫祠《いんし》の類一般回教徒から見れば其《その》愚を憐《あわれ》み且つ憤ることであらう。回教徒が印度に侵入して一切の偶像大破壊を敢行したことは、其当時に於《おい》て必然の事であり、其結果として印度人を幸福にし、之を向上せしめたであらう。釈尊は婆羅門の外道《げどう》に苦しむ者を救済し、彼等《かれら》を極端な階級制度より解放して、四民平等の社会を建設した。然《しか》るに之も久しからずして印度からは仏教は次第に消えて再び印度教の天下となつた。釈尊は決して偶像の盲信を説きはせぬ。併し末世の僧すら教祖として偶像化する如く小人の信仰は忽《たちま》ち硬化して何時か偶像を礼拝の対象とする。回教徒の礼拝すら今やカルバを以て一個の偶像の対称物と考へられぬことは無い。無智《むち》の土民の印度教を以《もつ》て満足するに至る、而して宗教には不干渉主義なる英国の統治方針は、英国皇帝が釈尊にあらざる限り当然の事で、印度の平和は印度教徒の迷信的生活に在る間は維持継続せられて行くであらう。東部印度なるベンゴール地方及びベンゴール族が印度教徒の勢力圏であるが如く西部の孟買《ボンベイ》を中心とした地方には回教の勢力が認めらるゝ。而して此方面の回教徒は余程進歩的であり、且つ財的実力もある。大乗仏教徒の勢力も此地方に相当あるが、回仏二教の接触が進行しつゝあることは、色々なる意味に於て、単に印度問題の将来のみでなく、吾等《われら》の注意を惹く現象である。又筆は岐路に入つた。

カリガット寺から動物園の中を逍遥《しようよう》した。此地在住日本人は二百四五十人、皆ビジネスマンだ。ダンマバラー君やタゴール翁など日本で其顔を看《み》た人だから忙《せわ》しき訪問をするに及ばぬ。静かな森の中でライオン翁やタイガー氏など相対して無言の感想を呼ぶのは余の至楽の一である。東京に行く時は上野の森で時々此《こ》の楽《たのし》みを独《ひとり》味ふ事が出来る。此日も動物園が一番多くの時間を割愛した。ゴリラや猩々《しようじよう》は同じ猛獣でも不快な奴《やつ》だ。マラッカ丸の船室でサルン備附《そなえつ》けの本を借りて読んだ中に長谷川如是閑君の犬猫人間と謂ふ新刊物を面白く看た。其中に支那人の顔と西洋人の顔を比較して、西洋人は皆猛獣の様だとあつた。思ふに其猛獣もゴリラや猩々の類で決してライオン翁やタイガー君の類でない事を余は君の文に註を加へておきたい。猛獣訪問の外にカメレオンと各種の熱帯の蛇を面白く見物した。此動物園は有名な者ださうだが、上野の動物園に比して誇るべき程の者ではない。動物見物に附帯して余の拾得は園内の見物人を見物することだ。柵内の動物と反対に人間はこんな時には開放されて最も自然の状態である。印度人の自然の有様《ありさま》をこんもりした森の中で観《み》る時に英国の勢力から発するがスの臭《におい》はせぬ。此日の見物人の大部分はカリガット参詣の帰りで、其の髪の分け目、前額、足などに朱を塗つてゐる。又参詣に来られぬ人の為に携へ帰るガンヂス河の水を古雅な銅瓶に容《い》れた物を、若き娘などが携へてゐる。何となく古い印度が東洋のロンドンだと誇らるゝ大都市の真中にて発見される。次にVictorial Memorialと云《い》ふ大理石の大建築を見た。之はラッチもない者だ。此記念館を通じて感じた英国の皇室と英国の美術と古文明とはとても印度人を感服せしむる事は出来ぬであらう、之は愚挙であつた。博物館は伊藤氏の注意で只《ただ》楼下の右の室だけを駆足で見物したが実に素張らしい者ばかりだ。殆んど石彫のみであつたが支那の此種の物を少しく観てゐる眼には比較的に観察されてアレダなコレダなと合点《がてん》される節がある。又近代傾向だと云ふ乳の大きな、足の太いズングリモツクリの肉感的の裸美人の彫刻、之は矢張《やはり》印度の者だ。印度の者には陰部が充分大きくして縦の一線すら眼立つ様に刻んである。一層裸体美を論ずるなら此処迄《ここまで》来る方が好《よ》い。支那の碑碣《ひけつ》は支那自身に一特色のある者。殊《こと》に其様式が時代々々に変化してゐる。漢碑の碑頭の鋭角三角形なるは明碑などの龍をゴテ〳〵鏤《ほ》りたる者に比して非常に雄渾《ゆうこん》なる印象を与へるが、此博物館にも梵字《ぼんじ》の細かき者を刻める三角頭の大碑が一つ陳列してあつた。時代は何時頃《いつごろ》の物か調べても観なかつた。外に支那の景教流行碑の模造物や、宋《そう》碑の小さな真物が一つ陳列してあつた。

次に Jain Temple 之は市の北のはづれで、耆那教の新式寺院だ。祭神は福の神で商人の帰依参詣が多いとの事だが色ガラスの象眼は下品で近代印度に相当して居る。回教の寺は此地には観るに足る程の者は無かつた。併《し》かし小さい乍ら様式はトルコや埃及《エジプト》などの大なる者と同式であつて、支那の者とは全く別様である。市の中央公園に近き此地の最も古き一回教寺《モスク》で餔礼《デケレ》を修した。土人町たる Harrison Road に来て始めて真の甲谷陀の都市らしき気分がした。高層楼櫛比《しつぴ》して人、馬車、二頭曳《ひき》の牛車、自働車で道路は身動きも出来ぬ程だ。けれども黒き半裸の人の多き為《た》めか一体にウス汚い感じがする。而して支那の町の如《ごと》く金看板の文字美や種々の色彩の旗などが店頭の装飾をしてゐないので、がヤ〳〵ゴタ

〱だけが騒々しく迫つて来て支那の町の如き動中自ら静ありと云ふ気分が乏しい。印度文明の永続的生命が甲谷陀の市街の何処にも発見されない。

英人が即度自治に対してまだ〱早いと長嘯《ちようしよう》してゐる所以《ゆえん》は印度人には気の毒乍ら吾等も一応さう感ずる。全印度人は須《すべか》らくガンジー氏に聞くが好い。夫《それ》は嘗《か》つて釈尊に帰依したやうに彼の教《おしえ》に従ふが好い。決して印度自治案の如き政治の問題では無い。人道を看板に政治と云ふ外道と行ふには西洋文明のみでよい。併し乍ら真に人道を行ふならば西洋人も東洋人の思想と其表現の実際生活を尊重せねばならぬ。ガンジー氏は『印度人よ汝《なんじ》は印度に帰れ』と高調してゐる。タゴール翁も『東洋人よ汝の産みし文明を尊重せよ』と説いてゐる。而して『印度人は英国人の為め巡査や兵隊になる為に、彼等の祖先は此尊き印度文明を作りはせぬ』と戒めてゐる。一寸《ちよつと》印度に足を踏み入れたゞけで吾等は今より以上の批評をも記事をも書くことは出来ぬが、果《はた》して印度の未来はどうであらうか。

最も気候の悪いと云ふ昨今に係《かかわ》らず天候は余の三日間がルカツタ滞在中は幸ひであつた。二日間が好晴而して第三日が気秋の如く緑雨瀟々《しようしよう》たりである。余は此朝独り窓に対してカルカツタは印度の大都であると云ふ如き意味の外に何とかもつと詩的に謂ひたいと静かに考へた。さうだ。カルカツタは烏の都だ。かく思ひ附いて此一語を主人の伊藤氏に話したら、「前年春大雹《ひよう》が降つた時、此前の大きな原だけで死んだ烏《からす》の死骸《しがい》が牛車に一百台以上あつた」との事実を語つて余の言を肯定して呉《く》れた。是れ数量上の事実だ。首のめぐりに茶色の輪のある小形の烏は勿論《もちろん》量に於《お》いて沢山の者だ。烏の外に鼠《ねずみ》が多く一寸町に出るとウヨ〳〵してゐる所もある。而して印度の猫は鼠を捕へぬ動物也《なり》と云ふことだ、夫《それ》に宗教上の関係があらう。カルカツタは鼠の都なり。故にペストの根拠也では余の印象は害《そこな》はれて了《しま》ふ。

翠り滴る印度桜の茂味、（英語名 Flower of Folest 印度名シリス）に対して冥想してゐる時、雨を避ける烏が一羽葉がくれの枝に宿つてゐる。而して時に思ひ出した様に淋しく唖々と啼く。夫《それ》を一時間も二時間もドラウン君がヂツト見つめてゐる。さうだ、カルカツタは矢張烏の都だ。更に又印度は烏の国だとかうも謂へるだらうか。

余は今夕シムラに向うて出発する。

（大正十三年九月三日午後五時印度カルカツタ、伊藤憲三氏の書斎にて）

五　シムラの阿房宮

九月初四午後七時五十分、雨中を伊藤副領事に見送られてカルカツタ駅を出発した。西部印度の鉄道時間とカルカツタ地方時間とは四十分程の差がある、即《すなわ》ちカ市の時計では午前八時三十分だ。之を鉄道式に云へば二十時三十分といふべきだ。此呼び方は確かに便利で、時間表など繰る上にも都合が好い。日本の鉄道省なども真似《まね》てよき事であらう。予は今カ市を発して印度の西北部プンヂヤブ州のシムラに向つて行くのである。鉄路凡《およ》そ千二百哩《マイル》、最大広軌で速力は馬鹿《ばか》に速《は》やい。室は二等車、定員は八名、座席が寝台に為《な》つてゐる、夜間は四名だけで満員になるのだ。汽車賃は七十二ルピーを支払ふた。翌日の正午頃、Allahabad 市に着く迄只々森と水田と草原とを過ぐるのみ、又一丘陵をも見ない、線路の近くには村らしき村とても無い。若《も》し之が仏蹟《ぶつせき》見物でもする旅行者ならば、昔阿育王の都した華氏城 Palaliputtra、仏陀加耶 Budda-Gaya の仏陀《ぶつだ》成道の故址《こし》、王舎城 Rajagrha の盛栄の蹟《あと》、さては鷲峯 Grdhrakuta などを歴訪して釈尊在世の事を偲《しの》ぶも一興であらうが、仏教の亡んで了つた土地の仏跡見物の如きは、全く骨董的遊玩の感あるに過ぎない。まして余の此遊はイスラム巡礼であつて、而《し》かも現実の道業であるから無用の閑遊は成るだけ之を割愛せねばならぬ。アラハバツド市はガンヂス河に臨んで要衝の地である。此附近に於いて故城址だの、濁流の洋々たる風物を観るの外、又浩々《こうこう》たる平野のみである。余は身に粗末な洋服を着てゐるが、帽子は馬来帽であるので、駅站《えきたん》の回教徒の物売《ものうり》は此帽子に由《よつ》て、「貴下はムスリマニーか」と問ひ、命ずるがまゝに茶でも菓子でも、食事でも車室内に持ち来るので至極便利であつた。加之《しかのみならず》、我が室には他に一人の客も終始来なかつた。ユナイテツドプロビンスを過ぐればプンヂヤブ州に入る。ガンヂス河の大きな平野は、支那の広い黄土層の平野より更に大きな感がする。かゝる曠野《こうや》に見受くる物は黒色の水牛の群が濁れる沼沢に水浴せる、或《あるい》は白色の耕牛の群の放牧せられたる。汽車に驚く野兎《のうさぎ》の群、山鳩《やまばと》の群、羊の群、青稲田に白鷺《しらさぎ》の立てる、夫《それ》に印度は鳥の国だと前項に云へる如く、どこに至りても野も森も村も町も依然として群鴉の天地。かゝる間に調和よき優美な服装の田舎《いなか》娘が、三々五々頭上に古雅なる甕《かめ》を載せて清水を汲《く》みに通へる、インコの種類なるべく羽毛いと美しき鳥の、樹より樹《き》に飛び囀《さ》へづる。孔雀《くじゃく》、丹頂鶴《たんちょうづる》の類すら数多く見らる、印度の野、車窓の過眼は唯《ただ》是れ平和の光景である。然《しか》しそこに人として英人のあるが如く、幾多の猛獣毒蛇も亦此の平和なる印度の野にあるのだ。

デリー Delhi は今日又古の如く全印度の首府となつた。まだ完成するには間があるけれども、印度政府の各官衙《かんが》の宏大《こうだい》なる建築工事、貧乏なる印度人は益々《ますます》貧乏となることであらう。モンゴル帝国の繁栄の歴史を語るべき此地方の印象は、高壮なる回教寺院の円蓋《えんがい》式建築である。打続く翠緑の森の中から巍々として聳ゆるモスクの雄姿は、有色人種文明の代表的標識だ。如何に今日の白人建築技師が工夫を凝らしたとてこんな崇厳な大建築を打立てることは出来はしない。印度政府の建築の如きも単に徒らに費やす所多くして、夫が何年かの後完成する頃に、無用の長物になるやうな事がなければと他処事ながら心配だ。憐《あわ》れなる印度人を幸福にする為には、更に為《な》すべき幾多の意義ある経営があらう。今年も又水害だ何《いず》れ其後には旱災《かんさい》も来るであらう。

デリ寺院

灌漑《かんがい》設備の不完全は一見しても明白だ、村落の衛生設備の乏しき、悪疫の流行も当然だ。都市を飾る者は先づ大なる監獄と、兵営と警察ではないか。

デリー市には今英領印度総督は居《お》らない。彼は毎年四月より十月迄丸七ケ月間、シムラのサンマーヒル、ステーションに悠々閑臥《かんが》しつゝ、政務を執るのだ。軍司令官以下文武百官は皆彼に従ふてシムラに行くのだ。シムラはプンヂヤブ、メイルのカルカ Kalka 駅よりカルカシムラ線といふ山上の軽便鉄道にて七十哩。此辺は北印度の連山が重畳して、其山中を谷を縫い峰を辿《たど》りて、長蛇の走るが如く、悪魔の吼《ほ》ゆるが如く終《つい》に邪行山巓《てん》に近きシムラへと文明の利器は通じてゐるのだ。其地は実に海抜八千尺に在りて、多くの土人が炎熱に斃《たお》るゝ時も、昼尚《な》ほ冬衣を着て盛夏を安楽に暮すことが出来る、雲上の別天地だ。

日本の天子は雲の上人と其の貴きを譬《たと》へらるゝけれども、吾等の大君は畏《かしこ》くも

年毎に思ひはすれど谷水を
汲みて遊ばんひまなかりける。

と詠ぜられてゐる。然るに印度総督及び其文武百官は実に莫大《ばくだい》の俸給を得て、一年の半ば以上は此の雲上の地に、呑気《のんき》に贅沢《ぜいたく》に暮して居るのだ。印度二億万の民の休戚《きゅうせき》に関する帝国議会すら、此山中にて開会しつゝあるのだ。シムラ山上一切の設備、日本の何れの都市も之に比すべきものは無い。人口総数三万余、五百の室を有する印度第一のホテルすら此山上にある。勿論、所謂《いわゆる》不《ふ》逞《てい》印度人の襲来に対する、防禦《ぼうぎょ》配置も充分完全である。総督宮の宏壮なることは今更謂ふ迄もない此山上に三台のモーター、カーがある。一は総督、一

は軍司令官、一はプンヂヤブ州長官の専用自動車だ。他の人は絶対に使用することは出来ぬ。外に四人挽《びき》の人力車がある、英人の女などが乗るのだ。中学もあり女学校もある。

皆支那の秦始皇帝は、蜀山の兀《ごつ》たる処《ところ》に阿房宮を築いた。後の文人が書いた阿房宮の賦を読んで、其形容の妙を知るもの丶、まさか彼《か》の文字程ではあるまいと割引して考へさせられる。然るに印度のシムラ山上に、今の世に此の如《かくごと》きの阿房宮が儼存《げんぞん》してゐる、始皇と雖《いえど》も地下で之を羨《うらや》んでゐるであらう。山中で一所になつたプンヂヤブ州議員、K君が「ハヂノールモハメツド、何とシムラは好い処であらう、如何《いか》に」と問ふた。「若しも此の秀麗なる山上に、不調和な洋館と、其所有者とあらぬならば」と、余は答へて互《たがい》に微笑した。

さうだ、実際『フザケた真似《まね》をしてゐやあがる』と斯《か》く感ずる外はないのだ。而して全印度の総督がかくあるばかりでなく、孟買州でも、ベンゴール州でも、又ビルマでも其長官は皆夫々《それぞれ》彼等の地方のサンマーヒルステーシヨンに半年の余を起臥してゐるのだ、寒夜に御衣を脱がれし吾等の大君の如き心地もて民を治むる人は無いのだ。総督が既にこんな山中にゐるが為めに、吾《わ》がカルカツタ総領事岩手芳之助君も亦、書記生鈴木七郎氏を携へて出張してゐる。半年の家賃三千円の家を賃して。日英同盟の既に解かれた今日に於《お》いて。

余は岩手総領事を煩《わずら》はして、総督府外交部長と交渉して貰《もら》ふた。印度の北境ペシヤワルを通過し有名なるカイバル峠を踰《こ》へてアフガニスタンに入ることの許可を。アフガニスタンは現に内乱にて交戦中であるとの報は承知してゐる。而して印度から飛行機が二台飛んで行きし事も聞知してゐる。ペシヤワルの地が印度の防備の上に、露領トルキスンのバルクと相対して如何に重要なる地であるか、ソコの鉄道倉庫にはいざと云《い》へばアフガニスタン全国を横切りて、露領に達すべきだけの鉄道材料すら貯蔵されてゐると伝聞する。カイバル峠は歴山大王《アレキサンダー》の軍も、成吉斯汗《ジンギスカン》の軍も、之を越へて印度に侵入した嶮要《けんよう》だ。ペシヤワルよりアフガン国の首都カーブル迄は、今は自動車三日にて達するのであるから、余のアフガン入国は何でもない旅行ではあるが只ペシヤワル関門の通過が多分問題であらうと思ふたに、岩手総領事の熱心なる交渉も終に不結果であつた。カシミヤより雪山を踰へて新疆に通ずる道は、新疆よりのメツカ巡礼者の通路だが、時既に秋、之は気節が二万尺のカラコーラム高峰通過を許さない。総督府ではベルヂスタンから波斯《ペルシヤ》に行くならば、便宜を与へると云ふ申出でゞあつたがそれは当方には無用の親切（?）である。

印度の独立運動、其事は所謂国際政局の消息通の眼から見れば、可能性に乏しいと断ずるかも知れぬ。けれども土台石を洗ふ浪は、絶へず打寄せつゝある時、最後の一打ちにて大厦高楼もがらりと引くりかへる事であらう。嘗《かつ》て内田駐露大使は露国の革命を如何に観察してゐたか。蓋《けだ》し命から〳〵露都を遁《に》げ出さねばならぬ様なことは、意外の事であつたらう。印度を覆へす者は必しも消息通の所謂、無力、無教育なる印度人どもには不可能であるかも知れぬ。さり乍ら六国を亡ぼせし者は六国自らであり秦を亡ぼす者が秦自らであつたやうに。而して楚人の一炬がなくとも上下共に亡びの道を歩みつゝあるならば、夫は早晩当然亡ぶべきは自明の数だ。

シムラ山中の議会では、真向から政府の呈出予算を否決した。否決されたとても狡猾《こうかい》なる政府当局には、幾多の手段があり、絶対の権力たる刃《やいば》と火薬とがあるなれども之を欧洲《おうしゆう》戦前に於いて、若し印度人の有志等が斯《かく》の如《ごと》き正しき強硬なる行動を政府の政策に対して執りしとせよ。彼等の胴首は立ちどころに処を異にせねばならなかつたであらう今やそんな非道の圧迫は天道之を許さぬ。

余は屢々《しばしば》前項に謂ふた、風の方向は一本の稈すら之を示してゐる者だと。

六　シムラより孟買まで

シムラの岩手公館には門番が印度教徒で、コツク及びボーイ等三人が回教徒であつた。日本より遠来の一客がハヂ（メツカ巡礼を了《お》へたるイスラムの徒）であるので彼等は皆出て来て握手した。而してコツクなる一回教徒は、彼自らの使用する水瓶《みずがめ》に清水を汲《く》み来り、又彼等のみの使用する器具にて食事を作り、余をして岩手君の好意を受入るゝ余裕なからしめた。シムラの山上にも回教徒土民の礼拝処が五六ケ処ある、其一に到て修礼した。而して真主《アルラホ》の御旨を考へて見た……、『汝は今回は一応印度を去れ而して支那に還《かえ》れ、吾《わ》れ汝を導き護《まも》らん』……天の命はかく我が耳に囁《ささや》いた。山中四日、余は意を決して孟買に向ふことゝした。此山中には岩手総領事と鈴木書記生の外に、参謀本部より派遣せる本間雅晴少佐が山上ホテルに来てゐる。印度の陸軍からは英人将校が日英同盟以来十二名も日本各地の軍隊其他に簡派せられてゐる。同盟を解いてから、相互に無益の事であるが其比例が一と十二であることの為にか、英国は依然として此事を継続してゐる。印度の陸軍を研究する程の価値があるか、又彼の十二人に対して只一人の士官が総督の山中生活に随行してゐた所で格別の情報等も得らるゝかどうか、吾れ之を知らざるも兎《と》に角《かく》三人の日本人が此山中に居るのである。岩手君は米国通で石見《いわみ》の人、本間君は英国通で佐渡の産、共に裏日本の人であり、共に英語の達者なる文武官である。即度に関する英語智識の皆無に等しき余は、多く両君と語ることなくして分手したが。シムラを去るの日、本間少佐はステーションに見送りに来て同車室の印度紳士に、予の日本人回教徒にて英語を巧《たくみ》に語ることを附加して呉《く》れた為に、五六人の印度人は直ちに親《し》たしく語り出した。そこらに妙な眼が光つてゐたことであらう。四日間何かと世話に為《なつ》た鈴木氏と少佐とに分れて七十哩の山を下り行く汽車中は賑《にぎや》かであつた。シムラ山上は毎日白雲縦横、ヒマラヤの遠望も遂に出来ず、予定の前進も中断、鞅々《おうおう》として帰程に就く。シムラから孟買迄は千二百哩、二等

君府セントソヒヤ寺院

車にて七十八ルピーばかりを支払ふた。

シムラ、カルカ間の山上鉄道の中間駅ボルガには、欧洲人紳士食堂と、ヒンドスタン紳士食堂とが展望好い処に別々に建てられてゐる。同室の印度紳士の一人は、プンヂヤブ州選出の国会議員である。彼は余を誘うて食堂に入た。彼自ら携行せる食事の外に、定食を注文し、其弟なる青年紳士と共に三人で印度回教式の夕食を飽吃《ほうきつ》した。此駅には三十分間の停車時間がある。山麓《さんろく》のカルカ駅で孟買線に乗り換へねばならぬ。予の荷物の受領から客車の撰定《せんてい》、途上の注意など一切親切に、彼《か》の議員がその弟と共に奔走注意して呉れた。而して確《かた》き握手とソレアムワレクスを交換し、互にアドレスを記して今後の文通を約して分れた。此議員M氏兄弟の意見は予の乏しき印度智識には金玉の贈り者であつた。彼等が去ると直ちに警官が来て、予の姓名と職業と行く先とを訊《たず》ねた。而して自己の記帳にある者とくらべて違ふ事なきを見て、更に途上何れにか下車するか否を又訊ねた。余は下車せぬことを告げたら、安心したらしく去《さつ》た。同車室には人相の余りよくない混血児らしき洋装の英人が乗つた。彼はデリーで下車した。デリーから孟買には三線の鉄路がある。余は孟買のコラバ駅に終る最短線に乗つてゐる、デリーから又変な英人が一人乗り込んだ。九月八日午後四時シムラを発した余は、十日の午後十一時半に、孟買のコラバ駅に下りた。改札口には二人の警吏がゐて又訊問《じんもん》をした。而して兎に角一応帝国領事館に行くを便利と考へし故、馬車に乗つてホルンピイ、ロードの二階の一室を借りてゐる帝国領事館に赴いた。平服の刑事が同乗してゐる。之では丸で罪人の護送で泥棒馬車に乗つてゐるやうな者だ。多分汽車中の二英人もポリースであつたらう。

デリー孟買間の鉄道は、カルカツタメールよりも沿道の風色が吾等の眼には大に趣がある。到る処の丘陵や古城址《し》がある。水の清き沼沢がある。樹木と野花とが繁茂してゐる。鳥獣も従つて多く見受けらるゝ。駱駝《らくだ》隊、牛車隊などが荒寞《こうばく》たる野に露営してゐる地方などもある。印度のムンスン期は毎日豪雨で、到る処洪水である。岩山から瀑布《ばくふ》が幾条となく迸下《ほうか》してゐる。孟買近郊の繁栄、さすがにカルカツタに比して富の程度を思はしめる。而して椰子《やし》の亭々たる林が海気を受けて繁生してゐる。カルカツタは従来政治的首都であつたが孟買は純然たる商工業都市である。領事館に旅嚢《りよのう》を卸したので領事渡辺知雄氏の好意に任《ま》かせ、旧領事館事務室にて、今は書記生の宿舎たる眺望よき海岸の三層楼上に数日の安居を得た。警察の男も之で安心して引揚げて行つた。

余の此行、単に道を印度に借りて中央亜細亜《アジア》に入らんと欲せし故、印度旅行は何れ再来ゆる〳〵之を試みるの時があらうと思ふから、天意のまゝに、便船の有り次第帰路に就くことゝした。短時日ではあり、殊に旅行好きではあるが、外出不精、訪問嫌《ぎらい》の余は、首席書記生塚本五郎君の書斎を占領して、悠然アラビヤ海の波濤《はとう》の起伏を観た。主人は終日オフイスに在り、害せられざるが故に恐怖心なき雀と烏とは、此の閑寂なる孤客の室内深く、躍り来りて、吾が友と為つてくれた。

嘗て日本船の一水夫が檣頭《しようとう》の烏《からす》を捕へて苦めた。之を見た土人の荷役人夫は、烏《カラス》を苦めるやうな人に使はるゝのは快とせぬとて、突然罷業したとの実話がある。汽車の線路に近く孔雀の遊ぶ国、牧童の傍らに白鶴の佇む里、風景としては凡山凡水の大国なるも、静かにこんもりとした濶葉樹の眼に軟かき木影に、石上に坐して坐禅冥想を為すの興趣に到りては、此国民の自らなる習性であらう、此の如くにして釈尊も生れたガンヂー氏も生れた。此国の如き、天然を有する処にては、大厦《たいか》高楼よりも樹下石上の生活を撰ぶの一層自然であり、幸福であることを思はしめる。白人は宗教国家より政治国家（武力国家）経済国家といふやうな過程を以《もつ》て、文明進歩の法則の如く信じてゐるけれども、之は進歩でなくて、人間の霊魂の堕落の経過である、此の如き堕落経過をなすが故に、悪魔思想としての無政府主義や、共産主義や、物質偏重の社会主義が必然の結果を将来するのである。

　カルカツタにタゴール翁を想《おも》ふと共に、孟買に来てはガンヂー氏を思ふ。ガンヂー氏の如きは実に此国に生るべくして、生れて来た人だ。夫《それ》は嘗て釈尊がかゝる時世に此の如くにして生れ出《い》でしが如くに。此の天地生々の理は、白人文明の法則では推定されぬ真理である。

七　アラビヤ海を観ながら

　孟買《ボンベイ》一処で、日本全体の紡績工場に匹敵するだけの錘数があると謂《い》はれし時代も過ぎた。夫は日本の紡績事業が英国の勢力に打勝つた為《ため》だ。在外諸地方の日本人の勢力が、日に月に衰退しつゝある時、孟買のみは反比例である。ホルンビー、ロードを中心にした、孟買目ぬきの市街に於《お》ける日本の商店の如《ごと》きを一瞥《いちべつ》しても、既に根柢《こんてい》の確実に発達してゐることが証明される。けれども油断は大敵だ。現に独逸《ドイツ》は一歩一歩着実に、迅速に印度市場に侵入しつゝあるではないか。折角発達しかけた日印合弁のマッチ工業の如きすら、既に瑞典《スウェーデン》製品に圧倒されつゝあるではないか。小さな倶楽部《クラブ》を在留民の力で建設した位の事を誇とし、土人と与《とも》に電車に乗らぬことを名誉と考へてゐる如き有様《ありさま》にては、此《この》地すらも邦人将来の発展は知るべきのみである。印度政府がカルカツタよりデリーに移りし今日、実力に於《お》いて印度第一の市場は孟買である。経済都市としての此地は又一面に於いて政治的潜勢力の中心点とも謂へる。政治的潜勢力とは印度に於ては、之を宗教的運動の事と解釈しても好い。全印度が古へに於て宗教国家であつたやうに、此国は今尚依然としてさうである。其《その》人民の生活は宗教即生活、其社会も亦《また》宗教生活を営む為の機関である。若《も》し印度を視察し、而《しか》して何事かの実際問題に触れんとする時、宗教的信仰と其知識とが無ければ、此国民と与に永久的結合を為《な》すことは不可能である。夫《それ》は商業であれ、政治であれ、外交であれ、総《すべ》ての事象を通じて、核心を茲《ここ》に置かねばならぬ。

　印度人口の最多数を占むる印度教徒、之《これ》に亜《つ》ぐイスラム教徒、少数乍《なが》ら孟買を中心として有力なるハーシー（彼斯）の拝火教徒、錫蘭《セイロン》に於ける仏教徒、而して是等《これら》の徒を改宗して白人文明の恩恵に浴せしめ、以《もつ》て自己の手足として他教徒を操縦し、之を圧迫せんとすべく多大の努力と費用と歳月とを以て打成されつゝある土人の基督教徒印度に於ける英国の殖民政策なる魔手は、常にかゝる各種の宗教的国民団体の間に介在して、所謂《いわゆる》其高等政策を施行しつゝあるのだ。政府は土人の宗教及其《およびそ》の宗教的生活に就いては、絶体不干渉主義を取りつゝあることは、狡獪《こうかい》にして賢明なる政策だ。けれども之を以て王道に於ける『無為にして民を化す』てふ事と認ることは出来ぬ。『治めざるを以て治む』と云ふ第一義諦の政治と考へることも出来ぬ。実に英国の方針は土民の宗教心を利用して、互《たがい》に彼等を相反目せしめ、その団結を阻害し、教育を与へず向上進歩の精神を起さゞらしむる為に、常に極めて周到なる用意が払はれてゐる。

モハメッドアリー氏等の汎回教運動《バンイスラムミズム》、ガンヂー氏等のソワラジスト運動、而して当面の問題として全印度人の結束合同、宗教は宗教として全印度人の幸福の為に、英国の羈絆《きはん》を脱して独立国家を建設すること、之は印度人全体の要求である。ソワラヂストの対議会反抗運動等を目して之を単なる政治運動とのみ観察する時には、ガンヂー氏の思想なり行動が不明と為《な》る。而して今日絶対権力を握り、国民に一挺《ちょう》のピストル一本の大型のナイフすら携行せしめざる英人政府の現存するとき、且つは全印度各宗派の幼稚なる教育状態を観察する時之を軍事眼や政治外交的見地よりしてのみ考察するならば、印度の革命事業は可能性乏しき現状にありと謂ふのが、正当なる判断であるかも知れぬ。けれども古へ釈尊は何の為に出て来たかを思へ。彼は仏の慈悲の前に全人類の平等を主張したのだ。平和を要求したのだ。而して釈尊の運動は軍事、政治外交及び第二義の物質的教育に依る者ではなかつたのだ。

功利主義の経済国家を原則として組織されたる今日の政治体系、其傍系たる殖民政策、此《かく》の如《ごと》き者が超国家的なる宗教即生活を本義とする印度人に幸福を齎《もた》らすべき筈《はず》がない。印度は永遠に宗教的国家であり、而して之を治むるには、時々宗教的天才が天命を受けて出現し衆生を済度する。過去に於けるかゝる天才に対する、感謝的回顧と、将来に対する待望の祈願而して之を貫く所の光明なる一理。之は多少とも全印度人の皆体得してゐる所である。ガンヂー氏の思想と行為とに対する信仰者は、既に一億の多きにあると謂ふではないか。絶対に白人文明に従はざる回教徒は、印度だけでも七千万人を数へるではないか。而して印度教徒と回教徒の握手提携も着々として進行してゐるではないか。第二義以下の或物より之を有せず、単なる近世国家の傍系的政策を以てしては、古へに於て幾多の傲慢なる暴君が忽ちにして釈尊の第一義に帰服した如く彼等の造りし一切を献げ、其所有せる総てを捧げて、真理と光明との体現者に礼拝帰服せねばならぬ時がやがて来るであらう。

渡辺領事と与にマラバーヒルの波斯《ペルシャ》教徒が屍体《したい》を鳥に喰《くわ》せる処《ところ》だの、白人町、土人町、邦人村などを見物した。塚本五郎君景山健治君矢崎光雄君等の案内で、邦人村の遊多嘉と云《い》ふ料理屋に、青年諸君の元気ある論談を愉快に聴取した。彼等青年は自ら第一線に立つ者と任じてゐる。其内の塚本君の如きは、先頃《さきごろ》ペルシヤン、ミツシヨナリの一行として波斯に使し、近東諸国を旅行して帰つて来た元気男だ。彼は是非ともイラク王国のバクダツトに行きて、真に亜細亜《アジア》第一線に立ちて白人共の鼻柱を挫《くじ》かねばならぬと謂ふ。実にさうだ、帝国青年の元気が皆此調子に鳴つて来なくてはならぬ。新来の孟買唯一の日本の芸妓《げいぎ》お何さんは南紀串本の産である。彼《か》の女の口から、南方先生讃美《さんび》の声を聴いたのは意外で

あつた。余も此夜青年諸君の為に、三味線に合せて開国進取の歌を唱《うた》うた。歌に曰《いわ》く、

『敷島の大和心を人若し問はゞ、桜植ゑたり戦さを為《し》たり、広い世界を心任せにするのぢやわいな』

『四百余洲も住んで見りや隘《せ》まい。南洋や印度の土人をつれて、今ぢやアラビヤの旅の空』

嘗《かつ》て新嘉坡《シンガポール》や印度諸地に、天草の娘子軍が植ゑられて、之が男子軍の先駆を為《な》した事を、ハイカラ論者は国辱的に笑うてゐる。そんな連中は英国人の諺《ことわざ》に「地中海を過れば白人の道徳は無用だ」と云ふ事を聞き落してゐるのだ。植民地の高楼内に於ける白人どもの野獣生活を見ることが出来ずにゐるのだ。基督《キリスト》教徒の一夫一婦論の空念仏を信仰して、白人の公々然たる有婦有夫姦《かん》を恋愛至上宗として讃美してゐるのだ。而して回教徒の多妻主義を肯定してゐる精神が、どんな実状であり、理由であるかも知らずに、之を以て野蛮人の宗教と謂ふのだ。英語が亜細亜全部の通行語であると信じて、田舎《いなか》の小学校迄《まで》も英語を課して、山家水村の少年までも英米人の奴隷的思想に導きつゝあるのだ。然《しか》るに吾《わ》が国民はペルシヤに於ける英語勢力の乏しきを知らない。近東諸国は非常に英語を卑んで、独仏語を用ゐてゐる事に注意せない。露語の勢力は近東若《も》しくは中央亜細亜諸国に甚大であり、英語などは不通であることを知らない。アラビヤ語さへ知てゐれば、世界中の回教徒在住諸国に行いて不便のないことを知らない。東亜の盟主を以て己惚《うぬぼ》れてゐる帝国の東西の語学校に、アラビヤ語を授くる設備すらない。英語知識に由《よ》るの外、亜細亜事情を概見すること

すら出来ない。又吾等《われら》が日用の漢字知識に由《よつ》て、如何《いか》に多くの便利を亜細亜諸国に得つゝあるか。支那人は在るがまゝの支那人として、ドシ〳〵発展しつゝあるのに亜米利加《アメリカ》に行つたらアメリカ人らしくせよ、日本人は一等国民だから船に乗つても甲板客ではいけぬ、印度の都市でも電車に乗るなど云ふてゐるが、皆是れ一等国の空名にうかれて、自ら亜細亜人たる日本を忘れたのだ。白人に盲従して従らに自己の皮膚の黄色を歎くのだ。文明進歩の真価と法則とを自覚せぬからだ。嘗て人種改良論を唱へた森有礼か西野文太郎に殺されたのは意味深き出来事であつた。

香港政庁の巨額の経費は、阿片収入を主としてゐる。支那《シナ》は、今阿片吸飲を禁止し輸入を防圧してゐる筈だ。支那をしてかくせしめたのは、英国の人道的政策と吹聴《ふいちよう》せられてゐる。けれども印度の阿片産額はどうなつたか。印度政府の輸出貿易表には、阿片の科目を載せてないのはどんな者だ。新嘉坡其他印度でもビルマでも支那人の在る所、阿片の公売店があるのはどんな者だ。

海賊類似の行為の出発点よりせる植民政策に、何の正しき道念が含まれてゐよう。スエズ以東に英国の横行濶歩《かつぽ》し得るは、そも何の権利に由るのであらう。而して吾等亜細亜人に加へる彼の無礼なる、野蛮極まる行為、余は茲に明白に率直に謂ふ『スエズ以東には英国人を入れない様にしろ』。『排米と与に排英をも断行しろ』。白人対有色人の正面衝突。此一時代を経過せぬ限り、真の世界平和は来はせぬ。有色人は白色人よりも数等高き文明の力を以て、現に彼等の海賊主義野獣主義に対抗しつゝある。而して彼等に対する勝利は既に近く来りつゝある。余は茲に正面衝突と云ふ文字を使用した。之は必しも火薬と刃と毒瓦斯《ガス》とを以てせよとの意ではない。白人文明の仮面の現実を曝露して、之を光明の前に直面せしむることである。而してガンヂー氏の運動の如きは実に是《こ》れであるのだ。支那も乱れるだけ乱れて、聖王が出で来て之に帰する秋が近づきつゝある。けれども此世界的大業の担任者は、夫れ等以上の大聖人の出現に由て成就される。今や亜細亜の諸民族は日本の空に輝ける明星を瞻仰してゐるではないか。

雨の多き孟買に、静かな寓居の三階より、アラビヤ海を眺めながら。

（九月十五日孟買塚本五郎君の書斎に於て）

八　大正の浦島子

孟買滞在中領事館書記生景山健治君が「此地の回教寺院内に雲水生活をしてゐる日本人が居るさうだ」と或《ある》日フト余に告げた。其人を招いて之と会見した、次の日此男と共に金曜日の主馬聚礼を孟買の主馬メスヂダイに行うた。流石《さすが》に孟買だ。数千の信徒が一堂に会して敬虔《けいけん》なる礼拝を献《ささ》げ、然《しか》る後学僧が説教してゐる、吾等は修礼後来会中の甲乙幾人かの信徒と交歓した。（此記には印度の志士諸君に累を及ぼさんことを慮《おもんぱか》り、会見の模様其姓名等は一切挙げずに置く）彼等は余を其の家に招じて、大に語りたき希望を漏すものも多くあつたが、他日を約して彼《かの》男と共に彼が住居してゐる寺に行た。そこには久しく囚《とら》へられてつい先頃放免された印度の青年志士M君がゐた。同君も共に寺の高塔に登つて、孟買の大観を擅《ほしい》まゝにしつゝ、青年の気焔《きえん》を聴いた。彼は非常の雄弁家であつた。いくら大きな声でどんな事を話しても此《こ》の回教寺院の高塔の上には、官憲の眼も光らず、壁に耳もない。M君は非常なる熱心を以て独立運動を高調してゐた。吾等は回教飯店に到り食事を喫し、回教徒の土人町をブラ〱し、一富豪の独力にて建てたる回民旅人無料宿泊所を観《み》る、建築費四十万円を費し二千人を宿泊せしめ、之に応ずる礼拝所の設備もある。又繁華なる孟買の、東京ならば銀座尾張町角とも云ふべき処に、堂々たる煉瓦造《れんがづくり》の乞食《こじき》宿泊処が、同一人に由て建てられてある。乞食は何時《いつ》にても随意に茲にて雨露を凌《しの》ぐことが出来る。此外三四の無料宿泊処がある。熱い処だけに支那の市街の夏に観るより以上に、夜中に道路に眠てゐる幾万の土人がゐる。勿論《もちろん》全く一定の居なき多くの下級労働者も居る。英人政府は孟買市街に一大寄宿舎を新築し、彼等を収容することに力《つと》めたが、皮肉にも一人の希望者もなく、此の慈善的設備は失敗にに了《おわ》つてゐる。こ

カイロー寺院

んな事実は吾等に何事を暗示する者であらうか。印度教の寺、拝火教民の祠《ほこら》、回教徒の大学、公園などの見物をして、先《ま》づ孟買も卒業だ。郵船会社の荷物船長門丸が九月十六日出帆する。余は孟買寺中の一雲水を携へて印度を辞した。会社の紛騒にて同盟辞表を呈出中の土肥支店長と、船長執行正雄事務長小西信次君等の好意で、格外の安い賃金で長門丸に便乗することが出来た。幾人かの回教民が見送りに来て、合掌、握手、抱擁、親しき別離の情が溢れた。渡辺領事と三書記生とは風来の一書生を見送りに来て呉《く》れた。雨中船は孟買を後にして新嘉坡に向うて出発した。

　孟買より同行の人を公文直太郎と云ふ。土佐の人、十四にして日露戦役に出征中の某師団長の給仕と為《な》りて満韓の野に遊び、後植物学者N博士の助手として満洲《まんしゅう》の植物採集に山野を跋渉《ばっしょう》し、其後単身新疆省に遠征し、葱嶺を越え中央亜細亜に遊び、会々欧洲《おうしゅう》戦の起るに及びて、引返しカラコーラムを越えて印度に入り、放浪二十年数奇を極めた運命であつた。彼今や当初の結縁熟し来りて、アルラホの栄光に浴し、新生活に突入してゐる。嘗て此人の事を北京にて聴きしことがあつたが、今偶然にも孟買の一寺院内に此人を発見し、相携へて日本に帰ることは、実に一奇蹟であるとして此の不思議なる結縁が如何に展開して行くかを天命に任せて、徐ろに観察しよう。此人を今回の旅行の土産として日本に帰る。二十年間全く父母兄弟にも背き、久々に日本の山河を観る公文生の感やどんなであらう。

　帰途復《ま》た新嘉坡でジヤワロード寺院に修礼した。そこには又甘粛から来た八人の回僧が居た。来年夏のメツカ巡礼の為に早くも出かけて来たのだ。支那に縁深き余等と彼等との短かき時間の会合は如何に楽しき情緒であつたらうか。寺のイーマムとも久々の対面に愉快に談《かたら》つた。余の第三回目の新嘉坡訪問は、既に公文生の為に充分の案内役が出来る。旧寓の林ホテルには、又偶然にも三五公司の星崎君が来てゐた。その話にゴム山の経営難は益々《ますます》加はるばかりださうだ。南洋日日新聞社に、古藤堀切二君を訪ね。前回日本及日本人愛読者たるの縁にて知れる花房歯科医を見舞ひ、コーヒーの樹の杖《つえ》二本を送られた。氏の処で新刊日本及日本人を過眼、同志諸君の努力をうれしく思うた。林ホテルで入浴してゐる時、浮田領事の紹介せる、二学生が来訪して来た。東京の亜細亜学生聯合《れんごう》会派遣の修学旅行者某々と名乗つてゐた。一行三人、一人は東洋協会大学生にてジヤワに赴き、此二人は慶應義塾の生徒だとの事、二生の為に一時間半の長談をした。青年学生が少数でもかく奮発して出かけて来るやうな風潮は人意を強くするものがある、大に之を激励しておいた。此夜浮田総領事の招宴に、公文生と共に其の官邸に馳《は》せた。古藤君も来てゐた。森の中なる静かな二階で、東西南北の談語が交換された。只《ただ》一日の仮泊中、吾等の閑業も相応多忙である。船に帰つて眠る、次日又香港へ向け出帆、途上近年稀れなる颱風の襲来に出会ひて進むことが出来ず、百六十哩も退却して風勢を避けた。香港では長門丸が沈没したと風聞されてゐた。やつとの事で十八日目に香港に着した。公文生は海の旅行が珍らしい。吾等は只両人のみの船客である。三等客ではあるが回教巡礼の為に借切りの船に居るやなう者だ。両人で大海の波濤を望みつゝ、毎日五回の礼拝を厳修して怠ることなかつた随処皆是れ好道場だ。

公文生の為に香港の案内をした、依然として醜陋《しゅうろう》なる香港だ。ランチで港を横切ると改札口で一々身体を撫《な》で、阿片やピストルの密輸出入の検査をされる其本元は英人政府自らであることは省《かえりみ》ずして。九龍湾の印度人兵士、巡査等の為に小規模乍ら瀟洒《しょうしゃ》たる官立モスクが建てられてある。其内部の絵模様装飾に由て、パタン族の様式なることが分る。前回は対岸の山腹モロ台の寺院のみと思ひしに、今又一を発見し、此の寺にて昏礼《シャーム》を修した。

十月の八日朝香港出帆間際に巨大獰猛《どうもう》なる一英人警吏が突然予の室に闖入して来た而して片端しから余の荷物を乱暴に検査した。軈《やが》て船長や事務長が来た余は何の為に斯《かか》る事をするかを船長をして訊《たず》ねしめた。警吏は一命令書を出して孟買政庁よりモハメダン公文直太郎が阿片を一箱携帯して香港に行つたから捜索逮捕しろとの電命があると云うた。目的の人は余ではないのだが、乱暴の行為だ。公文生とて勿論そんなケチな事はしてゐないのは明白だ。警吏は何の得る所もなく船に番をしてゐた印度の回教徒巡査に嘲笑《ちょうしょう》され乍ら船を下りて行つた。多分公文生をだしに余の旅嚢検費が目的であつたのであらう。馬鹿《ばか》々々しい。日本の一書生の旅行が、印度の現状と英国政府に対して何事を為し得ると思ふのか。吾等日本人よりも、寧ろ警戒すべきは英人自らの心頭と其行為ではないか、チト反省するが好い。

長門丸の左右に英米の二万噸《トン》級の船が居た。太平洋の勢力を争ふ軍艦代用の船だ。日本は既製の軍艦を廃艦として、誓約の義務のみは正直に果したが彼等と対抗するに足る経済戦に武器たる商船の用意も出来ぬ。郵船や商船の株主諸君は政府の補助金のみ宛《あて》にせず、義勇艦隊編成の意気を持て、五六万噸級の商船を太平洋に浮べる工夫をしてはどうだ。己の所有せる不用の骨董《こつとう》や家屋敷を売払うて、重役どもが船中生活でもする覚悟ならば何でもない事であらう。今は実に各々その職分に応じて、此位の覚悟を断行すべき非常なる秋《とき》であらう。

香港を出帆した我が長門丸は又途中で第二回目の颱風《たいふう》に出会してアッチコッチと逃げ廻《まわ》つて歩いた。十二日目に漸く長崎に著《つ》いた。孟買を出発して以来満一ケ月の難航海を了りて、此間吾等は日本の巡礼船に乗つたつもりで、印度と支那との出身なる二回教徒が且禱り且拝し、而して与に信仰の問題を互に語りつゝ、意味深き航海をすることが出来た。大正の浦島太郎はトルコ帽を戴《いただ》き、六尺の錫杖《しやくじよう》をついて長崎埠頭《ふとう》に立つた。此前日浙江の、盧永祥等は上海より亡命し来り、別府に遁《のが》れたとし承聞した。予定の如く奉直の決戦は開始された。支那の動乱を中心として吾等の憂ふるは亜細亜の動揺時代は来るであらう。而して日本はその天賦の使命を果さねばならぬ非常なる世難に際会する。吾等の微衷を致すのも此事を予感するが為だ。

長崎では田崎博士が、其弟子を伴ひて一夕歓迎の宴を開いて呉れた。大正の浦島子は、東京に向け日本見物の途に就いた。余は、支那に縁の深き福済寺の法丈に、法灯の光は淡くとも、黄檗諸僧当年の意気を偲《しの》びつゝ、長崎の港口を望んで吾が旅行の迹《あと》を静に考へる。『光風盖宇』木庵和尚の筆に成る大字の額が、本堂に高く掲げてある。雄渾《ゆうこん》なる此の額の下に立ちて、吾等のいと小さく愚なるを省みる時、嘗て大陸文明を呑収《どんしゆう》した長崎の海山が悠々として前に在るのを観る。

（大正十三年十月二十二日於長崎福済寺方丈）

九　乱裡の閑遊

長崎旬日、静かに我が旅行の跡を想《おも》ひ、此の峡口より呑収したる東西文明の古今を考へ、孟買より携へ来れる一イスラームの徒を東京に放ち、自らは再び孤筇飄然《こきょうひょうぜん》として上海に渡つた。蘆永祥等日本に逃れて、滬上は平穏に帰したるも、果然奉直戦は急を告げつゝある。一日西本白川と相会して禹域紛乱の世相を論じた。百性の休戚と没交渉なる職業軍人、射利政治家の昨是今非、走馬灯の如き支那問題は吾等の干知する所ではない。かゝる支那にも古道の復興、国学の提唱、書院の開設と云ふが如き現象の、勃興《ぼっこう》しつゝある一面こそ、吾人《ごじん》の観得して快心の感ある者。白川亦此《これ》を以て任じ兀々孜々《ごつごつしし》として倦《う》まず、余の如き無用の遊を為す者に似ず、着々として道光を発揮しつゝある。在滬三日、矢田総領事を訪《おとの》へる外多く人を訪はなかつた。只朝鮮の士玉観彬君と相会す。洋装の玉君夫妻、支那人たる三四の事務員、独逸人の医者、鮮人志士なぞ雑然として一室に在り。玉君日本語を以て余に応酬しつゝ、英語と支那語とを以て爾余《じよ》の人にも接しつゝある。玉君夫婦は回教徒として蓋《けだ》し朝鮮人唯一の者であらう。彼は米国に留学し、基督教の教育を受けしもの、今熱心なるイスラーム信者として教門に帰したるに就いては記すべきの事多きも、累を身辺に及ぼすを慮かり、多くは語るまい。茶代もおかぬ貧客を送る勝田館の老主人は、女中全部を門外数十歩に整列せしめて別を告げた。滬寧、津浦の鉄路は兵乱にて不通である、止むなく海路を日清《につしん》戦争以来なじみ多き、西京丸の三等室に横《よこた》はりて青島に向うた。松茂里と云ふ我が軍の青島占領以前より、此地にある旧旅館に投じ、直ちに青島神社に詣《まい》りて沐浴《もくよく》神拝、無事帰来の意を奉告した。我が一年近き白雲遊は此《ここ》に一先《ひとまず》終決した訳だ。

翌日神社社務所にて、日本及日本人読者十数名を会して、旅行談を試みた。相会する者

ダマスカス寺院

少しと雖《いえど》も神境に於いて在外日本人中の日本人の清会は、多少の意議ある者であつた。社務所の静浄な室に数日を泊して、旅懐洵《まこと》に長閑《のどか》を覚えた。折柄膠澳警備に来れる、帝国軍艦筑紫の海兵三百余の礼拝なども北支那時局の齎らした一光景であつた。青島の高督弁が重な商人二十人程を拉《らつ》して、七八十万円を強奪した。いざゴタ〳〵となると土匪《どひ》の害より官歴の害が甚しい事は、今更の問題ではない。余嘗て土匪の害たる官匪の害の甚しきに如《し》かずと題して、漢字新聞の論説を書き、吾が外務省の官吏に叱《しか》られた事があつた。青島は呉佩孚が北海にマゴ〳〵してゐるので、多少人心が恟然《きようぜん》としてゐた。十一日一日青島に来て、同五日の朝歴城に入つた。一人の日本人と、二十余名の支那人に出迎へられて、南大寺の歓迎会に臨んだ。メツカに帯同した馬錦章も、此地に吾《われ》を待つてゐたのは何よりうれしくあつた。人生到処皆青山の感は、吾等遊子にして好く之を味ふことが出来る。日々是《こ》れ好日、次日馬場君の書斎に入て里芋の味噌《みそ》しるを快吃《かいきつ》した。

旅中から歯を病み、眼を憂ひてゐたので、日軍青島占領の唯一好記念たる、済南医院に入院して、満十日間、河本山崎二国手の治療を受けた。入院患者たる余は一夜済南居留民の請《こい》に由て、講演を余儀なくされた。退院と与に歴山の西麓半畝園に精舎を結んだ。再び歴下書院の看板は掲げられ、四五の日支青年学徒が此の静かな居に出入しつゝある。市村器堂博士が、結廬《けつろ》の次日来訪して呉れた。有朋自遠方来の至楽吾等書生の恵まるゝ処だ。侍生文山と与に、日々清真寺碑中の至誠主静の大字を拓して五十組を得た。実に見事な字だ。筆者不明なるが多分明末の奇士雪蓑の作る所であらう。之を吾が道友に分贈して今回の小業の記念とした。

政教社発行の「大亜細亜主義と東洋の人豪」を閲して、我が旅行と相干聯《かんれん》せる計画の如く感じ、愉快に思うた。二十年来の畏友《いゆう》たる小谷部全一郎君が「成吉斯干《ジンギスカン》は源義経也」の良著成る旨を、報じて来たのもうれしき極みだ。日本人誌上に余の東游《とうゆう》の事を予告するや、鳥居素川氏を第一に、東西南北の先輩同志が日々好音を寄せ来るありて、歴下の寒林も春日の和暢《わちょう》を覚ゆる。

又馬生を伴ひ数日を天津に遊んだ。余の入津の日、孫文も日本を経て入津し張作霖氏と此夜会見した。段将軍既に執政の職に就きて、自今天下平かなるべく期待する者もあらう、談何ぞ容易なるやだ。余は例の如く天津西馬路の恩祥桟に寓して、板床の上にゴロ寝の旅《たび》枕《まくら》、夢はマハメツド聖人や、成吉斯干などに入りて、又支那の時局を想はない。一夕此地教門の碩学《せきがく》王静斎と会談、食を与にしつゝ、道を語ることを得た。吉田総領事と氏の公館に会見して時局談を聴いた。副領事浦川昌義君の家に、天津銀行の牧野駒三君と会して二十年の旧事を語つた。

天津の街路には「絶滅帝国主義」「倒壊軍閥主義」「孫中山先生歓迎」などの張紙がベタベタ貼《はつ》てある。帝国主義は米国又は英国の専売である。支那人もアヂをやる者だ。孫文がカラハンと握手して支那軍閥に対し、赤化軍動を起すであらうなどゝ、疝気《せんき》に病んでゐる日本の人志などもあるやうだ。支那の軍閥なる者は労農の徒《クリー》だ、土匪の改編だ。由来支那と露西亜とには相通の点が多い、こんな事は今更の問題ではない。我が国は一時の世相に捕へらる、事なく、終始国体の精華を発揚するのみでよい、いくら支那でも多小の識者は依然として存在してゐる。

天津を辞し寒天に三十余時間を費し、貨物と同居して済南に帰る。一日東魯学校に其校長旧知なる夏浦斎の、学生を教ふるを観る。六芸論の続講である、自ら古琴を弾じ名書画を掲け、諄々《じゅんじゅん》として道を講じてゐる。夏君は前の塩運使、名門の出、曾国藩を崇敬し、乱裡の今日、官を辞し五百の子弟を集め、古道を以て教を為す。蓋《けだし》其志は夫子《ふうし》に存する者であらう。欧米宣教師の文化事業が、今の支那には全盛である。而して日本にも其真似《まね》をしてゐる。けれども真の国民教育の事は其国の先覚者に由る外はない。書院即ち有道の士の私立学校こそ、真の国民教育の淵叢である。印度にも私学が所々に起りつゝある。印度の青年志士は此の如き所から出で来つゝある。遠く孔子の業を謂ふまでもなく、孫明復の泰山書院と、其化育の鴻業を思ふ時、東魯の学風が常に支那の斯文を危きに救ひ、道を万古に生かしつゝある蹟を観る。吾等の魯境に游寓しつつある所以も自ら此に存する。一日済南道院に侯雪舫君を訪うて君の日本布教談などを聴いた。道院の事は前項に記しておいたが、今の支那にはかゝる者の存在すら必要としよう。

結盧一ケ月の後祖国歴遊を欲す。禹域乱裡の閑遊、我が心境必しも開ならず。西山公の詠に

只看れば何の苦もなき水鳥の
足にひまなき我が思ひかな

とある。自ら其人に非《あら》ずして其事に任ず。胸中徒《いたず》らに焦燥、居は南山に対せども寒菊もなく、樽酒《たるざけ》もなく、常に悠然の二字を念提しつゝも、真に之を得るは難い。大正十二年も極月十五日と為《な》つた。直隷北境の宣化府から、宮澹菴老師が突如来訪した。此旦に斯人を想ふたのに、彼は筆を執て直ちに菊の図を作つた。

　此日の正午二十余名の支那教門僧俗は、余の出廬を聞き、緋帳《ひちょう》に一大文章を記し、之を先頭に掲げて挨拶《あいさつ》に来た。其文は巻頭の済南道尹唐柯三君の撰《せん》とある者がそれである。前陸軍聯隊《れんたい》長法鏡軒が一同を代表して、祝辞を叙した。余之に応答し、和気満堂裡に小宴を開き、正月以来一年間の小なる道業が、茲に一段の果を為した。事小なるもこんな光景は、従来の日支干係上余り類は無い事であらう。折から駐済武官菊池門也君が、来合せて喜びを与にした。次の夜、西山又農、馬場子温、張文山等に送られて、メッカに帯同した馬錦章を伴ひ、青島に出《い》づ。廿《にじゅう》日発の泰山丸にて馬生と与に日本に行かう、兎《と》に角《かく》行かう。白雲遊記は一先之を以て擱筆《かくひつ》する。

（大正十三年極月十九日、於青島神社々務所之南窓）

後　叙

余嘗《かつ》て日向に山居し天孫民族の迹《あと》を訪ね、かみながらの道と我が国体の精華を知る。十二度泰山の上に立ちて天地生ゝ化育の理を識《し》る。十歳斉魯の野に彷徨《ほうこう》して孔子の志を思ひ、管仲の業を思ふ。今回又天方に遊びて穆耶二聖の蹟《あと》を察し、印度に入りて樹下石上の人を観《み》る。

余に宿望あり、パミールの高処に立ちて白雲の飛ぶを看《み》んこと即《すなわ》ち是《こ》れなり。今回の行、事に妨げられて之を遂げず、旅次一年、水陸三万哩、自ら省みて畢竟《ひっきょう》無用の業のみ、洵《まこと》に白雲の徂徠《そらい》と一般なり。而《し》かも天意之《これ》を許さば宿望を遂げて更に此《この》紀行に加ふるの秋《とき》あらんか。

天鐘生又識

大亜細亜主義・即日本主義・即神惟道

『日本及日本人』第六七号　一九二五年二月一一日

序

余外遊より帰来会々本誌増刊号、諸家の大亜細亜《アジア》主義論を一々精読したり、此《この》題目は実に余が今回試みつゝある旅行の結論にして、余は日夕之を念提しつゝ、徐《おもむ》ろに白雲遊を事とせり。余の予期せる旅程尚《なお》中道なるに、且つは余の魯鈍《ろどん》なる一朝にして諸家の如《ごと》き名論卓説を世に問ふ能《あた》はずと雖《いえど》も、第一次旅行を了し茲《ここ》に小閑を得たり。即《すなわ》ち少しく行うて少しく謂《い》ふも亦《また》悪しからずと思惟《しい》し、諸家に晩《おく》れて卑見を述ぶ、識者の是正を得ば幸甚なり。

一　何をか大亜細亜主義と云ふ

我《わ》が亜細亜諸国は、古来聖人命を受け、大道を明かにし、教を立て、之《これ》を布《し》けるの地なり。冠して大亜細亜主義と云《い》ふ。大とは地城の広大を以《もっ》て曰《い》ふにあらず、道の尊大を以て謂ふ也《なり》。夫《そ》の大道とは支那《シナ》の天道、印度のダルマ（本然の道）アラビヤに於《お》けるエホバ或《あるい》はアルラホ等の示顕垂跡《すいじゃく》即ち是《こ》れなり。聖人とは孔・老・釈迦《しゃか》・基督《キリスト》・マホメッドの五聖是れ也。五聖出《い》でゝ大道明かに、教法立ち、人倫行はる。而《しか》して其《その》化育の及ぶ所即ち欧米白人文明の隆盛を致せり。

然《しか》るに文明の進歩、智に偏して為さゞる所なく、物慾人を苦しめて極る所なし。遂《つい》に欧《おう》洲《しゅう》戦争を惹起《じゃっき》して、其現実を暴露し、余炉今や新たに亜細亜に襲来し、聖人の教制行はれず、大道亦通ぜざらんとす。是豈《これあに》大亜細亜主義の高調提唱せらるべき秋《とき》に非《あら》ずして何ぞや。所謂《いわゆる》亜細亜主義とは国際主義に基く亜細亜諸国の政治的、外交的、又は軍事上の聯盟に非ず。黄色人同盟を以て白色人に対抗し、数百年来虐げられし、怨恨《えんこん》を彼に報復せんとするに非ず。吾人《ごじん》の主張は乃《すなわ》ち大道を恢興《かいこう》し、聖人の教制を尊信し、各々国域を異にするも、道の通ずる所、教の及ぶ所、類を以て相応じ、互《たがい》に相扶助し、善隣の誼《よしみ》、君子の交《まじわり》を以て大同に帰し、交々《こもごも》古道を倶《ぐ》通《つう》するに覚醒《かくせい》奮起し、生々化育の大法を妨ぐる者を排掃し、天下に最善の義を行ふべきこと即ち是れ也。

二　何をか日本主義と云ふ

熟々想《つらつらおも》ふに、我が日本は『神ながらの道のまゝの国』にして、所謂五聖の如き者出で来り、殊更《ことさら》に教《おしえ》を立つるのことなかりしも、常に教の発する所、教の帰する所の邦にして、洵《まこと》に天成国体の精華を作《な》し、而して日本と称する所以《ゆえん》の名の実体たるなり。此《こ》の事実を遵信し、斯《こ》の道光を発揚し、之を世界に施さんが為《ため》に、君民心を一にし、以て盛んに経綸《けいりん》を行ひ、衆庶力を共にし、義勇以て公に奉ずるを日本主義と為《な》す。

日本主義の主張は単に必しも熱狂的に日本を好愛し、偏狭なる精神を以て、侵略と排他とを行ふが如きことを意味する者に非ず。此《かく》の如《ごと》きは決して真の日本主義に非ず。又正しき祖国主義にも非《あら》ざる也。欧洲戦争の起るに先《さきだ》ちて、崇高なる犠牲者として倒れし仏国の愛国的人道主義者、ヂヤンジヨレスの語を移して之を謂へば、『正しき祖国主義者は克く祖国を知るべきこと、即ち其特性、欠点、不徳、光明暗黒を識弁し、之が為に人道の全部の進歩を念とし、其不善を去り、其善美と光明とを増さんことを期するこそ、真の愛国心の発露にして、祖国主義者の以て任ずべき所なれ。断じて自国を愛好するが為に、他国を劣等視するの謂《いい》にあらず、互に憎悪排撃するの謂に非《あらざ》る也。抑々真の愛国主義とは自由と正義の力を己が国家内に増殖すべき全国民の義務心に外ならざる也。』

此《これ》に由《より》て之を観《み》れば、日本主義の主張は大亜細亜主義の精神と矛盾する所なく、大亜細亜主義即日本主義たる也。而して大亜細亜主義の実行は日本主義の実行と同一不可分の者にして、吾等《われら》は先《ま》づ外に向つて大亜細亜主義を提唱し、内に向つて日本主義を高調し、速かに其実行を促さんとす。

（註）吾等は日本に生れしことを幸福とし、誇りとす。而して日本を熱愛し之を礼拝する。夫《それ》は単に我が祖国であり、自らが日本人であるからとのみの理由ではない。凡《およ》そ正しき人は神を敬し、神に由て作られし最高なる者を愛したい。夫は即ち正義である。日本の開国と神啓と、その一貫したる歴史よ、是れ神の顕現である。大和魂《やまとだましい》即神霊である。此の神霊こそ世界の何物をも、之を善しと知れば容《い》れて神州の栄とする、平和なる、調和的優美の精神である。何ぞ其の精神の謙遜にして、崇高なることよ。

我国《わがくに》が文化に於《おい》て世界の何物をも摂取捨てずに之を受入れて我が神国の栄光とするが如《ごと》

く、其国民も亦各地より来りて敷島《しきしま》の民草と為《な》つた。馬来人《マレー》あり蒙古《もうこ》族あり漢人種あり、韓民《かんみん》あり、亜細亜諸国のありとしあらゆる民族を容れた。容れて後生めよ殖えよと共に存し共に栄えた。あゝ我日本詩の如き画の如き美しき大和島根よ。是れその日本てふ独自一個の国なりしが故に、愛すべく尊むべしと謂ふのではない。かゝる幾多の民族と、其文化の連合し結晶せる国土であるからだ。故に吾等は祖国日本を愛する時に、其愛は又全アジアをも愛せずに居《お》れぬ。実に吾は多年支那に在りて支那人と其土地とを愛し得た。今又亜細亜諸国を旅行して、其所在の民を愛し得る。而して彼等の多数が不幸なる現状に在るに対して、万斛《ばんこく》の涙を注ぎつゝある。

日本が過去に於て亜細亜の文物を以て集大成せるが如く明治維新と与《とも》に、欧米の文化を吸収して遽《にわ》かに今日の強大を為《な》したるは、彼等白人種に感謝し、而して彼等をも愛する情亦本より吝《やぶさ》かなるを得ぬ。而《し》かも彼《か》れ白人と雖も実は其文明の根源を、今のアジア民族の祖先より得る所、頗《すこぶ》る多かつたではないか。加之《しかのみならず》、その高上せる生活の資料を、現に亜細亜諸国より供給せられつゝあるではないか。而《しか》るに彼等が今亜細亜諸国に為しつゝある所を観れば、実に憤懣《ふんまん》の極みである。而して日本が亜細亜に於《お》ける唯一の独立国として儼《げん》存《ぞん》する時、白人種をして我が亜細亜を尊重せしむるに先ちて、我等日本人がアジア人に尽すべき義務心の起《おこ》らであるべきか。此の心こそ真の日本主義であり、祖国熱愛の至情であり、神州の公道であり、我が立国の精神であり、肇国《ちょうこく》の神勅その者である。

（大正十二年六月十日アラビヤ航途、紅海を過ぎ其日の日誌の一節にかく記しぬ）

三　何をか惟神道と云ふ

約して之を謂へば『かみの御心のまゝの道なり』分つて之を曰へば、智仁勇《ちじんゆう》即ち是れなり、伝国の貴宝三種の神器は即ち其形体也。皇位の在る所即ち道の存する所、日本の建国は神命に始まり、日本の歴史は神命の永久不変に在り。是れ我が国体の精華にして、かみながらの道なり。故に我国は祭政一致、政教一致、教学亦一致たるべき国なり。日本の神代史は正して惟神道《かんながらのみち》の歴史にして、日本建国の精神こそ、実に至高至上の理想的宗教にして、此精神に基き、地上の天国は成立せられたり、故に之を神州と云ふ。而して四周より流入せし民族は此崇敬すべき神道国家に対して皆臥事し、即ちかみ乍らの道に帰服し、未だ嘗て下にしてかみを冒瀆する者はなかりき。其思想文物は飽く迄《まで》調和的に発達し、敬神愛国の義一途に出で、渾然《こんぜん》として今日の日本帝国を醸成せり。併《し》かし大和民族を中心として、其神人的英主を推戴《すいたい》せる調和的国家は君主国にはあらざれど帝政国にはあらざりき。常に八百万の神々を会合して之と諸政を議し、天小屋根天太玉の二尊をして、執政祭神せしめたる古《いにし》へより、藤原氏源平二氏以来幾代の将軍武家政治に到るまで、天皇御親政と申すべき欧洲又は亜細亜諸国の帝制は、日本歴史の多く経験せざる所、従つて君主専政の跡なく、百姓の怨《うらみ》を皇帝に注ぐが如きことあるべからざりし也。

明治維新と呼び、王政復古と称す。此の大変革の思想根拠は、たとへ其間幾多の権謀詐術を蔵し、不純なる分子のありしにせよ、当然日本建国の精神の発霊、即ち惟神道の奨順拡充せられし所以に外ならざるべし。故に明治元年十月には東京御遷都と与に氷川神社御神祭の詔あり。曰《いわ》く、

神祇を崇《たっと》び祭祀《さいし》を重んずるは、皇国の大典政教の基本なり。然るに中世以降漸く衰へ祀典挙らず、遂に綱紀の不振を馴致《じゅんち》せり。朕深く之を慨《なげ》く。方今更始の秋《とき》、新に東京を置き親しく臨んで政を視《み》る。将《まさ》に先づ祀典を興し、綱紀を張り、以て祭政一致の道を復せんとす。（下略）

明治天皇の叡慮此《かく》の如《ごと》し、而《し》かも明治政府の施設は果《はた》して維新大業の精神に基き、斯道《しどう》に準拠したりしや否《いなや》。文教の立つ処《ところ》、学問の由る処、果して斯道に順応したりや否。更に明治三年正月に下し給へる『大教を宣布するの詔』に曰く、

朕恭《うやうや》しく惟《おもんみ》るに、天神天祖極を立て統を垂れ、列皇相承け、之を述べ、祭政一致、億兆心を同うし、治教上に明に、風俗下に美なりき。而《しか》るに中世以降時に汚隆あり、道に顕晦《けんかい》あり、治教の洽《あまね》からざるや久し。今や天運循環、百度維《こ》れ新なり、宜しく治教を明かにし以て惟神の大道を宣揚すべし。（下略）

あゝ大詔炳《へい》として現在す、爾来《じらい》五十年輔弼《ほひつ》の大臣は終始何事を為《な》し来《きた》れるや、或は内は国力未《いま》だ伸びず、外は国交に制せられて、宜《よろ》しきを得ざるの事由ありしならんも、明治より大正の今日に経来りて、惟神の大道益々《ますます》堙滅《いんめつ》せんとするに非るなきか。大正維新の唱へらるゝや久し。抑々《そもそも》大正維新の思想根拠は何《いず》れに存するや。日本は断じて革命の要あるこ

となし。唯道《ただ》を明かにし、命を宣《の》ぶべきのみ。百姓心を一にし、我皇を皇とするに協力するは、是れ道を斎《ただ》すの丕基《ひき》にして、国威を発揚するの源也。而して是れ即ち日本主義に非《あらざ》らんや。故に曰く『日本主義は即ち惟神道也』と。

然《しか》れども現代日本は、明治維新の業未だ全からずして先帝かむ去り給《たま》ひ、その宏謨《こうぼ》の完成を遺命せらる。今上久しく病に悩み給ひ、太子少くして摂政せらる。内は未曾有《みぞう》の災厄あり、外は強邦の圧迫あり。而して東亜の時局日々益々紛糾《ふんきゅう》を加へんとす。是れ正に非常なる秋《とき》なり。豈《あに》帝国臣民たる者、各々其分に応じ責に任ぜずして可ならんや。実に天下の興亡匹夫亦責ありて存す。吾等本是《もとこれ》一介の野人に過ぎずと雖も、此思想根拠を把持して以て志と為し、微衷を時務に致さんと欲す。

四　結　論

若夫《もしそ》れ此志を以て、当《まさ》に行はざるべからざる具体案の如きは、天下の志士仁人と与に細《つぶ》さに之を議せん。要は只《ただ》、今正に大道を賊する者宇内に横行するの秋《とき》なり。宜しく先帝の遺《のこ》されし五個条の御誓文に『上下心を一にして盛んに経綸を行ふ』とあるが如く、又『旧来の陋習《ろうしゅう》を破り天地の公道に基き』と示されしが如く、以て義を行ひ、然る後平和を済《な》すべきなり。凡そ之を妨げ、之に聴かざる者は即ち是れ道の賊なり、吾に草薙の宝剣あるに非ずや。昔者《むかし》管仲は斎国の小を以て、諸侯を糾合し、天下を一匡《いっきょう》せるを観ずや。孔老《こうろう》の聖も管夷吾ありて然る後に出《い》づ。沙《さ》漠《ばく》の子マホメッドは剣とコロアニを持し、聖戦を為《な》せしに非ずや。基督すら『吾《わ》れ平和を出《いだ》さんが為に来れりと思ふ勿《なか》れ、吾の来るは刃《やいば》を出さんが為《ため》なり』と叫べるに非ずや。而して現今動乱裡の支那に於て欧米の文化政策に対し、勃《ぼっ》然《ぜん》として国学復興の機運の著しきを観ずや。印土志士の懐抱せし思想亦秋霜烈日の如き、クリシユナ神の精誠を作興して、非道なる英国に対抗しつゝあるに非ずや。アラビヤの一小国ネヂッドに於《お》けるサヘビズム回教運動の如き、又古神道復興の精神を以て、英国の瀆神的行為に反抗しつゝある者に非ずや。其他幾多亜細亜民族の反欧米運動は、之を要するに其民族の固有せる思想に基く自覚にして、即ち各々大道の倶通に帰因すべき同一精神の勃興なり。故に総じて之を謂へば、大亜細亜主義は既に澎湃《ほうはい》として亜細亜民族の間に漲《みなぎ》りつゝある也、而して吾人が日本主義の高調と実行とは、大亜細亜主義を合理的に促進せしむる所以なり。而して日本主義の高調と実行とは、外来模倣思想を調伏し、反祖国主義者を一掃し、先帝の宏謨を完成するに、共同一致して邁進《まいしん》すべきに外ならず。此の如きは即ち惟神道の実行に非ずして何ぞ。

天鐘子乃ち断じて曰く、

大亜細亜主義即日本主義即惟神道なりと。

（大正十三年十一月念二日、東魯、歴山の麓、半畝園の南室に於て認之）

田中逸平

——万教帰一の生涯

坪内隆彦

田中逸平と拓殖大学

本書は、日本人として二番目にイスラームの聖地マッカ（メッカ）に巡礼した田中逸平《たなかいっぺい》の『白雲遊記』と、それと同時期に書かれた「大亜細亜主義・即日本主義・即神惟道」を収録したものである。

筆者が、戦後あまり注目されることのなかった田中逸平の著作と出会ったきっかけは、拓殖大学の創立百年史編纂事業に関わるようになったことからである。拓殖大学が田中の研究に取り組むのは、彼が拓殖大学（当時台湾協会学校）の第一期生であり、拓殖大学のアラブ・イスラーム学派とも呼びうる学統の起点だからである。しかもその学統は、日本ムスリム協会第三代会長を務めた斎藤積平・拓殖大学元講師と、飯森嘉助・拓殖大学教授ら斎藤元講師の指導を受けてアラブ・イスラーム世界の大学に留学した多数の先学を経て脈々と継承され、現在さらなる発展に向けて動いているからである。

拓殖大学創立百年史編纂室で、田中の著作収集と基礎的研究が開始され、平成一四（二〇〇二）年三月に、主に田中のイスラーム関連論稿等を収録した『田中逸平―イスラーム日本の先駆』が同編纂室から刊行された。この解題を担当したのは、斎藤と飯森教授に教えを受けた森伸生教授である。その後、田中の墓所が港区の大光山重秀寺にあることがわかり、田中の命日にあたる平成一四（二〇〇二）年九月一五日、拓殖大学の藤渡辰信理事長（現総長・理事長、創立百年史編纂室長）、飯森、森両教授を発起人、拓殖大学アラビア研究会OBの武藤英臣氏（現イスラーム研究センター客員教授）を世話人として、同寺で「田中逸平学友を偲ぶ集い」が開催された。この場で、藤渡理事長は、田中以来一〇〇年に亘って拓殖大学に蓄積されてきたアラブ・イスラームの伝統と実績を結集して、シャリーア（イスラーム法）を主としたアラブ・イスラーム圏の調査研究機関を設立したいと提案し、平成一四（二〇〇二）年一二月に海外事情研究所附属イスラーム研究センターが発足した。森教授がセンター長に、武藤氏が客員教授に就いた。さらに、田中逸平の著作集として、『田中逸平――その2―中国論／日本ムスリムから見た支那文明』（平成一五年三月）、『田中逸平――その3―日本論／日本ムスリムから見た神道』（平成一五年九月）、『田中逸平――その4―随想』（平成一六年三月）が、拓殖大学創立百年史編纂室から刊行されている。本稿で引用する田中の著作は、これらの著作に収録されている。[3]

なお、『東京新聞』は平成一六（二〇〇四）年六月一三日付朝刊で日本の対イスラーム外交史を取り上げ、「日本人ムスリムの草分け」として田中に言及している。

大道・万教帰一・興亜

『白雲遊記』は、大正一四（一九二五）年に田中が敢行したマッカ巡礼の記録である。この巡礼は、明治四二（一九〇九）年に日本人として初めて巡礼した山岡光太郎に次ぐものである。

同書のもととなった原稿は、政教社発行の『日本及日本人』に大正一三（一九二四）年一月一五日号から大正一四（一九二五）年四月一五日号まで、「西へ西へと」のタイトルで一五回、「メッカ巡礼」のタイトルで五回、そして「白雲遊記」のタイトルで六回、合計二六回に亘って連載されたものである。

一方、「大亜細亜主義・即日本主義・即神惟道」は、連載「白雲遊記」の第二回と第三回の間に、同じく『日本及日本人』に載った論稿である。

『白雲遊記』の価値は、田中が訪れた当時のイスラーム教徒（ムスリム）の生活やマッカ巡礼、あるいは欧米列強支配下のアジアの状況などを理解することができる点にもあるが、最も重要なのは「一切の私を捨て、神に一歩一歩近寄る道行の事」（二〇頁）[4]とされた、田中にとっての巡礼の意味である。

この「神への接近」こそ、大道＝真理の実践であり、万教帰一[5]・五教帰一の実践であり、そして、興亜の実践だったのではなかろうか。もちろん、極めて広範な田中の思想と行動には、視る角度によって様々な像が現れてくる。本稿は、興亜という視点から田中の言動を把握しようという試みであり、ムスリムから見れば意外な印象を受ける部分があるかもしれない。

田中の言う「大道」とは、宇宙の法則、宇宙の根本原理である。それは宗教的実践、行を通じた宇宙そのものの把握といってもいい。神人合一、天人合一、万物一体、梵我一如、あるいは「悟り」と表現される、自らと宇宙の根源とが合一した状態こそが、その本質といえる。

万教帰一とは、全ての宗教の真理は一つであるという考え方である。これは、全ての宗教の根源は同一であることを意味し、万教同根とも呼ばれる。これを、儒教・道教・仏教・イスラーム、キリスト教に代表させれば、五教帰一という表現になる。

田中にとって、興亜とは大道を地上に貫徹しようという理想にほかならない[6]。それは、道義的な世界の建設であり、具体的にはアジアが列強の植民地支配の抑圧から解放されて、自由で、平等で、平和で、精神的な価値が重視されるような世界を作ることであった。彼は、宗教的な理解に基づかない日本政府の対イスラーム政治工作には反対していた。そうした田中の興亜（大亜細亜主義）の理想は、収録した「大亜細亜主義・即日本主義・即神惟道」にも明確に示されている。

田中は、大道の把握と、国際社会における大道の実践である興亜とは不可分であるべきだと考えていたかに見える。それは、大道＝真理自体にその実践を支える決断と勇気が含まれているとの実感が彼にあったからであろう。それは、彼が崇拝した杉浦重剛、さらに遡れば山鹿素行らの「智仁勇」を一体のものとしてとらえる立場に通じる。それはまた、古武道に流れる日本精神の真髄を見抜いていた興亜論者・内田良平が「三種の神器は智仁勇を表徴し、三者其の一を欠いては全能では無いのであるが、其の中に就て、若し勇が無ければ、実行が出来ぬ」[7]と説いた立場と同一のものである。

だからこそ、武士道に象徴される日本精神や、大塩中斎らの日本陽明学派の義に殉ずる「勇」を、イスラームの中に見た田中は、日本精神とイスラームを地球上の二大奇跡とまで言った。まさに、彼の巡礼は実践の源泉である「勇」を支えるイスラームの奇跡を自ら体験することであり、それは興亜の実践そのものであった。

『白雲遊記』が単なる巡礼記ではなく、興亜の訴えであるという評価は、出版当時からあった。例えば、国民新聞記者の堀敏一[8]は、書評で次のように書いている。

白雲遊記の筆者田中逸平氏は、飽く迄も強気の人である。亜細亜の伝統と素質とを固く自負して圧せられたる東洋の為に万丈の気を吐きつ、ある東洋人である。氏は東洋を愛し、尊び、且つ誇り、而して尊ぶべき、誇るべき東洋を確実に識認せる東洋人である。予が氏を日本人と云はず、敢えて東洋人と呼ぶの所以は、氏の所謂祖国が日本と云うよりも東洋、即ち亜細亜そのものに外ならないからである。

従って白雲遊記は、氏にとっては祖国遍歴記である。支那、南洋、印度、アラビア、適くとして氏の祖国ならざるはない。而してそれらの地方に住める有色の人種は、いづれも氏の同胞ならぬはなく、彼等が一様に悩みつゝある西洋の圧迫と非道とに対して、同じ悩みを悩み、同じ義憤に怒り、且つ相共に回天の業の営まれん日を夢み、いのり、願ひつゝあるのである。白雲遊記一冊は、単なるイスラム巡礼記に非ず、それこそは弱気の東洋の下陰に、欝勃として機会の到来を待てる強気の東洋の祈願であり、抱負であり、決心でありまた訴えでもある。[9]

古神道の行

田中は、明治一五（一八八二）年二月二日、田中定五郎の四子として東京府下小金井村に生まれた。少年時代に父に導かれて、神道禊教の修法を受けた。これが田中の生涯に大きな影響を与える古神道との出会いである。

古神道は、行によって宇宙の根源、真理の把握を目指す性格が強い。「宇宙生命の根源に徹する」神道とも呼び得る。[10] 伯家神道や吉田神道がその代表的なものだが、伊勢神道、垂加神道、土御門神道、物部神道、両部神道などの伝統にも古神道は流れている。

宮中祭祀を、明治維新まで八〇〇年に亘り取り仕切ってきた貴族の家系、伯家（白川家）に伝えられた古神道が伯家神道である。伯家神道には、「永世の伝」と呼ばれる独特の呼吸法による修行[11]や、「究の字」と呼ばれる神事占法がある。

禊教の創設者、井上正鐵（一七九〇～一八四九）は、この伯家神道の行を継承している。[12]

井上は寛政二（一七九〇）年八月四日に、安藤真鐵の次男として生まれた。観相家の水野南北から観相と易学の極意を、長田徳本派の名医、磯野弘道から漢方を、さらに浅井仙庵から指圧を習った[13]。そして、天保四（一八三三）年、井上は神秘体験を経て古神道に開眼、翌天保五（一八三四）年伯家に入門する。彼は「永世の伝」などを伝授され、独自の行法を確立するのである。流罪に処せられるという苦難を経て、吐菩加身講布教の許可を得たのは、明治五（一八七二）年のことである。明治九（一八七六）年になって、吐菩加身講は禊教と改称される[14]。

神道、儒教、仏教の三教全てに通じた師を求めた井上は、『唯一神道問答読書』[15]二では次のように書いている。

「聖徳皇太子世に出給ひて時機を斗り、神儒仏の三道兼学の法を建給ひて、和光同塵の教をほどこし給ふ事、是神慮の斗り給ふ所にして、私にあらざる故に、後世其法盛にして聖帝の天下に世々行ひ給ふ所也」、「古き書にも神道は根にして、儒は枝葉たり、仏は花実なりといへり[16]」。

ここにある通り、宗教間の調和、習合という考え方自体、決して新しいものではない。神仏習合、神儒仏（神道・儒教・仏教）の調和といった考え方は、日本の文化に脈々と流れている。中国にも、儒道仏（儒教、道教、仏教）の調和の伝統がある。

こうした歴史の中でも、井上の思想は典型的な帰一志向だった。彼は、古今集、四書五経、倭論語、法然・親鸞・一遍・日蓮等の経典、さらには芭蕉の文集などを自在に引用して説教をしたという[17]。だからこそ、田中にとって禊教は、「神人一如」に至る道であり、同時に宗教の帰一の手本となったに違いない。

イスラーム入信への道

さて、田中は、明治三三（一九〇〇）年九月、台湾協会学校に入学した。この時代、彼は中国語を学ぶとともに、鹽谷時敏[18]の門下生となり、儒学[19]を学んだ。明治三五（一九〇二）年九月には、北京大学に赴任する服部宇之吉について北京へ遊学し、満洲を回った。明治三七（一九〇四）年に日露戦争が勃発すると、従軍通訳官に志願している。その活躍が評価され、戦後、勲六等単光旭日章を授与されている。[20]戦争終結後も田中は満洲の地下資源調査団に関わり、三年間に亘って調査を続けた。任務が終った後も帰国せず、学校も中退し、山東省の省都、済南に居を定めて中国思想の研究を続けた。

彼は儒学を学んだが、そこに聖なるもの、霊的なものを感じることができず、天に対する原初的な信仰を求めて、春秋時代の斉の宰相、管仲の研究にも力を注いだ。そんな彼の心を引き付けたのが、強烈な信仰を維持するイスラームだったのである。

もちろん、田中が当時の日本人にとって縁遠い存在であったイスラームに関心を深め、世界秩序の改革におけるイスラームの重要性を認識する上で、興亜陣営の先達の影響も無視できない。例えば、彼は「日本でのイスラーム布教とアジアの防衛」を目的として明治四二年（一九〇九）六月七日に結成された亜細亜義会のメンバーと交流を持っていた。ここには、頭山満、内田良平、小川平吉、満川亀太郎、福本誠、大原武慶、井上雅二、中野常太郎、田中弘之、波多野烏峰、金子弥平らの興亜論者とA・H・ムハンマド（モウラビ）・バラカトゥッラー、アブデュルレシト・イブラヒーム、アハマド・ファドリーらのムスリムが結集していた。

メンバーの一人だった大原は、みずからムスリムとなり、日本人のイスラーム理解促進のために活発に動き、機関誌『大東』に「清国に於ける回教」や「世界に於ける回々教」を連載していた。さらに、田中が尊敬していたジャーナリストの中久喜信周も、同誌に「支那回教徒の現状」という論稿を書いている。[21]

田中の場合と同様に、これらの興亜論者の多くがイスラームに関心を強める際に、彼らの宗教的素養が重要な意味を持っていたことはいうまでもない。

イスラームと古神道

田中がイスラーム信仰を深めていく上で重要な役割を果たしたのが、禊教であった。『白雲遊記』でも、「支那の古文明の核心たる天観を考へつゝある時、モハメッドの観たる神観と我が国に現はれし神とを結んで考へざるを得なかつた。儒教と禅宗との関係の如く、儒教と回教を思ひ、又回教と我が古神道とを対称せしめられた」と書いている（六四頁）。

特に、イスラームが身体の清浄を重視していたことは、なおさら禊教の信仰者である田中には重い意味を持っていた。彼は後に、「イスラムは禊斎を最も重しとする宗教なり。而して我が古神道亦然り。川面凡児翁の主宰する稜威会は、寒天片瀬又は九十九里海汀に於て、古式潮の身滌を以て、厳粛なる禊斎を修行せしめつゝあるが如し」[22]、「回教は一種のみそぎ教なり。左ればアラブ原名イスレアムを支那にては訳して清真教と云ひ俗には潔教と呼ぶ」[23]などと書いている。

だが、田中の帰一論は、決して形の類似にのみ基づくものではなく、古神道の行に支えられていたのではないか。神道とイスラームに共通する禊もまた、単なる形ではなく、その深い精神的意味において捉えられていたに違いない。

言霊を重視する禊教の行を体験してきた田中は、言葉や音声の持つ特別な力を直感していたからこそ、クルアーン（コーラン）の朗誦に感ずるものがあった。

同時に、宇宙の成り立ちに対する古神道の深い洞察が重要な意味を持っていた。すでに、マッカ巡礼前、田中は「唯物論と唯心論は其窮極を等しく、一神論と凡神論とは其帰趣を同ふするが如く。太初の神は万物を造り、之に生あり。生は人の光となる。然らば人の光、即霊を祭るは、又唯一神を祭ると帰向を等ふす。詮すれば一霊なり。発すれば万霊なり」と書いている。[24] イスラームの宇宙論に接したとき、田中が根源的な存在と万物の関係、すなわち神人合一においてのあらゆる宗教の同一性を直観したのは、むしろ自然であった。

田中は、「独一無二の絶対神」アッラーについて、化身作用から言えば九九の正名があるとし、天御中主之神が上にあって八百万の神が下にあるのと同じだと指摘している。[25] イスラーム入信後には、次のように語っている。[26]

> マホメッドの天啓はチェベレイルなる天使[27]に由って伝えられている。天神アルラホと、只の人たるマホメッドの間には、此天使の存在を肯定する。此外多くの悪魔や、天使も幾多存在してゐる。天の御中主神の外に、八百万神があるのを、徒らに多神教と見る耶蘇教神学の愚見は、回教の一神教を何と論ずべきか。

こうした田中の着想は、単なる思いつきではない。それは、イスラーム研究者の中田考氏が「『古事記』に現れる天御中主などの造化神たちが、天照大神らの神統譜の神々と根本的に異なり、

も示される。

『生みも生まれもしない独神』とされているのは、『言え、アッラーフは独りなるお方、〔中略〕生みも生まれもしない』（クルアーン一一二章一、三節）を思い起こさせる」と述べていることに[28]

儒教とイスラームの調和

神道とイスラームの調和という田中の発想は、行を通じた根源的な部分での一致という観念に支えられていたが、彼が中国で目撃した中国思想とイスラームの調和という現実もまた、大きな影響を与えていた。

中でも、陰陽論を軸とした中国思想の宇宙論を駆使してイスラームを解釈した回儒学者[29]の存在が大きい。回儒として名高いのが、王岱輿、劉智（劉介廉）、馬注といった人物である。『清真大学』、『正教真詮』、『希真問答』等を著した王岱輿は、道は一であるといい、修身、斎家、治国のような徳目は、孔孟の道も吾が道と同じだとした。田中が最も注目した劉智は、中国イスラーム学術の集大成者で、儒、道、仏三教の哲学思想をイスラーム教義に取り入れた。[30]

劉智は、一五歳で学問を志し、八年間漢籍を通読した後、アラビア語とペルシャ語のイスラーム典籍を六年間研究したという。何百巻というイスラームの著書を書いたが、晩年には、イスラームと儒教を用いて独自の思想を構想、「真の天（神）と地（社会）および人間」三者の間の学問を求めた。[31]

田中は劉智の研究を開始し、大正一一（一九二二）年には劉智のムハンマド伝『天方至聖実録』の和訳を成し遂げている。[32]残念ながら、この労作はすぐには出版されず、昭和一六（一九四一）

年まで日の目を見なかったが[33]、田中の劉智研究の成果としては、『日本及日本人』大正一一（一九二二）年一〇月号に載った「支那回教の發達と劉介廉」がある（一三六頁参照）。

田中は『天方至聖実録』の序文で、「著しく回儒二教の習合的傾向を生じ、天方聖人の道は、即ち周公孔子の道と何等相反する者に非ず[34]」と儒教とイスラームの本質的一致を主張していた。

回儒の研究は、宗教・思想の帰一の着想と、イスラーム理解への足がかりとして田中にとって極めて重要なものだったに違いない。

一方、山東省に長期滞在していた田中は、中国の道院・世界紅卍字会[35]の動きにも注目していた。道院とは大正一一（一九二二）年に済南で設立された信仰団体で、五教帰一を強調するところにその思想的特長があった。すでに田中は、『白雲遊記』で、「余輩の如きも一通り各種宗教の香を嗅ぎ尽して今や回教道行を試みつゝある者、謂はゞ一人にて道院標榜の世界紅卍字会各宗教帰一の小体験を実行してゐる者と謂ふべきか」（一二九頁）と、自ら宗教帰一を実践しているのだと自己確認している。

田中逸平と大本教

道院・世界紅卍字会と連繋していたのが、出口王仁三郎の率いる大本教（現大本）[36]であった。田中は巡礼から帰国した後、大本教の協力で設立された神戸の道院を何度か訪問している。その仲介役となったのが、弟子の公文直太郎[37]である。公文は、インドでムスリムとなり、各地のモスクを訪ねてボンベイに着いたとき、偶然巡礼を終えて帰国途上の田中と出会ったのである（一二六二頁）。

田中は、公文に大きな期待をかけていたようで、「予は多年日本に背きし彼れの為に、仔細に日本を学ぶべき事を命じた。然る後そのイスラム研究を大成して復興亜細亜の大運動に出発すべきを依嘱した」と振り返っている。[38]

そして、公文は大正一三（一九二四）年一〇月、田中より一足早く日本に帰国し、翌月一七日に綾部の大本教を訪れている。やがて、彼は大本教に入信し、大本教の慈善団体、人類愛善会の講演会で講師を務めるに至る。[39]

こうして、田中は公文を介して大本教と交流するようになっていた。大正一四（一九二五）年一月二〇日、田中は公文、そして友人である中国研究者の石山福治とともに大本教を訪ねている。大本教機関誌『神の国』には、「瑞月先生[40]は昨日参綾の田中、公文、石山顕蔭の諸氏等と記念の撮影をされた」とある。小村不二男の『日本イスラーム史』には、そのときの写真が確かに掲載されている。[41] 綾部に着いた翌日の夕方、田中の講演が行われた。『神の国』は、次のように記録している。

先づ赤い土耳古帽を被つた公文氏は立つて『マホメットは叫びました、「神は絶対にして、偉大なるものなり」と丁度大本教旨の「神は万物普遍の霊……」と同じ意味に於て唯一の神を信じ同じ心持で日々を送る事はイスリアム教と云ひ大本と云ひ形に於ては異なるが其心に於ては皆様と等しくして離す事の出来ない神縁に依つて結ばれた兄弟と信じます』とて所感を述べ挨拶があつた。[42]

このとき、田中は二時間に亘り講演を務めた。巡礼を終えて帰国したばかりの田中は、『白雲遊記』で語られた旅行の印象を交えて、独自のイスラーム観、大亜細亜主義を説いた上で、最後に「大本の教と回教とは霊犀相通ずるものあり、今後とも共々に世界平和の為亜細亜の経綸に任じ、神の光を宇宙に輝かす為に微力を尽したい」と抱負を語っている。[43]

王仁三郎が田中の思想を重視していたことは、『神の国』に「イスレアムと大亜細亜主義」と題して三回に亘って掲載されていることからも窺える。

念仏修行と禊教

マッカ巡礼からの帰国後、田中は国内聖地の遍路、巡礼の過程で、念仏修行に傾倒していった。[44]ここでも、彼は音声の持つ特別な力における言霊と念仏の本質的一致を感じ取っていたであろう。

彼は、大正一五（一九二六）年七月末、上総国の長生郡上之郷山田谷にある薬樹院大圓寺での生活をはじめ、[45]その縁で同じ上総国の夷隅郡に亮傳が開いた真福寺で別時念仏修行を開始する。[46]昭和二（一九二七）年九月には、自ら別時高声念仏及観息法修行を主催している。[47]これは、五日間に亘る修行で、趣旨には「忠孝を本とし神儒仏三教の根底を悟了せしめ専心修行の功に依りて更生の新境を獲、身心の健全は勿論、始めて人生の真意義を如るに至るべし」と謳われていた。[48]

この間、田中は大正一五（一九二六）年六月末に故郷の武蔵野を訪れた際、小金井村鎮守天神祠に詣で、社掌の星野甲子三郎翁から大祓の式を受けている。その後、田中は星野の話を聞く機会を得た。実は、星野は田中の兄弥太郎と同窓竹馬の友であり、田中の父母、祖父母とも熟懇の間柄だったのである。田中は、「翁は予の知らざる我が家の事を以て告ぐること仔細を極む」と記している。

同年秋、田中は再び武蔵野を訪れた。そのとき、みずからが傾倒している念仏修行と父の実践とが重なり合ったのである。

田中の父は、維新の際に西軍に対して「多少男児の気を吐き、幾分の義に参したる」ものの、十分な成果をあげられなかった。傷心を癒すために仏門に帰し、念仏行者になったのである。田中は、父が念仏修行を行なった北多摩郡神代村（現在の調布市）の深大寺を訪れた。この深大寺の尭欽上人は、念仏の伝を禊教創始者、井上正鐵門下の東宮千別に受けていたのである。田中は、「上人の弟子たりし我が父君の如きは禊教に帰したるは、事の当然」と書いている。[49] 彼は、そこに運命的なものを感じたに違いない。こうして、彼は禊教と念仏との帰一を実感し、禊教の修行への道を用意してくれた父に感謝した。[50] この体験こそ、念仏修行と禊教の深い機縁を実感し、大道・万教帰一・興亜という三つの実践をさらに深化させるきっかけとなったと筆者は確信している。

最晩年の田中は一層禊教への信仰を深め、昭和八（一九三三）年には、「高天原雑記」と題した連載で独自の神道論を展開している。さらに、井上正鐵の『神道唯一問答書—下巻』に出てくる古歌「葦原のしけれるなかに立つ波に乗得てうれし岩橡樟の船」[51] を引き、幼い頃に禊教の伝授を受けたときの、強い印象を振り返っている。[52]

みずからが傾倒する念仏修行と禊教の帰一を深く実感する中で、禊教への信奉はさらに強固なものになった。このとき、田中は真理の把握の道である、あらゆる行の本質的一致を確信したに違いない。田中は次のような境地に至っていた。

要するに高唱念仏なり、天台仕観なり、或は禊教乃至大成教又は爾余の神仏各様の修道に於て、恰も心法を以て極意と為す者は、神儒仏互に相融通し、其外形に於て多少の差異あるも其根本の道は一なり。殊に徒らに理義を説かず専念勤行の工夫を以て、天地の真髄を悟入するに於て甲乙あるなし。[53]

日本の仏教受容

田中は、神道と仏教に様々な差異があることを承知していた。しかし、彼が重視したものは、本質的な一致点である。

日本においては、仏教は神道との調和を見出す日本的仏教として展開したが、田中はそれを神道仏教、仏教神道[54]、皇国仏教[55]などと形容している。そんな彼が、仏教の真髄を把握する上で、慈雲の思想との出会いは決定的だったのではなかろうか。

慈雲は享保三（一七一八）年、大阪に生まれ、一二歳で真言宗の寺で出家した。一つの宗派にとらわれない超宗派の立場をつらぬき、釈迦在世時の仏教への回帰を求めた。釈尊の制定した戒律への回帰を「正法律」と呼び、その確立を目指した[56]。

歴史的に付加されたものを取り除いて、原点、根源に立ち返ることは、まさに本質への回帰であり、これが慈雲の宗教帰一を支えていたのではないか。実際、慈雲は、晩年になって神道に傾倒、雲伝神道を自ら創設しているのである。それは、単なる神仏習合の伝統を超えた、神仏帰一思想である。

田中の時代に、慈雲の思想の継承者として注目されていたのが、与謝野鉄幹の実兄、和田大円[57]である。田中は、大円から慈雲の思想を伝授された。田中が『中央佛教』に連載した「三岳草堂雑記」には、大円、慈雲に対する崇拝の思いが繰り返し書かれている。[58]

田中は慈雲の実践を再現するかのように、形式を超えた本質、根源的なものを求めた。さらに、彼はそれぞれの宗教には持ち味があって、むしろ補完し合うことによって共に生きてくると確信するようになっていた。彼は、「高天原雑記」において、「仏教は有為法より無為法へと帰納す。神道は無為法より有為法へと進展す」、「神道を闡明にするは、仏教の力多きに在り、仏教の効用を発揮し得るは専ら神道の力に拠る。神仏は此上に立ちて作用す」[59]と書いている。

これは、慈雲の思想そのものなのである。慈雲は、『神道要語』[60]で「神道無為に趣けば仏法なり」、「真正の大道もし世間に顕現せば神道となる」と書き、『神道国歌』では「無相ノ法門を以て有為を輔佐すと云ヘり。歴代国史にも此ノ事を記せり」[61]と書いている。

ここには、真理の把握に有益な仏教と、道を顕現する力を持った神道という捉え方がある。神仏は不岐であり、それぞれの持ち味を生かして補完し合うべきだという考え方なのではなかろうか。

富士山論

禊教に沈深し、万教帰一の思想を徹底させていく中で、田中の信仰は、確立された特定の宗教よりも、直接的に神や天を感じる信仰への回帰といった様相を呈していった。田中は、宗教界自体が世俗化していく中で、神社が持つ神聖さ、霊性が損なわれていると感じていたのかもしれない。だからこそ、人為が及びにくい大自然に聖なるものを求めたのではなかろうか。それは、時の流れとともに付加されていった教義や形式を取り去って、信仰の原型に回帰していく試みだったのか。
大自然の中の聖なるものへの信仰を固める上において役立ったのは、山東時代の泰山登山である。田中は「予の屢々山林の人と為り、泰山に上る十二度、労山に入ること幾度なるを知らず、而して山中の一道士を友とし得て茲に十年の交を結んだ」と振り返っている（四五頁）。

彼は、「支那の政局をのみ観れば頽廃の観がある」と認めつつも、中国思想が全滅してはいないと信じている。それを支える最後の砦が泰山だったのだろう。

中国思想の天観が泰山によって把握できるならば、日本精神は富士山によって把握されるに違いないとも田中は考えた。彼は、「富士山論」と題した論考で、日本精神の闡明のために富士山研究を進めたいと述べている[62]。

「泰山の神聖亡んで王道衰ふ」と考えた田中は、「富士山の俗了」に強く反発していた[63]。聖なるものの源としての富士山信仰を活性化させることが、日本人の信仰を維持することだと信じていたのだろう。

彼は、「苟も日本人たるものはせめて一生に一度は伊勢皇太神宮に参詣し、富士山頂に立ちて身の涵養を企図せねばならぬと思ふ[64]」、「伊勢大神宮の清浄を愈々清浄たらしむると共に、不二山の清浄を保ち、之を六根清浄の真道場として、日本人が此山に登ること、イスラムの教徒がメッカ巡礼に精進する以上の意義あらしめたい[65]」と書いている。

こうした発想は、彼がマッカ巡礼を体験し、巡礼自体が行であることを実感したことによるものに違いない。とすれば、田中の富士山論は日本人の信仰心を保つための聖地、そこに巡礼すること自体が行となるような聖地の創造というビジョンにほかならない。田中は、そうした富士登山を古神道の行そのものと考えたのではなかろうか。

古来、富士山は、火を司る神霊の宿る山として崇められてきた。鎌倉時代には、山岳修験者や庶民の富士信仰が結びついて、登山修行を行う「登拝の山」となる。やがて江戸時代になると、富士講が結成され、組織的な富士山参詣が行われるようになる。

富士講徒の間に伝わる『御大行の巻』[66]によると、富士講開祖の長谷川角行は、富士の人穴で千日間立ち行の末に悟りを開いたとされる。後に弟子の食行身禄が、中興の祖として活躍した。身禄の教えを実践するために地域ごとに作られた組織が「講」で、富士講とはその総称である。明治になると、富士講は丸山教、扶桑教、実行教という形で古神道の中に流れ込んだのである。

五教帰一の境地

昭和六（一九三一）年二月、田中は行によって五教（儒教、仏教、道教、キリスト教、イスラーム）を皇道に会通するという明確な目標を掲げて、「五一会」を結成した。それは、山東時代の儒教・道教の理解、イスラーム入信・巡礼、高声念仏修行、泰山・富士山信仰、そして何よりも禊教による古神道信仰の総決算でもあった。『大日』の創刊号に掲載された「五一会」の案内・規約は、次のように書かれている。

〔前略〕小生久しく世界五大宗教の上に想をひそめ、多年支那・印度・アラビア等五聖発祥の地を遊歴し、帰来又普く祖国の地霊人傑を訪ね、後暫く処を江戸川畔に結び、一方皇道に醇化する儒教々育を宗旨とする大東文化学院に教鞭を執りつゝ、此心霊犀一点相通ずる処に向て念求し、復た昨春以来小生の故里たる無邪思野〔武蔵野＝引用者〕の一角に移住し、主静居敬、聊か我が神ながらの道と、世界五大宗教との会通帰一の真諦につき思を凝らし居候。要するに、道は皇国の道、教と理とは天下の教と理たるを分とし、摂取不捨、以て我道を扶翼顕昌し、五大州をして大同渾一の域に達せしめたき願望に有之候。

此の如きは任重くして道遠き者、一個の微力よく之を為すべきにあらず候。因て此に同信同学の士と相図かり、新たに五一会を興し、共に研学、修礼、勤行に精進し、千里の道程一歩より踏始むること丶仕候。尚本会には会長もなく師家も無之、三人行へば必ず我師ありてふ趣旨の会に候へば、左記規約御一覧の上、随時御来会若しくは御通信御示教を賜りたく、小生は一個の奴僕として今後の生涯を道のために奉仕せん覚悟に御座候。

会の発足に合わせて挙行された五一祭典には、十数名が参加し、祭官は富士講との機縁の深い扶桑教一心会主少教主の和田鉄太郎が務めた。このとき、すでに田中が自分の死を予期していたかどうかはわからないが、いずれにせよ、それまでの活動の集大成でもある五一祭の開催に特別な意義を認め、「メッカ巡礼を以て人間の事は一段落と信じ、五一祭を以て人生の終結と為し」と、その心情を語っていた。[67]

彼は研学・礼拝・勤行によって大道に到達することで、五教帰一に至ろうとした。「道に境界なし、境界なきが即ち道にして豈極ることあらんや」[68]という言葉に、その境地が示されている。彼は、ついに局外者には容易に理解し難い領域に達したかに見える。拓殖大学百年史編纂室の池田憲彦は、田中が足を踏み入れた領域を「前人未踏の世界」と表現している。[69]確かに、日本人としてイスラームを含めた五教帰一を正面から主張したのは田中が初めてであろう。

ただ、田中は古神道とイスラームの帰一を実践しつつも、「純真なる回教第一義よりすれば、吾等の生命たる日本人の第一義とは決して両立すべからず」と、その相違も率直に認めている。しかし、彼は神道とイスラームの調和も可能だと信じた。「回教も支那に入りては既に少しく大乗的回教の展開を観る」[70]と田中が指摘している通り、中国ではイスラーム受容においても独自の展開があった。おそらく、東南アジア、中央アジア、南アジアにおいても同様であろう。

つまり、あらゆる普遍的なものを取り入れる日本の特性とは、田中にとって普遍的なもので一致点を見出す精神なのではなかったか。その精神によって、ますます皇道は豊かになっていく。田中は、「吾人は皇道の皇道たる所以を万教帰一の点に置く」とした。[71]

「世界一切を綜合統一したる道の主体として、生民を指導扶養する根本神の発揮光明[72]」という田中の皇道とは、こうしたものだった。

田中の立場は、神道の中の外来思想を排除しようとした平田篤胤らの国学思想の対極にあった。実際、田中は「平田本居二家の新神道も全く仏教の長処を知らずして、国体観も未だ透徹せざりき」と書いている。[73]

田中逸平の皇道

しかし、田中は現実のアジアは真理、大道にいたる普遍的宗教精神を喪失しつつあると見ていた。中国の王道も危うく、それぞれの思想、宗教は衰退しつつあると感じ、皇道の発揚に期待をかけた。[74]なおさら、日本は大道の体現者として、アジア各国の大道の復興を牽引していかなければならない。これこそが、田中が強く意識していた皇道の使命に他ならない。彼は次のように述べている。

万教帰一皇道　万霊扶翼皇運
是れ吾人の主張なり、信念なり、願望なり、皇化を普く平等に一切に十方世界に布くは、正に日本及日本人の使命なり、責務なり。[75]

田中の興亜は、それ以外の宗教を押しのけて皇道を拡げようとするものではなく、皇道＝神人合一の観念を拡げようとするものだったのではないか。彼は次のように述べて、皇道を固定的な主義として押し付けることにも反対していた。

方今徒らに王道主義、皇室中心主義、日本主義、皇道主義など、空薄なる概念面に抽象説を以て国体観念を培養せんとし、惟神大道を以て一種の思想なりとし、主義なりとし、外種外来主義と対立比較し、動もすれば之に模倣し之に服従して皇国の大道を汚蔑蹂躙するが如き徒の横行し、皇民を化して荒振神と為し頻々たる不祥事を惹起せしめて、自ら愛国者と誇り、指導者と任じ、国を誤り人を損し皇威を失墜せしめて省みざらんとす。[76]

徳富蘇峰についても、自分が「相当親しき後輩」だと認めつつも、その「皇室中心主義」なる皇道のイズム化には反対だとしている。[77]要するに、田中が拡げようとしたのは、特定の宗教や宗派の教義ではなく、あくまで大道であった。それは、他の宗教をも普遍化しようという願いであった。

今求められている宗教融和

いかに誇りうる宗教であろうとも、教義の押し付けは、結局は他の宗教との対立を深めることになりがちである。

上田正昭氏は、王仁三郎の直孫の出口京太郎氏、梅棹忠夫氏との鼎談で、宗教言語による対話では、どうしても教義や神観が中心になって宗教間の対立を深めてしまうと指摘するとともに、行の交流、宗教的体験の交流で宗教者が手を取り合うことの重要性を指摘している[78]。

まさに、田中はあらゆる宗教の行を通じて、万教帰一を深化させていった。この田中の思想と行動が今ほど求められているときはない。

世界に目を向ければ、西洋近代の価値観が綻びつつあるだけでなく、宗教間の対立が大きな問題となっているからである。キリスト教・ユダヤ教とイスラームの対立の深刻化も懸念されている。普遍的な部分で行を通して一致しようという田中の経験知に基づく足跡は、宗教間の対立ではなく、融和と協調を志向するための最も重要な視点を提供してくれるに違いない。

田中の興亜論とは、西洋近代の文明の在り方を転換させ、宗教間の対立を超えようとするものだった。ところが戦後、この半世紀に亘り、興亜論は、排他的、攻撃的な思想として断罪されてきた。大道・万教帰一・興亜という三つの実践の出発点となった『白雲遊記』に語られた田中の思想と行動の記録が読まれることによって、田中逸平をはじめとする興亜論者の理想が再評価されることを期待したい。

1　二〇〇〇年以前に田中逸平を扱った伝記、論文、書籍として以下のものがある。黒龍会編『東亜先覚志士記伝』下、原書房、一九六六年。小川忠悳「国士、田中逸平伝」『茗荷谷たより』第四四号、一九六九年四月一日号。中田吉信「日本人のメッカ巡礼の記録（一）」『アジア・アフリカ資料通報』一九七二年一一月。前嶋信次「日本人のメッカ巡礼」前島信次編『メッカ』芙蓉書房、一九七五年。小村不二男「聖地メッカ巡礼第二・三号天鐘・田中逸平伝」『アッサラーム』第一四号、一九七九年八月号。小村不二男『日本イスラーム史——戦前、戦中歴史の流れの中に活躍した日本人ムスリム達の群像』日本イスラーム友好連盟、一九八八年。杉田英明『日本人の中東発見』東京大学出版会、一九九五年。土生良樹『神本利男とマレーのハリマオ／マレーシアに独立の種をまいた日本人』展転社、一九九六年。田澤拓也『ムスリム・ニッポン』小学館、一九九八年。

2　この学統形成については、森伸生「拓殖大学イスラーム・アラブ・スクール形成史序説」『拓殖大学百年史研究』第七号、二〇〇一年六月。

3　田中の書誌は、『学統に関わる書誌I』拓殖大学、二〇〇四年に収録。

4　以下、括弧内の頁は本書の頁。なお、本書の編集方針に合わせて引用部の旧字は新字に改めた。

5　万教帰一思想は、本稿で取り上げる道院・世界紅卍字会などの中国の信仰団体や大本教だけでなく、ヒンドゥー聖者のラーマクリシュナ、ヴィヴェカーナンダやベトナムのカオダイ教などにも見られる。

6　拙稿「興亜論者と古神道の真理」（一）『日本及日本人』第一六四八号（二〇〇三年陽春号）。

7　内田良平『武道極意』（『内田良平著作集』第三巻〔武道論集〕、皇極社出版部、一九八八年）。

8　掘は、バイウォーター（Hector C. Bywater）の *The Great Pacific War* の翻訳（『太平洋戰爭—日米

9 『關係未来記』、民友社、一九二五年）などを手がけている。
10 『日本及日本人』第八五号、一九二五年一一月一日。
11 小林美元『古神道入門―神ながらの伝統』評言社、一九九八年、一頁。
12 花谷幸比古・菅田正昭共著『古神道の氣』コスモ・テン・パブリケーション、一九九一年、一一三～一二四頁。
13 黒住忠明・坂田安儀校注『神道大系』論説編二八（諸家神道下）、神道大系編纂会、一九八二年、禊教、九～一一頁。
14 『古神道の氣』一六二頁。
15 『神道大系』論説編二八（諸家神道下）、禊教解題、九～二四頁。
16 田中義能『神道禊教の研究』日本学術研究会、一九三二年、八頁。
17 前掲、六七～六八頁。
18 『神道大系』論説編二八（諸家神道下）、禊教、二二頁。
19 田中は一九〇八年四月に、鹽谷の長女織子と結婚している。
20 本稿では儒学と儒教を厳密に区別せず用いる。
21 「聖地メッカ巡礼第二・三号天鐘・田中逸平伝」五八頁。
22 三沢伸生「亜細亜義会機関誌『大東』に所収される二〇世紀初頭の日本におけるイスラーム関係情報」『アジア・アフリカ文化研究所研究年報』第三六号、二〇〇一年。
23 田中逸平「半月雑記」（十三）『日本及日本人』第一六九号、一九二九年二月一日、一〇八頁。
24 田中逸平「高天原雑記」（三十一）『大日』第五六号、一九三三年六月一日、五〇頁。
25 田中逸平「神道と國民教育との干係を論す」『奉公』一九二四年二月、一六頁。

25 田中逸平「イスレアムと大亜細亜主義」(一)『神の国』第六七号、一九二五年二月一〇日、六〇～六一頁。

26 田中逸平「支那に於けるイスラム概説」『大東文化』第五巻第四号、一九二八年四月、四二頁。

27 「チェベレイル」はジブリールのこと。イスラームの天使に関しては、竹下政孝「イスラムにおける天使・悪魔・妖鬼」『中東協力センターニュース』第二四巻第三号、一九九九年九月一日、四〇～四一頁など。

28 中田考『イスラームのロジック』講談社、二〇〇一年、七五頁。森伸生教授も、こうした田中の古神道とイスラームの帰一について論じている。森伸生「解題」『田中逸平―イスラーム日本の先駆』四〇一頁。

29 近年の回儒学者の研究としては、以下のものがある。松本耿郎「馬聯元著『天方性理阿文注解』の研究」『東洋史研究』五八(一)、一九九九年六月。佐藤実「劉智著『天方性理』の版本について」『東方宗教』第九四号、一九九九年一一月。佐藤実「劉智伝」『関西大学中国文学会紀要』第二一号、二〇〇〇年三月。Murata Sachiko, *Chinese Gleams of Sufi Light: Wang Tai-Yu's Great Learning of the Pure & Real & Liu Chih's Displaying the Concealment of the Real Realm*, State University of New York Press, 2000。松本耿郎「中国イスラームの精神世界―劉智の『五更月』について(イスラーム)」『思想』第九四一号、二〇〇二年九月。劉智著、佐藤実・仁子寿晴編、回儒の著作研究会訳注『天方性理』、イスラーム地域研究第五班「イスラームの歴史と文化」事務局、二〇〇二年。

30 今永清二『中国回教史序説』弘文堂、一九六六年、一八八頁。

31 張承志『回教の見た中国』中央公論社、一九九三年、五六～五七頁。

32 「天方至聖実録」に関しては、高村武幸「劉智の『天方典礼』と『天方至聖実録』の版本について」

『東洋学報』八二(三)、二〇〇〇年一二月、磯崎定基「天方至聖実録について―中国人の回教受容に関連して」『追手門学院大学文学部紀要』第一七号、一九八三年一二月など。

33 田中訳「天方至聖實録」は田中の死後、『大亞細亞』に連載された(一九三七年七月から)。『天方至聖実録』は、この連載をまとめたものである。同書あとがきには、「本訳稿は田中氏の死後空しく篋底に埋もれてゐたのを、氏の生前の盟友大川周明、笠木良明両氏が我国の回教研究上密かに之を遺憾とし、其の上梓を大日本回教協会に推奨せられたのである」とある。同書、四二七頁。

34 劉介廉漢訳、田中逸平訳『天方至聖実録』大日本回教協会出版部、一九四一年、三頁。

35 道院に関する近年の研究としては、酒井忠夫『近・現代中国における宗教結社の研究』(『酒井忠夫著作集』6)、国書刊行会、二〇〇二年などがある。

36 田中逸平「賣本行脚」(四)『日本及日本人』第八一号、一九二五年九月一五日、一〇六頁、「祖國遍路」(九)、一一三頁。

37 公文に関しては、西村眞琴『大地のはらわた』刀江書院、一九三〇年、四三一~四四九頁。

38 田中逸平「半月雑記」(十六)『日本及日本人』第一七六号、一九二九年五月一五日、八六頁。

39 出口京太郎『巨人出口王仁三郎』社会思想社、一九九五年、三二七頁。

40 瑞月は王仁三郎の雅号。

41 『日本イスラーム史―戦前、戦中歴史の流れの中に活躍した日本人ムスリム達の群像』二四八頁。

42 『神の国』第六六号、一九二五年一月二五日、九七頁。

43 前掲、九九頁。

44 田中が念仏道場のことを知ったのは、政教社の同志で念仏行者だった井上藁村の影響である。「祖國遍路」(十六)『日本及日本人』第一〇六号、一九二六年九月一日、一一七頁、「祖國遍路」(十九)、

45　『日本及日本人』第一一〇号、一九二六年一〇月一五日、一一六頁。
46　前傾、一一七頁。
47　「祖國遍路」（十六）一一五頁。
48　同様の告知が、『日本及日本人』第一三六号、一九二七年一〇月一五日、一〇五頁にもある。「別時高声念仏及観息法修行」『日本及日本人』第一三一号、一九二七年八月一五日、一一二頁。一九二七年九月一〇日にも早稲田大学や東洋大学の学生を伴って真福寺で修行している。田中逸平「靈犀書屋雜話」（一）『日本及日本人』第一三六号、一九二七年一〇月一五日、一〇二頁。
49　前傾「祖國遍路」（十九）一一四頁。
50　前掲、一一一頁。
51　井上正鐵『神道唯一問答書―下巻』（『神道大系』論説編二八〔諸家神道下〕、禊教二六頁）。
52　田中逸平「高天原雜記」（十六）『大日』第三三号、一九三二年六月一五日、六六頁。
53　前掲、一一五頁。
54　田中逸平「高天原雜記」（十九）『大日』第三六号、一九三二年八月一日、七四頁。
55　田中逸平「三岳草堂雜記」（五）『中央佛教』一六（七）、一九三二年七月、三四頁。
56　慈雲は、サンスクリット研究では当時の世界的権威であった。
57　和田大圓述、小林正盛編『雲傳神道』雲傳神道講傳會、一九二六年。
58　田中逸平「三岳草堂雜記」（二）『中央佛教』一六（四）、一九三二年四月、七五頁、「三岳草堂雜記」（五）、三四頁。
59　田中逸平「高天原雜記」（三十八）『大日』第六三号、九月一五日。
60　慈雲「神道要語」（『神道大系』論説編一四〔雲伝神道〕、神道体系編纂会、一九九〇年）、九五～九六頁。

61 前傾、一一五頁。

62 田中逸平「富士山論」『大東文化』第六巻第九号、一九二九年九月、六一頁。

63 田中逸平「無邪思野雑記」(後期二)『大日』第二号、一九三一年三月一日、七一頁。

64 「富士山論」六二頁。

65 前掲、七三頁。

66 岩科小一郎『富士講の歴史』名著出版、一九八三年、四四~四五頁。

67 田中逸平「無邪思野雑記」(後期六)『大日』第七号、一九三一年五月一五日、五五頁。

68 田中逸平「伊壽蘭雑記」(七)『大亜細亜』第一巻一一月号、一九三三年一一月、五一頁。

69 池田憲彦「編集後記」『田中逸平―イスラーム日本の先駆』四一九頁。

70 田中逸平「伊壽蘭雑記」(一)『大亜細亜』一九三三年創刊号、三五頁。

71 田中逸平「三嶽草堂雑記」(七)『中央佛教』一六(九)、一九三二年九月、三七頁。

72 田中逸平「高天原雑記」(四十)『大日』一九三三年一一月一日、四八頁。

73 「三嶽草堂雑記」(二)第六六号、七五頁。

74 田中逸平「無邪思野雑記」(後期九)『大日』第一六号、一九三二年三月一日、五六頁。

75 田中逸平「高天原雑記」(二十五)『大日』第四三号、一九三二年一一月一五日、六九~七〇頁。

76 田中逸平「高天原雑記」(十七)『大日』第三四号、一九三二年七月一日、七二頁。

77 田中逸平「高天原雑記」(十五)『大日』第三二号、一九三二年六月一日、七二頁。

78 出口京太郎編著『出口王仁三郎の示した未来へ』社会思想社、二〇〇二年、二六七頁。

田中逸平（たなか いっぺい）
1882（明治15）年2月2日、小金井村（現在の小金井市）に生まれる。1900（明治33）年、台湾協会学校（拓殖大学の前身校）に第1期生として入学。1902（明治35）年、服部宇之吉に随い中国大陸へ渡航し、北京で遊学生活を送り中国思想の研究を深めた。やがてイスラームに傾倒し、1924（大正13）年、山東省の清真南寺において正式に受戒してムスリムとなった。同年、聖地マッカ（メッカ）へと向い巡礼を果たす。このときの記録が本書『白雲遊記』である。1926（大正15）年、大東文化学院（大東文化大学の前身校）講師に就任する。1933（昭和8）12月に、病身をおして第2回目となるマッカ巡礼に出発、翌34年3月にマッカに到着。帰国後の9月15日に逝去。10月20日に日本で最初のイスラーム葬で葬儀が執りおこなわれた。

［解題］**坪内隆彦**（つぼうち たかひこ）
1965年生まれ。慶應義塾大学法学部政治学科卒業。日本経済新聞記者を経て、現在、拓殖大学日本文化研究所附属近現代研究センター主任研究員兼創立百年史編纂室編纂委員、社団法人日本マレーシア協会理事。主な著書に、『アジア復権の希望マハティール』（亜紀書房、1994年）、『キリスト教原理主義のアメリカ』（亜紀書房、1997年）、『岡倉天心の思想探訪』（勁草書房、1998年）等がある。E-Mail: asia@at.wakwak.com

巡礼《イスラム》　白雲遊記〔論創叢書5〕

2004年9月20日　初版第1刷印刷
2004年9月30日　初版第1刷発行

著者　田中逸平
装訂　佐藤俊男
発行人　森下紀夫
発行所　論創社
〒101-0051 東京都千代田区神田神保町2-23 北井ビル
電話 03-3264-5254　振替口座 00160-1-155266

印刷・製本　中央精版印刷

Printed in Japan　ISBN4-8460-0339-6